ライティング教育の可能性

アカデミックと
パーソナルを架橋する

松下佳代・川地亜弥子・森本和寿・石田智敬 編著

勁草書房

まえがき

　本書は、ライティング（書くこと）の教育的広がりや深みについて、さまざまな立場・角度から探究し、その可能性を示すことを目的としている。

　本来、ライティング教育は、書き方に関するテクニカルな指導にとどまらないものだ。歴史をふりかえれば、自らの価値観を形成すること、社会の中で話し人々の心を動かすこと等を含みこんできた。だからこそ、書くことは教育という営みの中心に位置づけられてきた。

　とりわけ、アカデミック・ライティングは、論理的な思考と表現を生み出すものとされ、教育の重要な手段かつ目的とされてきた。日本においても「大学生なら論理的な文章が書けるのは当たり前（指導不要）」という時代は過去のものとなり、アカデミック・ライティングの議論が盛んにおこなわれるようになった。初年次教育を中心にライティング指導の実践的研究も進められている。

　しかし、ともすれば、現代日本のアカデミック・ライティング指導は、調査した内容を、論理的かつ分かりやすくまとめるテクニックの指導にとどまりがちではないだろうか。ライティングの指導がそうしたテクニックの指導に留まるのであれば、生成 AI による文章産出が容易な時代に、ライティング教育は「コスパ（かけた時間に対して得られる成果）が悪い」と指導者・学習者の双方からとらえられてしまうのではないだろうか。そうなれば、ライティング指導は一部の恵まれた人（ライティングの教育的意義を明確に位置づけている教育機関に通っている人）にだけ味わうことができる「贅沢品」になってしまう。それはあまりにももったいない。

　そこで本書では、ライティング（書くこと）を教えること・学ぶことの人間にとっての意味を深めたい。アカデミック・ライティングの意義やその評価に関する議論を含みこみつつ、しかし、「ライティング教育＝アカデミックな文章の技術指導」という狭い見方に限定されず、人間形成全体におけるライティ

i

ング教育の可能性を探る。そのために、アカデミック・ライティングに対して
パーソナル・ライティングという軸を立てた。

　もとより、アカデミック・ライティングとパーソナル・ライティングははっ
きりと区分できるわけではない。ある個人が書く際にどうしてもその人の価値
観が反映されるという点で、すべての作品はパーソナル・ライティングの性質
を有する。また、作品における論理性を追求する場合、それはアカデミック・
ライティングの性質を強める。

　しかしながら、「ライティング指導＝アカデミック・ライティング指導」と
いう理解が広がる中で、もう一つの軸を設定して分析することは、ライティン
グ教育を深める上で有効であろう。本書では、アカデミックとパーソナルのそ
れぞれを深めつつ、両者を架橋していくことを目指す。

　日本、米国、フランスを中心としながら、中国、カナダ、スペイン・カタル
ーニャの事例や知見も検討対象とし、ライティング（書くこと）の多様さを示
す。ライティング教育の世界を広げつつ、その可能性を示すことを試みる。

　本書の構成を紹介しておこう。各章を通じて、ライティング教育の可能性や、
日本における課題を追求することができるだろう。

　第Ⅰ部第1章では、古代から近代以前におけるライティング教育について論
理的に整理されており、第2章以降を読み解く地図を得ることができる。アカ
デミック・ライティングとパーソナル・ライティングは、「混ぜるな危険」と
もみなされてきた一方、教育という文脈でこそ交流が図られてきたことが理解
できるだろう。

　第Ⅱ部は、アカデミック・ライティングの指導と評価に関して、第2・3章
ではアメリカ、フランスを中心としながら深め、第4・5章ではとりわけトラ
ンスナショナルに展開されている評価の問題について迫る。

　第2章では、アメリカのアカデミック・ライティングが大学教育の歴史的な
変化にどう対応したか、哀愁を込めて語られる。論理や合理性が経済原理に正
当化され成り立っていること、5段落作文をめぐる激しい論争や、教育コスト
削減と文章指導の関係について、歴史をふまえて学ぶことができる。

　第3章では、フランスの学校における、型に基づく論理的弁論術の重要性と、
それを鍛えるものとしての文章作成の意義が理解できる。共通の型を持つこと

で、多文化社会における対話が可能になる一方、選抜機能を発揮してしまい社会的不平等の再生産に至っていることが理解できる。

第4章では、現代の学習評価論を基礎づけた一人であるロイス・サドラーの所論が起点となっている。サドラーの所論を中心として、ライティングの評価における現代的論争点、すなわちルーブリック論争を読み解くことでその到達点を示し、教育的に価値あるこれからのライティング評価論のあり方を提案する。

第5章では、ルーブリックに基づく評価をいかに再構築するかが論じられる。日本における「ルーブリック評価」の特殊性を指摘し、論証という点からルーブリックの「飼いならし方」の例が示される。対話型論証や学生の評価知の向上、ルーブリックを使用した評価と合わせて行われる個別コメントの有効性が提案されている。そしてまた、評価そのものが論証という性格をもつことが指摘される。

第4・5章は、共にルーブリックをめぐる議論を展開しながら、その提案内容は対照的である。ぜひ読み比べて、論点を深めていただきたい。

第Ⅲ部では、パーソナル・ライティングとして、アカデミック・ライティングとは一線を画する多様な指導について知ることができる。

第6章は、アメリカのパーソナル・ライティングを通じて、プロダクト（作品）とプロセス（過程）という重点の変遷や、「書けてしまう」問題、つまり、型どおりの書き方ができているにもかかわらずレリバンス（有意味性）が低く見える学生の指導について深めることができる。

第7章ではフランスの初年次教育において、自己を社会に位置づけ、社会的な枠組みにおいて理解することをめざした日誌指導が検討されている。社会学の知見を背景に指導し、自分について書くことを通じて青年が大学生になることを重視する、ユニークな取り組みである。

第8章では、日本の高等教育におけるパーソナル・ライティングの取り組みが描かれる。自己について書くことを重視する点はフランスの「日誌」の取り組み（第7章）と共通しているが、大学生になる・するということ以上に、セルフ・オーサーシップを重視している。学びのモチーフと人生のモチーフに連携する自己形成を促進するような学びが生じていたという点で、高等教育とし

まえがき

ての意義と同時に、青年期教育としての意義も見出すことができる。

　第9章は、日本の小学校における自由な作文教育（生活綴方）の歴史と特徴が描かれる。アカデミック・ライティングにもパーソナル・ライティングにも進みうる生活綴方を通じて、第1〜8章で繰り返し立ち表れてきた、「書けてしまう」問題、意欲の問題、指導と評価の系統の問題、作品を読む共同体の形成等が日本でどのように議論されてきたかが示される。

　第Ⅳ部は教師教育におけるライティング教育の可能性、教師教育が示すライティング教育の可能性が示される。教師や看護師等の対人専門職になるための養成カリキュラムでは、実習等で記録を書くことが必要である。公的な文書として、専門知識に基づく正確な記述と分かりやすさ、人権感覚等が求められ、明確に評価される。その一方、日々新しい経験を得て自らの価値観が揺さぶられる中で書くという点ではパーソナル・ライティングの側面も有し、これが全くない実習の記録は、実習に対する姿勢を問われることもある。

　第10章ではアメリカにおけるケース・メソッドが取り上げられ、読む活動の組織化や、コンサルテーションの重要性が示されている。教師の力量形成のためのライティングとはどのようなものか、書くことそのものの教育と異なる点が明快に示されている。加えて、近年の映像、動画などが組み込まれた事例を考察することによって、書くことの教育的意義を改めて浮き彫りにしている。

　第11章では、日本において、教育委員会とも連携したナラティブなスタイルの教育の記録の追求を知ることができる。教員養成（pre-service）段階でもそうだが、教員研修（in-service）の段階において、記録づくりは大変な労力を必要とする。「書かざるを得ない」記録でありながら、教師個人としても意味深い書くことを追求しており、日本の教師教育における書くことの可能性が示されている。

　加えて、各章の関係を深めるために役に立つのが、2つの座談会と5つのコラムである。2つの座談会では、特に日本の課題を深めることができる。5つのコラムでは、アカデミック・ライティングとパーソナル・ライティングの関係や、日本と他の国のライティング指導の相違について深めるために、有益な視野を得ることができる。

　なお、本書は、日本語を媒介としながら、各国・文化の書くことの指導と評

iv

価について架橋している。人間形成・エッセイ・ダイアリー・日誌など、英語を使用していてはその多様さが感じられにくい、ライティングの広がりや可能性を感じていただければ幸いである。

　本書を通じて、「書くことはおもしろい」「書くことの指導はおもしろい」と感じ、新しいライティングの世界を広げる人が増えることを願っている。

　2025 年 3 月

川地　亜弥子

ライティング教育の可能性
——アカデミックとパーソナルを架橋する——

目　次

目 次

まえがき *i*

第I部　ライティング教育の俯瞰図

第1章　ライティング教育序説 ……………………………………………3
―アカデミックとパーソナルという枠組み―　　　　　森本　和寿

はじめに　*3*
1. アカデミック・ライティングの起源を探る　*4*
2. 書くことにおける個人なものの台頭　*16*
　　―自己という近代的源泉―
おわりに　*29*

第II部　アカデミック・ライティング

第2章　米国におけるアカデミック・ライティング教育 ………………37
―現代伝統修辞学における形式的完成の追求―　　　　森本　和寿

はじめに　*37*
1. アカデミック・ライティングにおける「論理」の複数性　*38*
2. 米国型エッセイの構造　*42*
3. 現代伝統主義というパラダイム　*46*
おわりに　*57*

第3章　フランスにおけるディセルタシオンと言語資本 ………………61
―書くこと、話すこと―　　　　　　　　　　　　　　田川　千尋

はじめに　*61*
1. ディセルタシオンとは何か　*62*
2. ディセルタシオンと口頭コミュニケーション　*66*
おわりに　*70*

目 次

コラム1　中国における読むことと書くことをつなぐ教育方法 ··············· 72
　　　　　―読書筆記―　　　　　　　　　　　　　　　　　　鄭　谷心

第4章　ライティングの評価はどうあるべきか ····························· 79
　　　　―ルーブリック論争を調停する―　　　　　　　　　石田　智敬

　　はじめに　79
　　1. ライティングの評価論が応えるべき問い　83
　　2. ルーブリック　89
　　3. ルーブリック批判とその論点　93
　　　　―ルーブリック論争の到達点―
　　4. これからのライティング評価論　99
　　　　―ポスト・ルーブリックの地平―
　　おわりに　105

コラム2　アカデミック・ライティングと
　　　　　パーソナル・ライティングの評価 ···························· 108
　　　　　―創成原理と規範原理―　　　　　　　　　　　　石田　智敬

第5章　ルーブリックを飼いならす ···································· 111
　　　　―論証の評価、論証としての評価―　　　　　　　　松下　佳代

　　はじめに　111
　　1. ルーブリックというツール　114
　　2. 現状のルーブリックの問題点　117
　　3. ルーブリックを解きほぐす　120
　　4. 論証の評価、論証としての評価　126
　　おわりに ―どうルーブリックを飼いならすか―　133

座談会1　「書ける」を問う ·· 137
　　　　　―書くことを教える現場から―

　　　　　　　　　　　　　　　　　寒竹　泉美・森本　和寿・石田　智敬

ix

目 次

第Ⅲ部　パーソナル・ライティング

第6章　米国におけるパーソナル・ライティング教育 ………………………… 149
—「自己表現」という厄介者と付き合う—　　　　　　　森本 和寿

はじめに　*149*

1. 米国における「表現」の歴史　*150*
2. 表現主義の実践例　*161*

おわりに　*169*

第7章　フランスの大学における「日誌（Journal de bord）」の実践 …… 175
—社会・文化的格差を意識した初年次教育—　　　　　田川 千尋

はじめに　*175*

1. フランスの大学教育　*175*
2. 「大学生になる」こと　*177*
　　—パリ第8大学における「書くこと」を通した初年次教育実践の系譜—
3. スティグマを取り除く—「自己の社会学的分析」実践—　*178*
4. 二つの実践の特徴と日本への示唆　*184*

コラム3　経験や記憶をライフストーリーによって再構築する ………… 187
—カナダ・ケベック大学の人生を創造する授業から—

谷 美奈

第8章　日本の大学におけるパーソナル・ライティング教育の
　　　　現代的な意義 ……………………………………………………………… 195

谷 美奈

はじめに　*195*

1. 日本と米国の大学における文章表現教育の変遷　*196*
2. 学生発達論のパラダイムシフト　*198*
3. 認識の起点としての〈私〉　*199*

4.　学びの起点としての〈私〉　*201*

　　5.　パーソナル・ライティングの理念と実践　　*202*

　　6.　文章記述の生成プロセス　　*205*

　　7.　作品と批評　*207*

　　8.　パーソナル・ライティングの教育的効果　　*212*

　おわりに　*216*

コラム4　作家が書くことを教えるということ…………………………………*218*

　　　　　　　　　　　　　　　　　　　　　　　　　　　寒竹　泉美

第9章　生活綴方における書くことの教育……………………………*225*

　　　―書くこと・読むこと・話すことを通じた人間形成―

　　　　　　　　　　　　　　　　　　　　　　　　　川地　亜弥子

　はじめに　*225*

　　1.　認識・表現・生き方の姿勢　　*228*

　　　　―意欲と個のリアリティへの注目―

　　2.　調べる綴方と意欲　　*231*

　　3.　表現技術と生活の批評　―生活詩における意欲―　　*234*

　　4.　教育としての批評と指導を求めて　　*235*

　　5.　戦後の生活綴方の史的展開と現代の論点　　*239*

　おわりに　*244*

座談会2　書くことを通じた人間形成とは………………………………*247*

　　　　　　　　　　　　　　　　　川地　亜弥子・谷　美奈・松下　佳代

第Ⅳ部　教師教育におけるライティング

第10章　教師教育における書くことの指導と評価………………………*261*

　　　―ケース・メソッドの理論と実践―　　　　　　　若松　大輔

　はじめに　*261*

　　1.　ケース・メソッドの枠組み　　*262*

xi

目次

　　　2. 教師教育における書くことの指導　　*266*

　　　3. 教師教育における書くことの評価　　*273*

　　　おわりに—ケース・メソッドのゆくえ—　　*278*

第11章　書くことで教師を育てる ……………………………………… *281*
—福井大学の教員養成カリキュラムを事例に—　　　　　遠藤　貴広

　　はじめに　*281*

　　　1. 福井大学の教員養成カリキュラム　　*281*

　　　2. 書くことを支えるコミュニティ・文化の醸成　　*286*

　　おわりに　*289*

コラム5　スペイン・カタルーニャ地方における
　　　書くことの教育と教師教育 ……………………………………… *292*
　　　　　　　　　　　　Meritxell Simon-Martin・川地　亜弥子

あとがき　*297*

人名索引　*299*

事項索引　*301*

第Ⅰ部　ライティング教育の俯瞰図

　第Ⅰ部では、アカデミック・ライティングとパーソナル・ライティングという観点から、ライティング教育の俯瞰図を描く。アカデミックな文章術の蓄積に伴って——あるいは、業績主義に基づく学術的生存戦略の「卓越化」に伴って——学術の世界においてどのように書くべきかは、さまざまな言語で指南書が出版されている。一方、パーソナル・ライティングもまた、時代に後押しされる形で促進されている。SNSの発達によって従来よりも自己を表現する場が増え、人々は日々の自分の思いを綴る機会を得ている。

　こうして見ると、アカデミック・ライティングとパーソナル・ライティングは、まったく異なる文脈のものである。この性質的に異なる両者、さながら「混ぜるな危険」と呼べる両者は、どのような形で緊張関係をもつものとして対置されてきたのか。この第Ⅰ部では、アカデミックとパーソナルという図式を、ライティング教育の歴史を手がかりとして読み解く。ライティング教育を繙くことで、両者の差異が明確化すると同時に、その境界が曖昧化する部分も見えてくる。本部では「アカデミック−パーソナル」の境界を複雑化することで、ライティングに対する見方をより多様なものとすることを試みる。

第1章

ライティング教育序説
―アカデミックとパーソナルという枠組み―

森本 和寿

はじめに

　本書は、その書名のとおり、アカデミック・ライティングとパーソナル・ライティングという二項対立を一般通念——広く信仰されている言説的前提——としつつ、両者の架橋を試みるものである。しかしながら、この点を論じるにあたり、まず重要な前提を確認しておかなければならない。すなわち、アカデミックとパーソナルという対立構図は、ごく近代的な問題であるということである。〈個人〉というものに光が当たり始めたのが近代以降であることを踏まえれば、これは至極当然のことと言える。もちろん、近代以前に個人として書くということが、まったく実践されてこなかったわけではない。たとえば、日記や手紙に相当するものは、一種のパーソナル・ライティングと呼べるだろう。しかし、ある人が宗教等の権威によらずに生み出した文章に価値が見出されたのは、〈個人〉の誕生という近代的出来事の後である。

　以下、本章では、まずアカデミック・ライティングの根源的性質を探るため、その起源である古代のライティング教育について検討する。次に、パーソナル・ライティングがいかなるものであるかを知るため、個人の書いたものが注目されるようになった近代以降のライティング教育について検討する。この古代-近代の比較検討を通して、本書が掲げるアカデミック-パーソナルという枠組みでライティング教育を検討する視座を提示することを試みる。

第Ⅰ部　ライティング教育の俯瞰図

1.　アカデミック・ライティングの起源を探る

(1)　書くための学問としての修辞学

　言葉をもち、他者とより正確な情報のやりとりをしようとするとき、人間は書くことを始める。特に、世代を超えた文化・文明の継承を図る際には、直接のコミュニケーションができない他者から学び、他者へと伝えることが必要になる。このような書くことの必要性は、書かれた内容の伝達のみならず、書くことそのものをいかに体系化して後世に伝えるかという要求として発露する。したがって、ライティングについて考えるということは、とりもなおさずライティング教育——書くことの教授・学習をいかにして組織化するか——について考えることとなる。

　このようなライティング教育の体系化は、古代ギリシア、古代ローマの時期に「修辞学（レトリック）」という領域において進められた。修辞学は紀元前5世紀の古代シチリアの都市国家シラクーサにおいて登場し、古代ギリシアで発展した「説得の技術（テクネ・レートリケー）」である。現存の文書の中で「レートリケー」いう用語の使用例として最も古いのは、紀元前4世紀に書かれたプラトンの『ゴルギアス』であるとされている（Timmerman, 2010, pp. 8-10）。プラトンは、当時流行していた修辞学を真理の探究ではなく言葉巧みに聴衆を誘導することを目的とするものと捉えていたため、修辞学よりも弁証法（問答法）を重視していた。これに対して、アリストテレスは修辞学と弁証法は対立するものではなく、相補的なものであると捉えた。アリストテレスは『弁論術』『詩学』『トピカ』等において修辞学を体系化し、法廷や政治の場において相手を説得するための弁論術を構成する3つの要素として、ロゴス（主張内容の論理的一貫性）、パトス（聴衆の感情への訴え）、エートス（主張者自身の人柄）を定める等、後世の修辞学研究に対して大きな影響を与えた。

　古代ギリシアにおいて花開いた修辞学は、古代ローマにおいても栄え、キケロやクインティリアヌスによって修辞学研究が発展させられた。より専門的に研究されたことで、修辞学は、「発想」「配置」「修辞」「記憶」「発表」の5つの分野に細分化された。古代ギリシア、ローマにおいて発展した修辞学は、中

4

世においても継承・発展させられ、「古典修辞学」として確立されていった。中世ヨーロッパの中等・高等教育の基礎教科を構成した「自由七科」において、修辞学は文法、弁証法と並んで「三学（trivium）」と称され、リベラルアーツ教育において最初に学ぶべき科目、古典教育に不可欠な科目としての地位を確立した。

　古代世界においては、話すことと書くことは一体のものとみなされていたため、書くことは話すこととの関係の中で論じられてきた。古代世界に起源をもつ修辞学が、議会や法廷での聴衆の説得を目的とする効果的な言語技術を志向する学であることを踏まえれば、これは想像に難くない。聴衆を説得するために「良く話すこと」が重視され、良く話すために「良く書くこと」が重視された。聴衆を説得するためには、よく練られた言葉でなければならない。そのためには、演説で何を語るかを事前に検討しておく、たとえばその原稿を練ることを含む、話すこと・書くことの一体的な教育が必要であった。

　公共空間において雄弁をもって聴衆を説得することが価値ある行為とされたということは、文章執筆は雄弁の影であり、必ずしも前景化されたわけではないことを意味している。つまり、古代世界で生まれた修辞学は口頭弁論の技術たる弁論術を支えるものであった。古代には筆写の伝統はあったものの、文章を書くことそのものは教育の中心ではなかった。古代ギリシアのイソクラテスのような修辞家は、法廷弁論や演説の作家（ロゴグラポス）として、法廷や式典、政治集会で他人が演説するための原稿を代筆していた（Roen et al., 2013, p. 347）。ルネサンス期における活版印刷の発明以来、口頭弁論の存在感が小さくなり、修辞学は「書く技術」を指す語となった。以来、「話す技術」すなわち口頭弁論の方法には「弁論術（eloquence）」という語が用いられ、書き言葉に関する方法論は「修辞学（rhetoric）」と称されるようになった（野内, 2007, p. 3）。本章では、書くことに焦点を合わせるため、「修辞学」という語を用いるが、古代における修辞学の検討は、とりもなおさず弁論術の議論と交差することとなる。そのため、文章指導について検討しているのに、弁論や演説の話題のように読めるところが生じてしまうが、これは弁論・演説の原稿準備、あるいはその準備教育としての作文練習を指しているためである。

(2) 古代における文章指導の思想的基盤

　古代における文章指導の基礎は、ギリシアにおいて形作られた。続く時代において ローマがこのヘレニズム的慣習を継承し、体系化した点は、教育制度という点において特筆すべきものであるものの、その思想的・理論的基盤は、あくまでギリシアの修辞学であった。ローマの偉大な修辞家であったキケロとクインティリアヌスは両者とも、ローマの修辞学がギリシアの修辞学理論を超えたとは言わなかった。ギリシア修辞学理論はそれだけ完成度の高いものであったのだ。ギリシアが高度な修辞学理論を築くに至るほどの文章指導を必要としたのは、口承文化から文字文化へと社会が徐々に移行していったためである。自由な市民は、話すことと書くことの両方のコミュニケーション能力に依拠して社会生活を営む必要があった。ただし、ギリシア修辞学の完成度の高さは、同時に、その理論重視の姿勢ゆえに、実践性に弱さを抱えていた。ローマの哲学者、詩人であるセネカは、ギリシア修辞学を指して「教室のための学びであって、人生のための学びではなかった」と批判した。

　ギリシアの修辞学と比較した際のローマの修辞学の特徴は、その教育制度にある。修辞学・雄弁術の教育は、ギリシアでは著名な弁論家に弟子入りする形で行われ、主に私教育の領域で展開されたが、ローマにおいてはより公共的な学校教育化が志向された。もちろん、プラトンのアカデメイアやイソクラテスの修辞学校が知られるように、ギリシアにも「学校」はあったが、その指導アプローチはローマのように都市国家間で統一性をもつものではなかった。ローマは、ギリシア的徒弟制の個別指導から、より公共的な学校教育制度への移行を構想したのである。このような学校制度の整備の背景にローマ的な覇権主義があったことは言うまでもない。ローマにとって、丁寧に整備された文章指導の制度は、侵略した地域に対する言語教育を通して世界をローマ的なものにするための複製可能な学習システムであり、ローマ帝国の公共政策の道具であった。

　教育の文化や制度の違いは、教育目的の違いとして顕在化する。修辞学の理論という点において、ギリシアとローマには多くの類似点が認められるものの、両者の修辞学教育の目的は異なっている。民主主義による社会設計を希求したギリシアは、市民それぞれが共同体のために言葉を紡ぐ社会を目指した。この

ようなギリシア社会の企ては、「すべての人が自分のために発言し、投票するという民主主義の偉大な実験」であった（Murphy, 2013, p. 37）。一方、ローマの修辞学教育の目的は、クインティリアヌスの語を借りるならば、教育システムを通じた「能力（facilitas）」の開発であった。ここで想定された「能力」とは、効果的な表現の「習慣（hexis）」、すなわち、どのような状況でも適切で効果的な言葉を生み出す習慣的な能力を意味する。それぞれの修辞学教育の目的の違いは、「ギリシア的一般性（Greek generality）」と「ローマ的効率性（Roman efficiency）」とも言われる（Murphy, 2013, p. 37）。

　ギリシアからローマにかけて、その理論と教育制度を確立した修辞学は、古代世界において言葉を自在に操る市民の育成に寄与した。読むこと、書くこと、話すこと、聞くことを入念に調整した教育プログラムは、6歳や7歳でアルファベットの練習を始めた少年たちを、いかなる状況下においても人前での即興弁論が可能な大人へと育てるためのものとしての役割を果たした。

(3) 古代における文章指導の具体像

　では、古代世界にあって、文章指導は具体的にどのような形で行われていたのか。ギリシアとローマで程度の差はあるが、古代において家庭内教育と家庭外教育があった。ここでは私塾や学校で行われる修辞学教育について紹介する。

　古代の教育の中心は、古典を通した言葉の継承であった。ヘレニズム期の高度な教育はアルカイック期の伝統に忠実なものであり、科学ではなく詩に基礎が置かれた。そのため、「教育は理性を発達させることより、むしろ偉大な傑作に代表される文学遺産を伝承する」ことに重きが置かれた（マルー, 1985, p. 197）。このような言葉の教育を、修辞学と弁論術が主として担った。

　古代における言葉の教育では、おおむね、初等教育で文法を、中等教育で文法と文学を、高等教育で弁論術を教えられた。文法から始まる一連の教育の流れに見られるように、この時代の教育を特徴づけるのは要素分解と段階化である。優れた作品や雄弁を一つの完成されたプロダクトとみなし、その完成形を各々のパーツへと分解し、その分解されたパーツを順序立てて教授することが目指された。

第Ⅰ部　ライティング教育の俯瞰図

①初等教育

　初等教育が文法から始まるのは、文章術や弁論術を最も基礎的な部分にまで還元した場合、最初に習得すべきは最小単位の知である文法だと考えられたからである。そのため、初等教育では、文法や作文練習のような、いわゆる文章執筆に相当する内容は扱われず、これらは中等教育に委ねられていた。古代において初等教育は、日常生活の体験を通して獲得される生きた言葉の習得を使命とはしていなかったのである。このような体系性重視の教育は、将来における雄弁のための準備と考えられていた。

　　師は、子どもがスタイラスで文字をなぞり始めたときから、言葉の都市を
　　想定し、その後、効率的な言語使用を事実上その子の人格の一部とするよ
　　うな、うまく調整された一連の学習経験を段階的に導いていく。アルファ
　　ベットの文字は、数年後にはローマ元老院での感動的な演説となる。
　　（Murphy, 2013, p. 73）

　体系的な文章指導は、それが最終的に優れた文章や弁論へとどのようにつながるのかが一瞥しただけではわからないほど細分化された文法学習から始められた。師はそのような学習の最終ゴールに対する見通しをもっていたが、学習者がその見通しをもつ必要はないとされた。クインティリアヌスは、建築家を育てるには、少年の頃からレンガを積み上げることから始めるべきだが、当の子ども自身がレンガによって組み上げている壁が何であるかを知る必要はないと述べている。いずれにせよ、文章執筆に相当する内容は初等教育では扱われず、これらは中等教育以降に委ねられていた。

②中等教育

　中等教育では、古典の要約・朗読・暗誦、理論的な文法学習、作文練習が行われた。ここでは作文に焦点を合わせよう。古代における作文練習は、「プロギュムナスマタ（Progymnasmata）」と呼ばれた。プロギュムナスマタは、文法教育の後に「宣言文（Declamation）」を書くための準備教育、すなわち弁論予備練習である。このプロギュムナスマタの特徴は、段階的な作文練習法にあ

第1章　ライティング教育序説

表1-1　プロギュムナスマタにおける文章練習の段階

段階	文章練習項目	内容
1	寓話	寓話を語る。
2	物語	詩人や歴史家のエピソードを語る。
3	逸話	著名な人物に関する教訓的な逸話を敷衍する。
4	格言	格言やことわざを敷衍する。
5	論証（または反駁）	疑惑に対する反論、確認する。
6	共通論題	ありふれたこと、認められていることを確認する。
7	賞賛（または非難）	ある人物や事物に対して讃辞、軽蔑する。
8	比較	物や人を比較する。
9	性格表現	ある人物になりきって話したり書いたりする。
10	描写	詳細を生き生きと表現する。
11	不特定提題（テーゼ）	個人を含まない一般的な質問に対する答えの賛否を論じる。
12	法についての討論	法に対する賛否を議論する。

出典：マルー（1985, p. 211）をもとに筆者作成。

る。中等教育から高等教育にかけて、すなわち12歳以降の者を対象として行われ、現実の問題との関わりを徐々に深めていくように設計された順序に沿って、さまざまな種類の文章練習をさせるものであった。具体的には、表1-1に示す12の段階が一般的であった。易から難へ、簡から繁へと設計されたこの練習法では、この順序を厳守することが求められた。

　この12項目は、中等・高等教育をまたいで実施された。本来は、12項目すべてを高等教育で実施するものであったが、「高等教育における弁論術の専門性が高まり、その要求がますます過重になってきたため、手いっぱいになった高等教育はやむなくこれらの予備練習を中等教育へ任せた」（マルー, 1985, p. 211）とされている。やむを得ず手放すことになったとはいえ、ギリシアにおいて高等教育を担った弁論教師たちは、中等教育を担う文法・文学教師にプロギュムナスマタという作文練習を奪われることに抵抗し、プロギュムナスマタの最も初歩的な分野のみを譲ることとした。具体的には、最初の3〜5段階が中等教育に属していたとされている。

9

第Ⅰ部　ライティング教育の俯瞰図

　これらの作文練習につき、12項目すべてを紹介することは紙幅の都合で難しいので、ここではフランスの歴史家マルー（Henri-Irénée Marrou）の『古代教育文化史』を参照し、その一部を掻い摘んで見てみよう。

　第1段階の「寓話」では、短く単純な作文練習が課された。学習者には、今しがた話されたか読んだかした短い寓話を作文として再現することが求められた。このような再現練習は、現代の「パラフレーズ」（言い換え）に通ずるものである。ただし、留意すべき点として、このような「言い換え」は、現代において想定されているものとはやや異なり、敷衍すること、すなわち意味のとりにくい点をわかりやすく言い換えたり、詳述したりすることを含まなかった。古代における「言い換え」は、もとの話をできるだけ忠実に説明することを意味した。

　寓話による作文練習の一例を見てみよう。エジプトの都市ファイユームのパピルスから見つかった資料（4世紀、5世紀頃のもの）によると、次のような作文練習がなされている。

　　　息子は自分の父をころし、「法の手にとらえられるのをおそれて砂漠への
　　　がれた」。そして山をこえる途中でライオンに追われた。ライオンに追わ
　　　れると木によじのぼった。するとドラゴンが木へとびかかってきて、それ
　　　が上までのぼってくることができるのを見て……。そしてドラゴンをのが
　　　れて死んだ。悪人は神の手をのがれられない。「神は悪人をさばきにかけ
　　　たまう」（マルー, 1985, pp. 211-212）

　鍵括弧の部分は、子どもが原詩の一行を思い起こして逐語的に書き直した部分とされている。このような古代における寓話の作文練習にあって、子どもは物語を詩から散文に置き換えるだけでよかった。寓話に続く物語の作文練習でも、敷衍というよりは説明が求められ、たとえば10行程度の物語を数行にまとめる練習が行われた。教師が古典的な詩や戯曲から題材をとって紹介し、生徒はこれを再現し、要約した。

　第3段階の「逸話」の作文練習では、著名な人物（アイソポス、アナカルシス、ピタゴラス等の古賢）にまつわる教訓的な逸話が扱われた。この課題は象

10

徴的な行為か、歴史上の発言、あるいはその両者の複合で行われた。ここで初めて敷衍の練習が行われる。主題が2行で与えられても、作文が完成すると、紙1ページ程度になることもある。たとえば次のような「逸話」を敷衍することが課題とされた（マルー, 1985, p. 213 をもとに筆者要約）。

　　イソクラテスは言った。「教育の根は苦い。しかし、その果実は甘い」
　　この課題に対して、次の8つの要項を配さなければならなかった。
　　1. イソクラテスを紹介し賞賛する。
　　2. その箴言を3行で言い換える。
　　3. その意見の妥当性を完結に弁明する。
　　4. 逆に反対意見を論駁する形で、今の意見を確証する。
　　5. 比較しながら解説する。
　　6. 次に逸話（たとえばデモステネスのそれ）を借りて解説する。
　　7. いくつかの典拠を古人（ヘシオドス等）から借りて援証する。
　　8. 結論として「以上が教育についてのイソクラテスの立派な考えである」
　　　 と記す。

　徹底した細分化と書くべき項目の羅列は、古代の文章指導における一つの型として定着していった。このような型の徹底は、続く高等教育においても継続された。

③高等教育

　高等教育からは本格的に弁論術の教育が開始される。アリストテレス以来、弁論術は議会弁論、法廷弁論、演示弁論の3つの分野に理論上区別されている。議会弁論は何事かを奨励・慰留させるための弁論、法廷弁論は告訴・弁明するための弁論、演示弁論は人を賞賛・非難するための弁論である。演示弁論は、議会弁論と法廷弁論が議会や法廷という具体的な場をもつのとは異なり、実用目的からやや離れたものとして、弁論術の練習問題で活用されることがしばしばであった。都市組織の衰退に伴い、議会弁論と法廷弁論は従属的な地位へと追いやられていった。弁論術の学習が手本となる言論の暗記を主流としたこと

第 I 部　ライティング教育の俯瞰図

も影響し、最も実用から離れた美辞麗句や定型句を並べる演示弁論が、学校における教育教材として生き残り続けることになった。

　演示弁論の隆盛は、弁論術そのものが諸学の基礎とされたことも影響して、さまざまな学問や精神活動の型を規定した。詩や文学、歴史、哲学は言わずもがな、体育や天文学、医学に至るまで、何かを説得的に話し、書くことが求められる場合にあって、何をもって「説得的」で「よい弁論」とするかは、これらの精神活動の根幹に関わる問題であったからである。弁論術は「教育の王者」（マルー, 1985, p. 237）とまで言われ、ヘレニズム期において教養とは、第一に弁論術を修めていることを意味した[1]。

　では、このような弁論術、特に演示弁論は具体的にどのような文章訓練として実践されたのか。この点を検討する前提として、まず弁論術が、理論、範例学習、応用練習という 3 つの要素から構成された点を確認しておく。先述した作文練習であるプロギュムナスマタは、ここでは応用練習に当たる。したがって、このプロギュムナスマタという応用練習は、その前提として理論と範例学習を要する。

　まず理論を見てみよう。演示弁論の代表的なものとして賞賛演説がある。特定の人物を賞賛することを目的とするこのような演説は、表 1-2 のとおり 36 の項目からなる様式が必要であるとされた。

　次に、範例学習では、教師自作の演説を練習させるか、古典から優れた作品を範例として練習させるかで行われた。このような範例作品が選び抜かれ、蒐集されることで、「カノン」（正典）を形成した。このような古典志向は、後世において必ずしも好意的に受け取られたばかりではない。古典趣味とも言えるこのような弁論術は、失われた時代に答えを探し、古典の純粋な復元を希求するあまり、「古典作家がすでに用いた語句や文型だけを使用し」、「さらにその都度その使用を正当づけるための範例となりうる著作家を挙げる」ことができ

---

1)　弁論術が教養であるという点について、弁論が徳と密接に関係するものであると捉えられていたことに留意する必要がある。イソクラテス以来、弁論術は終始一貫して高等教育における伝統的・標準的な教育の根本をなすものであり、自由人教育の総仕上げであり続けてきた。イソクラテスによって形づくられた弁論術は、従来のソフィスト的な詭弁論とは性質を異にするものであった。優れた話し方を学ぶことは、優れた考え方を学ぶことであり、それは優れた生き方を学ぶことであるとされた。

12

第1章　ライティング教育序説

表1-2　賞賛演説に必要な項目

一．外的な善
- A．英雄の出生の高貴さを称える
- B．環境
  1. 生まれた市
  2. その市の市民たち
  3. その市の政治体制の優越
  4. その両親や一族
- C．個人の資性
  1. 受けた教育
  2. 友人
  3. かちえた栄誉
  4. 勤めた公職
  5. その富
  6. その子どもの数や美しさ
  7. 死に際のよさ

二．身体の善
- A．健康
- B．体力
- C．容姿
- D．敏活な感覚

三．魂の善
- A．道徳感覚
  1. 知恵
  2. 節制
  3. 勇気
  4. 正義
  5. 敬虔
  6. 高貴
  7. 闊達
- B．以上から派生する行為
  1. その対象の見地から
     - a．利他的で公平な行為
     - b．善を目指し利益や快楽を求めない
     - c．公益の立場で
     - d．危難や危害を冒しての仕事
  2. 状況の見地から
     - a．好機（ととらえて）
     - b．初めて成し遂げられた功業
     - c．自分だけで
     - d．その英雄がほかの人たち以上のことを行った
     - e．わずかの協力者しかいなかった
     - f．年齢以上のふるまいをした
     - g．あらゆる希望に背を向けて
     - h．苦痛なしには済まされないのに
     - i．早くて立派に

出典：マルー（1985, pp. 242-243）をもとに筆者作成。

13

第 I 部　ライティング教育の俯瞰図

なければならないという慣習をも生んだ（マルー, 1985, p. 245）。

　このような理論と範例学習を踏まえたうえで、プロギュムナスマタの作文練習が課された。たとえば、プロギュムナスマタの第 7 段階にある「賞賛」では、上にある 36 項目を漏れなく盛り込んだうえで、範例となりうる古典作家を挙げ、その言葉を引用したうえで、演示弁論の原稿をつくる必要があった。

　以上のようなプロギュムナスマタが想定する一連の練習に対して、マルーは、そのあまりの細かさと規則一点ばりの過剰な几帳面さが現代から見ると驚嘆すべきものであると述べたうえで、プロギュムナスマタの 12 段階を上へ行くほどに、このような教条主義的な性格が強まること、また、「一見じつに無意味な練習課題に、信じられないような熱心さやたくましい分析力が使われた」（マルー, 1985, p. 212）ことを指摘している。

(4) 古典修辞学の特徴とアカデミック・ライティングの原型

　マルーの言葉に表れているように、古代の修辞学、すなわち古典修辞学におけるやや偏執的なまでの体系化、規則化への傾斜は、文章指導における形式主義を招いた。現存する 4 つのプロギュムナスマタ書の一つとされるリナニウスの『プロギュムナスマタ』には、教師は些細な誤りも正す厳しい審判者の役割を果たしたと記されている。文章の形式的側面に対する厳格な指導は、古代世界において教師に求められる重要な役割であった。

　このような形式主義のもつ負の側面は、実際に生徒が書いた文章にも現れている。すべての格を用いて変化させるという練習課題を徹底された生徒は、ピタゴラスに関する逸話を単数から始めて「忠実に」格を変化させて書いた。その結果、単数形の「哲学者ピタゴラスは上陸して読み書きを教えながら……」から始まった文章は、そのうち「二人の哲学者ピタゴラスは」となり、しまいには「哲学者ピタゴラスたちは上陸して読み書きを教えながら……」となり、「見事に」すべての格を用いて変化した文章を書いている。このような訓練はことばの訓練ではあったが、知性の訓練ではなかった。

　注目すべきは、「よい弁論」の特徴を徹底的に要素分解することを通して生み出された、このような徹底した技術化（テクニック化、スキル化）が、しかし必ずしも聴衆の中に納得や信頼を生んだわけではないということである。

第1章 ライティング教育序説

「おそろしいことに——しかもヘレニズム期の学校は残らずその危険にさらされた——技術の修得がここまで進むと、だれもその効果にあまり絶大な信頼をおぼえなくなる」（マルー, 1985, p. 244）。技術に関する規則の体系が微に入り細を穿つ形で整備され、すべての規則を徹底的に守られた弁論は、武術における演舞に近いものになった。それは、演舞そのものとしての美しさや完成度を具備していながら、しかし状況や文脈を剥奪されたものになっていたのである。すなわち、さまざまな状況や文脈の上に成り立つ話すこと・書くことという動的活動において、聴衆の心を動かすための実際的・実践的な効力を必ずしも持ち得なかったということである。このような形式主義の作文練習に見られるのは、意味の剥落であった。

> ここにいたってわれわれは、古典主義の本質そのものにふれることになる。それは現代人のロマン主義や、独創性をもった組織的研究とははるかにかけ離れていた。古代の生徒は独創的でなくてもよかった。求められたのはいくつかの基準にあった要約や注釈を学ぶことであった。だから生徒はまずこの基準を学ばねばならなかった。あらかじめ用意された3条件や6要素、あるいは9要項を暗誦しなければならず、これには時間がかかった。（マルー, 1985, p. 214）

　一方で、このような修辞学の意義も見過ごすことはできない。説得の技術である修辞学において、納得を生むとされる型が生み出された意義は大きい。これは、言うなれば、論理展開をどのような文章構造として表現すれば、聴者・読者から「納得」を得られる——と社会通念上みなされる——かという「納得の構造」（渡辺, 2004）について社会的な合意が緩やかに形成されたことを意味する。「納得」というものが社会的・文化的に構築される側面をもつ以上、これを生み出すものが文章の型として具体化され、教授法や教育制度を通して社会的に共有され、定着が図られたことの意義は極めて大きい。
　ここで「社会的な合意」と述べたが、この点についてはより正確に表現する必要があるだろう。納得の構造が弁論術や修辞学という学問内で探究されたものである点を踏まえれば、ここで言う「社会的な合意」とは、すなわち学術共

15

第Ⅰ部　ライティング教育の俯瞰図

同体内における専門家の間で形成された合意ということになる。加えて、すでに述べたとおり、古代世界において修辞学・弁論術は教養の核となるものであり、広く諸学の基礎とみなされていた。これらの点を考慮すると、ここまでに見てきた古代における弁論術・修辞学の形成史とは、すなわちアカデミックな文章構造の原型を用意するものであったと言える。

　ここで紹介したような文章訓練は、現代のアカデミック・ライティングに継承されている。先にプロギュムナスマタの「逸話」の訓練として、「教育の根は苦い。しかし、その果実は甘い」という格言について書くことが求められると述べたように、古代においては、たとえば「愛について」のようなテーマを与えられたのに対して、雄弁に語ることが求められた。このようなテーマ・ライティングは、歴史の中でいくつかの変容を遂げているものの、現代まで継承されている。私たちは、その継承された形を、現代の米国におけるエッセイ・ライティングや仏国におけるバカロレア試験の哲学の問題に見ることができる（詳細は第2章、第3章を参照）。米国のある大学では、米国式の5段落エッセイの模範例として「定期的な運動の利点」について論じたものをホームページに掲載している。2023年のバカロレアでは、哲学の第1問として「幸福は理性の問題か」という問題が出題された。文化ごとに論証の構造に差はあれども、いずれも「運動」や「幸福」というテーマについての論述であり、そこには古代から引き継がれたテーマ・ライティングの特徴が見られる。

2.　書くことにおける個人なものの台頭—自己という近代的源泉—

　古代の文章指導は、子どもを「語られる対象」として見る古代の教育的価値観（佐藤, 1992）のなかにあって、文字どおり「訓練」としての色合いの強いものであった。このような訓練的教授の文化は、学習者である子どもの個人性を排した、徹底した理論化によって「納得の構造」を生み出す文章の〈型〉を形成してきた。このような古代的価値観に基づくライティング教育は、何も古代世界にのみ見られるものではなく、現代まで脈々と受け継がれている。レポートや学位論文を書く学生は、原則として、何のためにその文章を書かされるのかを説明されない。求められているのは——少なくとも学生の視点から見る

ならば——アカデミック・ライティングという文体の再生産であり、それが〈私〉にとってどのような価値をもつかは問われない。これは同時に、〈私〉が価値あると思うものがレポートや論文に持ち込まれることを徹底して忌避する、アカデミック・ライティングの〈型〉に表れている。

　一方、近代以降の世界に生きる私たちにとって、「個人」としての〈私〉が、何かしらの知的源泉となり、あるいは学習を構成する一要素（学習主体）として考慮されるべきであるという考え方は、ほとんど自然なものとなっている。現代の高等教育（特に学部教育）にあって、伝統的な学問至上主義を謳う組織を除いて、学生が知識を身につけながら自分自身の興味関心を探り、ある程度個人的な動機をもって探究に臨むことが完全に排除されるということはなかろう[2]。本節では、このような書くことにおける「個人」の位置づけ、あるいは書き手としての「個人」という観点を踏まえながら、パーソナル・ライティングについて見ていこう。

(1) パーソナル・ライティングの輪郭

　「パーソナル・ライティング」という語の定義は容易ではない。この語が盛んに取り沙汰されたのは、1960年代以降の米国ライティング教育における自己表現ブームが一つのきっかけである。このブームの火付け役となったのが「表現主義者（expressionist, expressivist）」と呼ばれる米国ライティング教育の研究者たちである。背景には、当時の米国の時代状況や教育政策・実践に関する諸論点が関係している（詳細は第6章を参照）。高等教育における進歩主義、学習者中心主義の教育として登場した表現主義は、既存の知的権威への反抗と「自分探し」を志向する当時の米国にあって一大旋風を巻き起こしたが、70年代半ば以降、ライティング研究を一つの学問分野として確立しようとするアカデミックな志向性の登場とともに、厳しい批判に晒されることになった。

---

2)　もちろん成果物（プロダクト）としてのレポートや論文のような学術的な文章に、個人の感想文が入り込むのは歓迎されない。しかし、それらの文章は、単にプロダクトだけが突然生み出されるわけではなく、文章が生み出されるまでのプロセスをもつ。このプロセスにおいて個人の考えが、誤解や所感を含めて言語化されることは、議論の活性化や認識の修正を助けるという点で学習を促す。このような誤解や所感は、個人の考えを表出する文体を必要とする。

第Ⅰ部　ライティング教育の俯瞰図

　表現主義に対する批判と、それに対する反論は、大きな論争を巻き起こした。その最も有名なものが、1989 年から 1995 年にかけて展開された表現主義者ピーター・エルボウ（Peter Elbow）と表現主義への批判者デヴィッド・バーソロメ（David Bartholomae）の論争である。両者の論争は、論争終結後も、現在に至るまで研究の対象とされており、「パーソナル・ライティングとアカデミック・ライティング—エルボウ‒バーソロメ論争の再検討—（Personal and Academic Writing: Revisiting the Debate）」のように（Mlynarczyk, 2006）、「アカデミック・ライティング」と対比する形で「パーソナル・ライティング」という語が用いられている。

　一見すると、それほど用語規定に支障がなさそうな「パーソナル・ライティング」であるが、その定義上の困難は、そもそもこの語によって名指された表現主義者がこの語を自らに対して用いてきたわけではなく、むしろ積極的に避けてさえきたことにも見られた。たとえば、先に挙げたエルボウは、自らの実践を「パーソナル・ライティング」とは呼ばず、単に「ライティング」と呼ぶようにしていることを明言している。バーソロメへの応答論文のタイトルも「書き手であることと学者であること—目標における対立—（Being a Writer vs. Being an Academic: A Conflict in Goals）」としており（Elbow, 1995）、「学者」「アカデミックな人」への対立項は、「書き手」「ライター」である。さらに、エルボウは、2015 年には、「問題のある術語としてのパーソナル・ライティングと表現主義（Personal Writing and Expressivism as Problem Terms）」という論考を発表し、「パーソナル・ライティング」を問題含みの用語として批判している。

　このようなエルボウによる批判は、ただちに「パーソナル・ライティング」という語の存在意義を完全否定するものではない。むしろ氏の批判は、その用語規定の不十分さの指摘を通して、パーソナル・ライティングという語をより精緻に観察するための視点を用意している。氏は、パーソナル・ライティングにおける「パーソナル」には、「トピックが個人的であるかないか、言語が個人的であるかないか、そして思考が個人的であるかないか」の 3 つの観点があるが、これらがないまぜになって語られていることを指摘している。

典型的な個人的トピックは、特定の書き手の感情や経験である。

典型的な個人的言語は、日常的な話し言葉、口語、俗語、または俗な言語や構文である。

典型的な個人的思考は、メタファー、感情、連想、直感、その他、体系的でも規律的でもないプロセスを利用する。（Elbow, 2015, p. 15）

トピック、言語、思考という 3 つの観点を示したエルボウの指摘は、パーソナル・ライティングと呼ばれるものが、これらの 3 観点の複合体として生成される、グラデーションを有するものであることを示している。

では、パーソナル・ライティングは 1960 年代以降の米国における特殊具体的な事象かと言えば、そうではない。トピック、言語、思考のいずれにおいても個人性を有する文章の歴史は、さらに遡ることができる。ここでは、学術的な文章と対置される個人の書き物として、手紙や随筆、自伝のような形式のライティングが、歴史の中でどのように展開されてきたのかを見てみよう。

(2) 近代以前のパーソナル・ライティング

手紙の歴史は長い。古代において、手紙はすでに重要なコミュニケーション・ツールであった。たとえば、『プラトン全集』（岩波書店）の第 14 巻にはプラトンの「書簡集」が収められている。また、弁論術の師であるキケロの書簡は、長きにわたって手紙の手本とされてきた。英語には「エピストログラフィ（epistolography）」という語があり、フランス語にもおよそ同様の意をもつ "épistolographie" という語がある。いずれも「手紙の書き方」を意味する言葉である。これらの語は、ギリシア語で「手紙（エピストレー）」と「書く（グラポー）」が合わさった「エピストログラポス」を語源にもつとされる（高橋, 1995, p. 133）。手紙の影響力は、古代ギリシア、ローマの哲学や雄弁術だけでなく、宗教においても大きい。「キリスト教は書簡という形で世に出た。最古のキリスト教文書のほとんどは手紙である」とされている（Kustas, 1970, p. 59）。

このような手紙の文体にはどのような特徴が見られたのか。手紙は文字によって表現されるものではあるが、話し言葉的な性格を有するものともみなされていたため、単純な語彙とインフォーマルな文体が適すると考えられていた。

第 I 部　ライティング教育の俯瞰図

このような手紙の文体上の特徴は、中世の終わり頃には、「書簡的簡潔さ (episto-lary brevity)」という語で表現されるようになった (Lanham, 2013, p. 104)。普段の会話と似たインフォーマルな文体表現こそが、手紙の良さとされ、政治や学問の場面におけるレトリックとは異なる論理によって組み立てられた。このような違いには、アカデミック・ライティングとパーソナル・ライティングのごく初期の区分が見てとれる。

　では、手紙を書く練習は、具体的にどのように行われたのか。手紙の書き方を意味するエピストログラフィは、あの徹底した段階論を示すプロギュムナスマタとも関連する。古代におけるライティング教育は、イソクラテス以来、人格的完成を使命としてきたが、手紙の書き方は、プロギュムナスマタにおける「性格表現 (ethopoeia：エトポエイア)」の一つとして位置づけられることがあった。現存するプロギュムナスマタのうちの一つの著者であるテオンは、「性格表現」の訓練が、賞賛演説のためのみならず、手紙にも有効であると述べている。「性格表現」とは、自分の気持ちを理解し、より生き生きと表現するために、自分を他者の立場に置いて書くという修辞的訓練の一つである。このような訓練は、人格的特徴の表現に最も自由な幅を与えた卓越したプロギュムナスマタと考えられた。「性格表現」が、プロギュムナスマタにおいて後半に行われる訓練であった（表 1-1 のとおり、全 12 段階のうち第 9 段階に置かれている）のも、その高度さを認められていたためである。

　では、「性格表現」では、具体的にどのような練習がなされたのか。この訓練の特徴は、他者の描写を通して、その人格的特徴を表現することである。たとえば、アウグスティヌスは『告白』において、『アエネーイス』に登場するユノの演説をしたことを回想している。このような修辞訓練において重視されたのは、「話し手の年齢、地位、財産、そして状況にふさわしい言葉を使うという礼節 (decorum)」であった (Lanham, 2013, p. 104)。これはすなわち、他者の描写を適切に行うことを通して、他者の置かれた修辞的状況に対する想像力を働かせ、他者のエートスに迫ろうとする訓練であった。

　「性格表現」を通した他者描写の訓練が手紙の書き方練習になるというのは、本書の鍵概念である「アカデミック・ライティング」と「パーソナル・ライティング」という観点から見ると、興味深い点である。学校教育において手紙を

書く文章訓練としてふさわしいものとされたのが、他者の描写を旨とする「性格表現」であったというところには、古代的価値観が表れている。古代において自己を理解し、生き生きと表現する「良い手紙」を書く訓練は、他者の性格を想像し、他者を模倣することによって行われた。手紙における自己表現もまた、偉人に相当するような他者を模倣する訓練を通して、より優れたものへと導かれると考えられていたのである。

　もう一つの興味深い点は、手紙の書き方がプロギュムナスマタの中に位置づけられていた点である。「教育の根は苦い」という「逸話」で例示したように、古代の作文練習はテーマに基づくアカデミック・ライティングとしての側面を有していた。しかしながら、時代が下ると、プロギュムナスマタにおいて手紙の書き方が重宝されるようになる。古代から中世にかけて口承文化から文字文化へとますます移行していく過程で、演説や宣言に代わって、文字による手紙が散文的な作文の練習手段として台頭し、散文作文を教えるための優れた枠組みを提供したとされている（Lanham, 1992）。では、なぜアカデミック・ライティングの訓練において、手紙のような形式が重宝されたのかというと、「手紙には決まった教科・主題的内容（subject matter）がなかった」ため（Lanham, 2013, p. 104）、テーマ選択の幅が広く、学校での練習手段として優れていると考えられたからである。特定の主題や教科・学問に縛られず、どのようなテーマに対しても平易な文体で書くことが許される手紙は、基礎教養としての文章訓練に適していると考えられたのである。

　こうしてみると、アカデミック・ライティングとパーソナル・ライティングは、異なる論理に基づくものとして一定の緊張関係をもちつつも、ライティング教育という観点から見ると、両者は必ずしも明確に線引きされてきたわけではなかった。手紙を書く練習は、政治的雄弁家や哲学者の訓練とは異なる文体によるものであったものの、パーソナルなものを書く手紙が、アカデミックな訓練の中に位置づけられていたように、教育という文脈において両者の境界は曖昧さと複雑さを残すものであった。しかしながら、本格的に〈個人〉が価値ある源泉とみなされ、文章の中に何かを表現することを期待されるようになるのは、近代まで待つことになる。

第Ⅰ部　ライティング教育の俯瞰図

(3) 近代以降のパーソナル・ライティング

①「告白」という語り

　個人的な語りを書くことが価値あるものとして認識された重要な契機を、私たちは、近代以前に生まれた「告白」という文章形態の中に見てとることができる。歴史の表舞台に「告白」という文章形態が登場するのは、397 年から398 年に記されたとされるアウグスティヌスの『告白』である。本書においてアウグスティヌスは、若かりし日の自らの放蕩を包み隠さず語っている。自分自身に関する氏の率直な語りは、「これほど至らない私であっても神は救済してくれる」という、神の恩寵を示すためのものである。自分自身に関して赤裸々に書くというパーソナル・ライティングの原初的一形態は、神への信仰告白という形で登場した。アウグスティヌス以後、中世のライティング教育は教会との密接な関係の中で展開されていくことになる。

　このようなアウグスティヌスの「告白」は、具体的な文章指導とどのような関係にあったのか。前項でアウグスティヌスがプロギュムナスマタの「性格表現」について回想したことに触れた。優れた修辞家として知られた氏は、「性格表現」という文章訓練について、次のように述べている。

　　「イタリアからトロイア人の王を遠ざけることができずに、腹立ちかなしんでいるユノのことばを述べよ」といったような課題が出されます。私はユノがいったことなどけっして聞いたことがありません。にもかかわらず私たちは、詩人の虚構の跡を迷いながらたどってゆき、詩人が詩句で表現しているその同じことを、散文で述べなければなりません。そして、そこに描写されている人物の威厳にふさわしく、怒りやかなしみの感情を、できるだけほんとうらしく浮きあがらせ、その思想に適当なことばの衣をまとわせることのできた者が、上手に述べたといってほめられるのでした。
　　おお、真の生命、わが神よ、こういうことが私にとって、いったい何の役にたったのでしょう。私が答案を読むと、多くの同じ年ごろの、いっしょに読んだ者にまさって拍手喝采されましたが、それが私にとって、何であったというのでしょう。すべて、煙と風ではなかったか。才能と弁舌とが訓練される方法は、それ以外にはなかったのでしょうか。（アウグステ

ィヌス, 2014, pp. 56-57）

　プロギュムナスマタにおいて「できるだけ本当らしく」書くことによって拍手喝采を受けたアウグスティヌスは、このような訓練の意義に対して懐疑的であったことを告白している。古代の修辞学が議会という公共空間における聴衆の喝采を目的とする演示弁論としての卓越性へと収斂していったのに対して、アウグスティヌスの「告白」は他者の説得や他者からの喝采を目的化する修辞学のあり方とは別に、自己の生き様を率直に語ることに価値を見出した。このような告白という表現形態は、ときに学問や学校によって体系化された文章指導に対する懐疑の吐露を含みながら、アカデミックなものに対する対抗言説としてのパーソナルな語りに可能性を見出すものの契機となった。

②エッセイにおける自己という源泉

　ライティングにおけるパーソナルなものの本格的な台頭は、ルネサンス期において、中世的な教会の権威からの脱却過程で生じた。人間が個人的な記述に傾倒するようになったのは、古典的な学問の復活をもたらしたルネサンスと良心の自由を掲げた宗教改革があったからに他ならない。宗教的、知的な自由が自己表現と共鳴する段階に達した新しい意識の出発点となったのが、1580年に刊行されたモンテーニュの『エセー』である。

　『エセー』の特徴は、その「率直さ、言説的で自由な連想のスタイル、著者自身の感性についての絶え間ない考察」（Wann, 1939, p. 9）にある。『エセー』序文に、「ここには、わたしの欠点が、ありのままに読みとれるし、わたしの至らない点や自然の姿が、社会的な礼節の許すかぎりで、あからさまに描かれている」（モンテーニュ, 2005, pp. 9-10）と述べられているとおり、モンテーニュは自己についてありのままに、あからさまに書くということを試みている。モンテーニュは一人の人間、一人の個人としての自己を描き出さんとする試みについて、「私は、私の全存在によって、文法家とか、詩人とか、法律家としてでなく、ミシェル・ド・モンテーニュとして、人々に自分を示す最初の人間である」（モンテーニュ, 1991b, p. 37）と述べている。「モンテーニュは、彼自身の性格と属性、そして彼自身の好みと偏見に注意を向けている」（Dobbs 1974,

第Ⅰ部　ライティング教育の俯瞰図

18）ため、モンテーニュ自身のパーソナリティこそが『エセー』における主題なのである。このような自己に関する率直な表現によって、モンテーニュは「近代エッセイの父」の地位を得た。

　モンテーニュのこのような自己に関する語りは、アウグスティヌスの信仰告白がもつ赤裸々さと共通する部分をもちつつ、しかしその本質において異なる。アウグスティヌスの告白は、神の恩寵、慈悲深さを示すための宗教的権威の正当化を目的とするものであった。氏の語る自分の弱さや脆さは、そのような脆弱な存在までも救ってくれる神の偉大さを表すためのものであった。しかし、モンテーニュの自己に関する語りは、自分自身によって正当化されている。氏は『エセー』における人間考察について、次のように述べている。

　　私は人間的な、私なりの考えを、単に人間的な考えとして、個々別々に考察された考えとして、述べる。天命によって規定され、疑問や変更を容れない考えとして述べるのではない。［中略］私が自分なりに考えたもので、神にしたがって考えたものではない。ちょうど、子供たちが下書き（エセー）を出すようなもので、人に教えてもらうためで、人に教えるためではない。（モンテーニュ, 1991a, pp 204-205）

　モンテーニュの企ては、当時の宗教的な人々からすれば、ほとんど傲岸不遜ともとれるようなものであったことは言うまでもない。パスカルは『パンセ』において、モンテーニュの『エセー』を指して「自己を描こうとした愚かな企て」と非難している（パスカル, 1973, p. 37）。『エセー』は「みだらな言葉」「死に対する全く異教的な気持」「彼はその著書全体を通じて、だらしなくふんわりと死ぬことばかり考えている」ような問題だらけの試みであるというのが、パスカルの見方である（パスカル, 1973, p. 38）。実際、『エセー』には性的な話題や告白が記されている。なお、モンテーニュは自分語りのパーソナルな記述への批判に先回りする形で、『エセー』内に反論を記している。「もしも世間が、私があまりにも自分について語りすぎることを責めるなら、私は世間が自分のことを考えさえもしないことを責める」（モンテーニュ, 1991b, p. 37）。

　モンテーニュに見られるような自己を書くという形での文章執筆の世俗化が

第1章　ライティング教育序説

当時において必然性をもったのは、15世紀以降の活版印刷の普及に加え、既存の権威の許可なく書けるようになったことが影響している。王侯貴族や教会の権威の失墜は脱宗教化を招き、書くことの世俗化を加速させたことで、宗教的権威とは異なる新しい権威が、文章表現の源泉として求められた。このような新しい源泉となったのが、自己である。近代において自己という新しい源泉が登場したことによって、人間精神は、外界を歪みなく表象する受動的な「鏡」から、自ら能動的に光を放つ投光器としての「ランプ」へと捉えなおされたのである（エイブラムス, 1976）。

　自己が新しい源泉となったということは、自己がただそのままの状態で価値あるものとみなされたことを意味するわけではない。従来の宗教的権威が求心力を失った後に登場した自己という源泉には、それが権威として十全に機能するために、自己に対する誠実さという条件が求められた。すなわち、宗教的権威に対して敬虔な信仰心が重視されたように、自己という権威に対する誠実さ、自らに対して嘘偽りのないあり方が重視されるようになったのである。モンテーニュが、宗教や社会における価値に基づいてではなく、自己という一人の人間に忠実に表現することを試みたのは、自己に対する誠実を貫こうとしたからであり、それが近代的価値であったからである。

　もちろん、このような誠実さは危うい。自己に忠実に、自分の思いを率直に言葉にすることは、他者を混乱させ、軋轢を生み、顰蹙を買うことにつながる。それは結果的に「不誠実な人」として他者の目に映る。自己の内にある誠実さを他者に示すためには、世間という外部基準に照らして「誠実な人物」を演じる必要がある。しかし、はたしてそれは「真の自己」と言えるのか。「誠実（sincerity）」と「真正性（authenticity）」の間には、このような緊張関係がある（トリリング, 1976）。

　モンテーニュの誠実性に疑問を投げかけたのが、ルソーである。アウグスティヌスの『告白』やモンテーニュの『エセー』において自己の語りが示されたように、ルソーもまた1782年に出版された自伝的著作である『告白』において自己について語っている。

　　わたしはかつて例のなかった、そして今後も模倣するものはないと思う、

25

第Ⅰ部　ライティング教育の俯瞰図

仕事をくわだてる。自分とおなじ人間仲間に、ひとりの人間をその自然の
ままの真実において見せてやりたい。そして、その人間というのは、この
わたしである。（ルソー, 1965, p. 10）

　このモンテーニュさながらの序文を書きながら、しかし、ルソーはモンテー
ニュの「不誠実さ」を、『告白』の草稿において批判している。

　　真実を語りながら人を欺こうとするこうした偽の誠実家の筆頭に挙げられ
　　るのがモンテーニュである。モンテーニュは自分を描くとき欠点も描いて
　　はいるが、人に愛されるような欠点しか示していない。〔ところが〕おぞ
　　ましい欠点を持たぬ人間など一人もいないのだ。モンテーニュは本物そっ
　　くりに自分を描いてみせるが、それは横顔でしかない。われわれに隠して
　　いる側の頬に傷跡があったり、あるいは片方の目がつぶれていたりして、
　　人相がすっかり変わってしまっているようなことはないと、誰が言えるの
　　だろう。（ルソー, 2009, p. 235）

　ルソーにとってモンテーニュは、「誠実な人」として振る舞いながら、その
実、他者からの評価を得ようとする不誠実さによって、「ほんもの」の自己の
表出を遠慮する人物であった。
　では、ルソーの『告白』における自己の語りは、モンテーニュとどのように
異なるのか。モンテーニュが社会に対して「誠実」を演じたのに対して、ルソ
ーの『告白』は社会的に構築されたルソー像への抵抗であった。『エミール』
出版後に厳しい批判に晒されたことで逃亡生活を余儀なくされたルソーは、本
書を著すことで、社会が抱くルソー像の誤りを示そうと試みた。「ルソーとし
ての社会的記憶」に対して、「ジャン＝ジャックとしての個人的記憶」に基づ
いて異議申し立てを行うというルソーの試みは、「抗いのエクリチュールとし
ての自伝」と呼べるものであった（室井, 2022）。ルソーの『告白』には、社会
に対する抵抗としてのパーソナル・ライティングの原型が見てとれる。
　ここまで、アウグスティヌス、モンテーニュ、ルソーを代表的・典型的な例
として、パーソナル・ライティングの歴史を見てきたが、自己について書くこ

とは人類史を代表するような思想家だけに見られる特殊なものだったわけでは
ない。ヨーロッパでは、17世紀末から18世紀にかけて、自分自身について語
ることが流行し、自伝が一つの表現形態として普及し始めた。18世紀にはイ
ギリスやフランスの演劇界や文壇を中心に「セレブリティ」が登場し、社会の
注目と好機の対象となった。セレブリティは、公衆の存在や読書実践、出版業
界ならびに印刷物の発展、文化や余暇の商業化ならびに都市における興行経済
の発展という時代背景に呼応する形で、批判や称賛のみならず、好奇心や友
情・愛情の対象として捉えられ、感情共同体としての市民社会を象徴する存在
となった（Perrin et al., 2014）。ルソーもこのようなセレブリティの一人であ
った。セレブリティのパーソナリティや私的領域が社会的に消費されるように
なったことは、パーソナル・ライティングの一般化を促した。

(4) パーソナルという問題圏

　パーソナル・ライティングについて論じるうえで避けて通れないのが、プラ
イバシーと文書保存の問題である。大衆化したパーソナル・ライティングは、
個人の日記という形をとる場合もあり、そこに書かれる内容は多分にパーソナ
ルなものを含んでいる。モンテーニュやルソー、あるいはセレブリティは、一
般人に比べれば社会的に名の知れた人物であったため、その顕名性、著名性ゆ
えにプライバシーの問題が前景化することはなかった。しかし、匿名の一般人
にとってパーソナル・ライティングにまつわるプライバシーの問題はより重大
であった。それゆえに、パーソナル・ライティングはしばしば秘匿されてきた。
　このような秘匿は、著者の晩年や死後すぐに行われる場合が多かったとされ
ている。具体的には、書いた本人やその遺族が日記を焼き捨てたり、内容を大
幅に修正したりすることがあった。日記に関する研究から二つの例を紹介しよ
う。一つ目は、19世紀の有名なクエーカー教徒の日記作家であるキャロライ
ン・フォックス（Caroline Fox）の例である。フォックスが亡くなった後、フ
ォックスの姉は氏の日記を1巻にまとめたものの出版を許可し、その後、12巻
あったオリジナル版を焼却した（Fothergill, 1974）。もう一つの例は、米国在
住のある85歳の女性のものである。この女性は、アイオワ州の開拓者であり
農民であった母親が書いた36年分の日記を預かっていた。その日記は、単に

第 I 部　ライティング教育の俯瞰図

健康や天候を書き留めたものではなく、熟考に熟考を重ねたものであった。母親の死後、この年老いた娘は、一巻一巻を読み、重要な誕生日や死亡日を書き写し、日記は個人的なものだと考えて、焼却処分した（Bell, 1985）。

　このように、日記というパーソナル・ライティングは、著者本人と限られた親族を除いて、公開されることなく消え去っていくことがしばしばあった。ジェンダーの観点から日記について調査したシンシア・ガネット（Cinthia Gannett）の研究では、日記の修正や廃棄は、特に女性の日記に多いとされている。ガネットによれば、「一般的に、女性の日記は、女性を守るという名目で、おそらく善意の家族によって、認識できないほど編集されるか、完全に破棄されるようである」（Gannett, 1992, p. 122）。パーソナルなことを書く男性の書き手が、性的奔放さをも含む「率直さ」でもって「裸のまま日記に登場する」のに対して、女性の場合はかなり編集されており、そこにはさながら「イチジクの葉が散らばっている」ような状態であった（Gannett, 1992, p. 122）。

　しかし、パーソナル・ライティングは日記だけではない。本章前半では古代における手紙の指導についても触れた。古代の手紙について、プラトンは「書かれたものは世人の手に渡る運命を免れません。［中略］この書状は、いままず何度も読み、焼き捨てておいてもらいましょう」（プラトン, 1975, p. 82）と述べている。手紙を燃やすようにと書かれていることから、プラトンの時代にあっても、手紙の内容に関する公開・非公開の問題があったようである。しかし、さらに興味深いのは、プラトンが次のように述べている点である。

　　　この書簡は、貴君たちみなが、といっても三人ですが、読むべきものです。できればみないっしょで、さもなければ二人ずつで、つまりできるだけ共通の仕方で、できるだけ何度も繰り返して。また、この書簡は、契約書、権威ある法律としても採用——これは正しいことですから——すべきものです。（プラトン, 1975, p. 106）

　この記述からは、手紙というものが単に個人的なやりとりだけでなく、契約書や法律に相当するような権威あるものとしても機能しえたということが読み取れる。このプラトンの手紙だけが特別なわけではない。手紙の達人とされた

キケロは、自分自身の個人的な考えをしたためた手紙によって政局を動かすほどであった。

　ここで示した日記と手紙という文章形態は、パーソナル・ライティングについて考える際の手がかりとなる。日記が、原則として書き手だけを想定読者とする文章であるのに対して、手紙は自分以外の読み手に対して何かを伝えるための文章である。そのため、日記が自己のために書く文章であるとすれば、手紙は読み手との相互補完的な文章であり、そこには責任の分有が生じる。加えて、告白や自伝のような文章もあることを考慮すると、パーソナル・ライティングは多様で、グラデーションのある文章形態であると言える。

　さらに補足すると、「自己のために書く文章」とされる「日記」も、「ジャーナル（journal）」と「ダイアリー（diary）」という語でニュアンスが異なるように、幅のある文章形態である。たとえば、自己の内面に深く潜って自分を表現しようとする日記と、日常生活の中に何か発見がないかを観察・取材する際の日記は異なる。後者は自分が気になったことをメモしておくという「コモンプレイス・ブック」に通ずるものであり、日々の生活を記録するジャーナル・キーピングとして文章訓練において採用されてきた。ジャーナル・キーピングは、「書くべきことがありません」という学習者に対して、個人の生活を観察して記録することで、日々の生活の中にあって「見れども見えず」となっている価値ある事実や論点の発見を促すものであった。日々の観察や思索がメモされたジャーナルは、個人の生活世界の中にある公共的な論点（コモンプレイス）を記録するものとなり、何かを書き始める際には、コモンプレイス・ブックを開いてみればよいとされた（ジャーナルについては、第Ⅲ部各章を参照）。このように、パーソナルな記述が一種の知的生産術として機能することを期待されることで、アカデミック・ライティングと関連する可能性へと開かれる場合もあった。

おわりに

　本章では、アカデミック・ライティングとパーソナル・ライティングという二項対立を初発の足場としながら、ライティングの歴史において両者がどのよ

うに登場したのか、その原初的な形態を探った。前者は古代における弁論術・修辞学に——具体的にはプロギュムナスマタと呼ばれる段階的な作文訓練に——その淵源が見られた。後者は古代における手紙の書き方（エピストログラフィ）を原初的形態の一つとしつつ、近代以降の個人的なものの本格的な台頭に呼応する形で、告白や随筆、自伝として形成されてきた。

　アカデミック・ライティングとパーソナル・ライティングは、性質的に異なるものとして、緊張関係が保たれてきた。パスカルがモンテーニュの『エセー』を論難したのも、このような緊張関係を表している。学術的な文章術へと展開することを期待されるライティング教育は、公共的な知の継承と発展を目指すものである。このような知的取り組みが社会的な規模のものとして展開されるためには、文章術が体系化・定式化される必要があった。アカデミック・ライティングは、文字文化の知的基盤づくりを目指し、学校教育を通して文章術を継承・再生産し、あるいは逆に、継承・再生産過程で文章術を体系化・定式化しながら形成されてきた。それゆえに、アカデミック・ライティングは学校教育という文脈と密接不可分なものである。これに対して、パーソナル・ライティングは、自己への誠実さに基づく率直で生き生きとした表現をよしとするため、それは体系化や定式化という伝統的な学校的価値の網目をかいくぐる傾向にあった。

　しかし一方で、両者の境界は一般的に考えられているほど厳密に線引きされてきたわけではない。古代のエピストログラフィのような他者の「性格表現」の練習を通して、自己のエートスの表現を教育せんとする試みは、パーソナルなだけでなく、アカデミックな訓練の一部として位置づけられていた。また、ジャーナル・キーピングのようにパーソナルな生活記録から始めて、アカデミックな問題圏へと接近しようとする試みもあった。ライティングは教育と不可分なものであるが、ライティング「教育」という文脈においてこそ、アカデミックなものとパーソナルなものは、ストラテジックに交流が図られてきたのである。そこには「混ぜるな危険」とみなされる両者を、しかし教育的文脈においてどのように均衡させるかという課題が横たわっている。

　「アカデミック・ライティング」というものをごく現在的に捉えると、米国型ライティング中心主義に陥る危うさがある。それは、やや狭量なライティン

グ観をもたらしかねない。ローマ帝国は、体系化された文章指導を統治政策の道具として利用することによって、統治した地域の人々の思考形態をローマ式に再構成し、ローマの秩序を覇権主義的に実現した。このような「パクス・ロマーナ（Pax Romana：ローマによる平和）」的文章指導観は、後世においてローマ式文章術のあり方を模した米国式の文章術を通して、現在のアカデミック・ライティングの画一化、特定の様式や論理を絶対視する考え方にも通底している。「パクス・ロマーナ」が、平和をその名に冠しながら、どこまでも覇権主義であったように、文章指導を覇権の道具としたローマ的教育制度は、米国式アカデミック・ライティングの型のグローバル化という形で再来している。

　もちろん、ある特定のライティングの型が、歴史の風雪に耐えて生き残り続け、現代において支配的なパラダイムを形成しているのには理由がある。しかし、このようなグローバルなデファクト・スタンダードの正当性を自明視して追認するだけでなく、それがいかにして形成されたのかに目を向けてみることも重要だろう。本章では、ライティング教育史を繙くことで、文章指導における「パクス・アメリカーナ」を自明に受容するというよりは、アカデミックとパーソナルの境界に迫り、その境界の曖昧化、複雑化を歓迎する可能性を示した。

　「アカデミック－パーソナル」という二項対立的でありながら往還的な枠組みは、続く各章において姿形を変えて何度も登場する。より新しい時代におけるライティング教育については、第2章以降の議論に譲ることとする。「アカデミック－パーソナル」という枠組みの基礎をライティング教育史の中に見出そうとする本章の試みが、やや歴史的記述に傾斜しつつも、他章において解説されるライティング教育に内在する諸論点を読者諸賢が読み解く際の水先案内となれば幸いである。

参考文献

アウグスティヌス著，山田晶訳（2014）『告白Ⅰ』中央公論新社.

Bell, E. (1985). Telling one's story: Women's journals then and now. In L. Hoffman & M. Culley (Eds.), *Women's personal narratives* (pp. 167-178). Modern Language Association of America.

Dobbs, B. (1974). *Dear diary: Some studies in self-interest.* Elm Tree Books.

エイブラムス, M. H. 著, 水之江有一訳 (1976)『鏡とランプ：ロマン主義理論と批評の伝統』研究社. 原著は 1971 年.

Elbow, P. (1995). Being a writer vs. Being an academic: A conflict in goals, *College composition and communication*, 46(1), 72-83.

Elbow, P. (2015). "Personal writing" and "expressivism" as problem terms. In T. Roeder, and R. Gatto. (Eds.). *Critical expressivism: Theory and practice the composition classroom* (pp. 15-32). Parlor Press.

Fothergill, R. (1974). *Private chronicles: A study of English diaries*. Oxford University Press.

Gannett, C. (1992). *Gender and the journal: Diaries and academic discourse*, State University of New York Press.

Kustas, G. L. (1970). The Function and evolution of Byzantine rhetoric, *Viator*, 1, 55-74.

Lanham, C. D. (1992). Freshman composition in the early Middle Ages: Epistolography and rhetoric before the Ars dictaminis, *Viator*, 23, 115-134.

Lanham, C. D. (2013). Writing instruction from late antiquity to the twelfth century. In Murphy, J. (Ed.), *A short history of writing instruction: From ancient Greece to modern America* (3rd edition) (pp. 77-113). Routledge.

マルー, H. I. 著, 横尾壮英, 飯尾都人, 岩村清太訳 (1985)『古代教育文化史』岩波書店. 原著は 1948 年.

Mlynarczyk, R. W. (2006). Personal and academic writing: Revisiting the debate, *Journal of basic writing*, 25(1), City University of New York, 4-25.

モンテーニュ著, 原二郎訳 (1991a)『エセー（二）』岩波書店.

モンテーニュ著, 原二郎訳 (1991b)『エセー（五）』岩波書店.

モンテーニュ著, 宮下志朗訳 (2005)『エセー 1』白水社.

Murphy, J. J. (Ed.). (2013). Roman writing instruction as described by Quintilian. In Murphy, J. (Ed.), *A short history of writing instruction: From ancient Greece to modern America* (3rd edition) (pp. 36-76). Routledge.

室井麗子 (2022)「社会的記憶と個人的記憶の汽水域としての自伝―ルソーにおける抗いのエクリチュール―」山名淳編著『記憶と想起の教育学―メモリー・ペダゴジー、教育哲学からのアプローチ―』勁草書房.

野内良三 (2007)『レトリックのすすめ』大修館書店.

パスカル著, 前田陽一, 由木康訳 (1973)『パンセ』中央公論社.

Perrin, J. F. & Citton, Y. (Dir.) (2014). *Jean-Jacques Rousseau et l'exigence d'authenticité*. Classiques Garnier.

プラトン著, 水野有庸, 長坂公一訳『プラトン全集 第 14 巻』岩波書店.

ルソー著, 桑原武夫訳 (1965)『告白（上）』岩波書店.

ルソー著, 桑瀬章二郎訳 (2009)「『告白』ヌーシャテル草稿序文」『思想』第 1027 号,

229-240.

Roen, D., Goggin, M. D., Clary-Lemon, J. (2013). Teaching of writing and writing teachers through the ages. In Bazerman, C. (Ed.), *Handbook of research on writing: History, society, school, individual, text.* Routledge.

佐藤晋一 (1992)「『語られる論理』としての教育理論の形成：ギリシャ的教育の論理」『茨城大学教育学部紀要（教育科学）』第41号，269-288.

高橋安光 (1995)『手紙の時代』法政大学出版局.

Timmerman, D. M., and Shiappa, E. (2010). *Classical Greek rhetorical theory and the disciplining of discourse.* Cambridge University Press.

トリリング，ライオネル著，野島秀勝訳 (1976)『「誠実」と「ほんもの」―近代自我の確立と崩壊―』筑摩書房．原著は，1972年.

Wann, L. (1939). *Century readings in the English essay.* New York: Appleton-Century Crofts.

渡辺雅子 (2004)『納得の構造―日米初等教育に見る思考表現のスタイル―』東洋館出版社.

第Ⅱ部　アカデミック・ライティング

　第Ⅱ部では、4つの章・2つのコラム・1つの座談会を通して、アカデミック・ライティングに関する主題を論究する。

　アカデミック・ライティングという文種を定義することは難しい。学術的に書くこと。大学で教授される文章の紡ぎ方。学術を範として学校で指導される文種。主張や論証を行うような学術的慣習・形式に則ったもの。感情的よりかは論理的なもの。プライベートよりかはパブリックに向けられたもの。さしあたりここでは、このようにアカデミック・ライティングを特徴づけておこう。

　とりわけ欧米では伝統的にアカデミック・ライティング、たとえば米国ではエッセイ、フランスではディセルタシオンを書くことが、初等教育から高等教育に至るまで、教育実践の中核に位置づけられてきた。アカデミック・ライティングを重視する教育は、優れた文章を生み出すことそれ自体を目的としつつ、それを通して理性を研磨することを企図する。この意味で、ライティングは教育の重要な目的と手段であり続けている。第Ⅱ部では、アカデミック・ライティングの教育がどうあるべきか、そのあり方を一考する。

第2章

米国におけるアカデミック・ライティング教育
―現代伝統修辞学における形式的完成の追求―

森本 和寿

はじめに

　文章を書くという行為は、必然的に他者に対する情報伝達という役割をもつ。そして、他者に対して何かを伝えるためには、何かしらのプロトコルに従う必要がある。『不思議の国のアリス』のように、ナンセンスそのものが文学的・詩的な興味深さを生み出す場合もあるが、これはあくまで例外である。文学であれ詩であれ、文章を書くということは、原則として他者と共有されたプロトコルを必要とする。このようなプロトコルは、しばしば「論理」と呼ばれる。論理的であること——論理的に思考し、表現すること——によって、人は個人の主観を超えて、他者に情報を伝達することが可能になる。

　では、文章執筆における「論理的思考」とはどのようなものか。この問題はライティング教育とどのように関わってくるのだろうか。身近な例として、日本の作文教育について考えてみよう。たとえば、日本の作文教育に対する、「論理」という観点からの一般的な認識や語りは次のようなものである。「日本の作文教育は感想文ばかりだ。それは感情的で、フィーリングに基づいている。それに比べて、Xという国（たとえば米国）の文章は論理的だ」。このような「論理的思考」に対する見方は、ある文化圏の作文は「論理的」で、別の文化圏の作文は「非論理的」であるという考え方に基づいている。さらに言えば、「論理」に一つの正しさがあることを前提としている。

37

第Ⅱ部　アカデミック・ライティング

　論理学では、論理の形式体系を数理的に構築したり、自然言語における論証の構造を解明したりする等、さまざまな角度から論理について探究されてきた。米国では、1970年代以降、非形式論理学の学識を大学の初年次教育等で学ぶコースが設けられ、クリティカル・シンキングの訓練が盛んに行われた。形式的なものであれ、非形式的なものであれ、論理構造を学ぶことによって、文章に内在する「論理」を——あるいは「論理」の破綻を——正確に把握する試みが、アカデミック・ライティングの入門的な位置づけとして、米国では受容されてきたのである。

　では、そもそも、文章執筆における「論理」は絶対的で普遍的なものなのだろうか。続く本章の内容を先取りすると、論理は社会や文化によって構築されたものである。それは米国型のアカデミック・ライティングに内在する「論理」についても例外ではない。米国のアカデミック・ライティングとはどのようなもので、そこにはどのような「論理」が内在しているのか。その「論理」はなぜ米国で受容されたのか。本章では、これらの問いに答えていく。

1.　アカデミック・ライティングにおける「論理」の複数性

　本節ではロバート・カプラン（Robert Kaplan）と渡邉雅子の研究を手がかりとして、文章執筆において「論理的である」とはどういうことかについて概観する。

(1)　カプランの文化的思考パターン研究

　応用言語学者ロバート・カプランは、1966年に発表した論文「異文化間教育における文化的思考パターン（Cultural Thought Patterns in Inter-cultural Education）」において、思考表現スタイルが文化的・社会的に構築されたものであることを指摘した人物である。米国では「エッセイ」と呼ばれる文章を書くことが求められるが、氏はエッセイ・ライティングを手がかりとして文章執筆に内在する「論理」のパターンを提起した。米国型の「エッセイ」を日本語に翻訳するならば、「随筆」というよりは「小論文」に近い。エッセイの書き手は、一まとまりの文章を通して、あるテーマについて一つの主張の正当性を

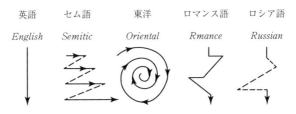

図2-1 言語圏別のパラグラフ進行過程と論理パターン
出典：Kaplan（1966, p. 15）。

示すことが求められる。たとえば、「定期的な運動」というテーマについて、「定期的な運動は優れている。その理由は次の3つである」というような文章を書く必要がある。

　カプランは、英語の習熟度が上がっても留学生のエッセイの習熟度が上がらないことに対して、長い間、疑問をもっていた。そこで、エッセイに「必要な要素」と「それを並べる順番」（たとえば、パラグラフの順番）という二つの指標をもとに、世界30か国以上から来た留学生の論述の展開方法を類型化した（図2-1参照）。このカプランの分類によれば、英語は直線的な展開、ヘブライ語やアラブ語など西アジアを中心に使用されるセム語は類似する事柄を詩の対句のように並行させる展開、東洋は渦巻のように遠回りしながら間接的に主題に近づく展開、フランス語に代表されるロマンス語は余談を交えて紆余曲折しながら進む展開である。

　カプランの研究の興味深い点は、論理構造が、言語の違いだけでなく、文化の違い、あるいは文化ごとのレトリックの違いによって生み出されていることを指摘した点である。英語と日本語を比較したときに、この二つの言語の論理構造の違いは、両者が文法や文構造において異なることに起因するだけではなく、むしろそれ以上に、両者の言語を用いる文化圏において「どのような文章構成を論理的であると感じるか」という前提の違いによって生み出されているとカプランは指摘している。近年、ともすればアングロ・サクソン的な直線型の論理展開こそが「論理的」であるという認識が自明で普遍的なものと受け止められる傾向にある――さらにアカデミック・ライティングにおける英語帝国主義的な「グローバリゼーション」がこれを加速させている――が、カプラン

39

第Ⅱ部　アカデミック・ライティング

の論に基づくならば、それはいくつかある論理の型の一つにすぎない。

(2) 渡邉の「納得の構造」研究

　カプランの社会構築主義的なライティング研究は、近年、日本において新しい展開を見せている。比較教育学・教育社会学者である渡邉雅子は、カプランの研究を援用し、日本、米国、フランス、イランの作文教育を比較検討している。カプランは言語文化圏ごとの論理構造の違いを提示するのにとどまっていたが、渡邉はこのような文化的差異が、学校教育を通して再生産されている点について検討している。このような再生産に寄与しているのが、ライティング教育である。ライティング教育では、適切とされる文章構成を教えるが、このような文章指導は「論理」の型の教授につながっている。文化ごとに学校教育において「これが適切な文章の型ですよ」と教えることで、その文化内において適切とされる文章の型、すなわち論理構造が継承され、再生産される。渡邉はこのような論理の型を、「納得の構造」と呼んでいる。

　ある文化圏における「納得の構造」に従って思考・表現することで、その文化圏の人々は「論理的である」と感じることができる。ここで「感じる」と表現したように、「納得の構造」は論証構造の無謬性を保障するものではなく、事実として、このような構造に従うことよって、人々は「論証」や「議論」に内在する「論理」を妥当性なものである（納得できる）と認識するということである。たとえば、数学のように数字と式に基づく抽象世界を対象とすることで、堅牢な議論を可能にする学問領域においては、形式論理に基づく「論理」の構築が可能である。一方で、厳密な自然科学的法則の適用だけでは学術的探究や問題解決へと至らない場合、厳密な論理学に基づく形式論理ではなく、非形式論理に基づく「納得」の形成が必要となる。

　この問題は、非形式性や納得のような曖昧なものとは距離があると思われている学術的正当性にも関係している。学術的正当性とは、研究者を構成員とする学術共同体における厳密で適正な手続きを通した「承認」を意味する。このような「承認」を生成するためには、非形式論理に基づく「論理」によって「納得」が生み出される必要があるということである。もちろん、学術的場面における「論理」への依拠が、生活場面よりも厳密であることは言うまでもな

40

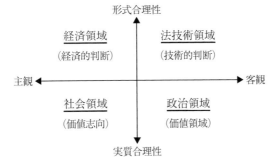

図 2-2　合理性の 4 類型と 4 つの領域

出典：渡邉（2023, p. 31）。

いが、私たち人間同士が何かしらのコミュニケーションを通して一つの答えを出すという過程において、「納得」というものが重要であることに変わりはない。そして、カプランや渡邉の研究に基づくならば、この「納得」を正当化するものが、文化的に構築された「納得の構造」、すなわち人々が納得感を覚える情報提示の要素と順序である。

　渡邉の研究では、日本、アメリカ、フランス、イランの学校における作文の指導法を分析することで、それぞれの文化圏における「納得の構造」を描き出している。渡邉によれば、この 4 つの国の作文教育を通して生成されている「納得の構造」は、フランスは「政治原理」、イランは「法技術原理」、日本は「社会原理」、そして米国は「経済原理」に基づいている（図 2-2 参照）。

　渡辺の分類の背景には、ドイツの社会学者マックス・ウェバーの合理性研究がある。ウェバーは、近代合理性に基づく資本主義経済の社会と、価値規範に基づく伝統的な共同体的・宗教的教義に基づく社会との対立の理由を解明することに関心を抱いていた。その際に、ウェバーが注目したのが、それぞれの社会で「何が合理的な行為とみなされるか」であった。人が目的と価値を共有する場合、合理性の判断について合意形成可能であるが、逆に目的と価値が多様な場合、合理か非合理かについての判断もまた多様になるからである。

　そこでウェバーは、合理的な行為のもとになる合理性を、「実質合理性（substantial rationality）」と「形式合理性（formal rationality）」の 2 つに分類した。

実質合理性は、目的に関する合理性である。この合理性は、何が行為を決断するに値する「価値」をもつ目的なのかという判断に関わってくる。形式的合理性は、手段に関する合理性である。この合理性は、決定済みの目的に対して最も効率的とみなされる手段、あるいは理論上確実とみなされる手段を選択することに関わってくる。さらに、これら2つの合理性は、目的と手段のつながりが個人の主観によって決められるのか、あるいは集団により客観的に決められるのかによって4つの合理的行為に分類される。渡邉の研究における4つの原理の分類は、実質と形式という2つの合理性を、その決定の根拠としての個人的主観性と共同体的客観性の2つの軸で分割したものに基づいている。

渡邉の類型に基づくならば、米国の「納得の構造」は、経済原理に基づいている。すなわち、目的と手段のつながりが個人の主観によって決定され、決定された目的に対して効率的で確実な手段を採用することをもって「合理的」とする。このような納得の構造は、学校教育、特に書き言葉の文化圏への参画を促すライティング教育を通して、社会的に構築され、継承・再生産されていく。ライティング教育は、「納得の構造」を生み出す文化的装置として機能するのである。

2. 米国型エッセイの構造

では、米国型の「納得の構造」によって書かれる「エッセイ」とは、具体的にどのようなものなのか。「納得の構造」が、人々の納得感を生み出す情報提示の要素と順序の問題に収斂するということは、具体的な文章においては、段落構成の問題、そして各段落でどのような情報を示すかが問題となる。米国のアカデミック・ライティングでは、どのような段落構成で、どのような情報を提示することが望ましいとされ、定式化されているのだろうか。

米国のアカデミック・ライティングにおける中心的・支配的な文章形式である「エッセイ」が挙げられる。特に、米国では「5段落エッセイ」(five-paragraph essay) と呼ばれる形式が主流である (図2-3参照)。この文章形式は、初等中等教育から高等教育まで、文章指導の基本形として徹底されている。5段落エッセイでは、第1段落で主張と3つの理由が明示される。第2段落から第4段

第2章 米国におけるアカデミック・ライティング教育

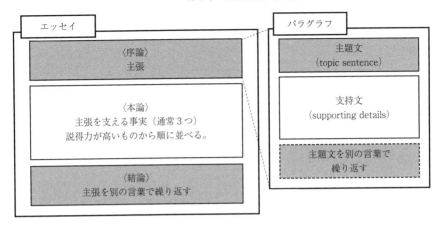

図2-3 米国型エッセイの構造

出典：渡邉（2023 p.59）を参考に著者が加筆して作成。

落までは、第1段落で示された3つの理由それぞれの具体例が書かれる。具体例を示す際には、数値化されたデータを用いることが推奨される。第5段落では、第1段落の主張と理由が繰り返される。明確な主張と、その主張を支持する3つの理由によって構成される、この文章形式は、カプランが「直線的」と言った英語圏型の論理構造であることが読み取れる。このような米国型エッセイに内在する直線的な論理構造は、たとえば日本の感想文やフランスのディセルタシオンと比べてみると、その違いが際立つ（日本については第8章、第9章、フランスについては第3章、第7章を参照）。

さらに具体的に見てみよう。以下に示すのは、米国型エッセイの一例である。トゥーロ大学のホームページにおいて、大学教員によって書かれたエッセイの模範例として公開されている。少し長くなるが、米国型エッセイの実際がわかりやすくなるので、翻訳して引用する。

定期的な運動の利点

近年、多くの人々がフィットネスの必要性を認識するようになった。新聞売り場、テレビ、看板など、ほとんどどこを向いても健康維持・増進のためのアドバ

43

第Ⅱ部　アカデミック・ライティング

イスが溢れている。このようなアドバイスの多くは、ビタミン剤や自然食品を売り込み、健康増進の仕掛けを減らそうと躍起になっている人たちによる商業的な動機によるものだが、なかには、特に定期的な運動プログラムを提唱しているものなど、真摯な注目に値するものもある。このようなプログラムは、週に3回、少なくとも30分以上であり、医師が承認している場合、多くの利点をもたらす。定期的な運動は緊張をほぐし、見た目を良くし、スタミナをつける。

　第一の利点である緊張の解放は、即効性がある。緊張が身体に蓄積するのは、ストレスや不安、恐怖によってアドレナリンが過剰に分泌されるからだ。体操をしたり、テニスやバレーボールのようなアクティブなスポーツに30分間参加したりすると、緊張がほぐれるというのが医師の意見だ。その半分の時間、泳いだり、ジョギングをしたり、自転車に乗ったりすれば、夜はぐっすり眠れ、翌日の気分もよくなるはずだ。さらに、緊張がほぐれた後は、ささいなイライラや不満が気にならなくなるはずだ。たとえば、その日の仕事や交通渋滞でイライラした労働者は、急いで家に帰り、家族と口論になり、過食に走るかもしれない。30分ほど体を動かしてイライラを発散させれば、このような行動を避けることができるだろう。したがって、計画的な運動は、緊張をなくすか、少なくともコントロールすることができる。

　外見の改善は、定期的な運動の第二の利点である。運動は、スリムで引き締まった体型に効果が現れるまで、おそらく1カ月かそれ以上かかる。しかし、改善は必ずやってくる。たとえば10ポンド太っている人は、この間に余分な脂肪をほとんど燃焼させ、筋肉を引き締めることで、体格を整えることができるかもしれない。筋肉の張りが改善され、姿勢も良くなれば、服をより魅力的に、快適に着ることができるようになる。理にかなった食事と運動プログラムを組み合わせることで、肌の色も改善される。このように外見が改善されることで、自信が生まれ、他人に好印象を与えることができる。

　外見の改善によって生まれる自信に加え、体力の向上はスタミナを生み出す。より強く健康な身体は、緊張した弱い身体よりも、よりハードに働くことができ、実際、通常の疲労に耐えることができるのは明らかである。運動をしている労働者は、週40時間の労働をこなしたとしても、草刈りやガレージのペンキ塗り、窓拭きに十分なエネルギーが残っているはずだ。同様に、学校に通い、家事をこなし、おそらくパートタイムで働く学生も、効率よく仕事をこなすことができるはずだ。同様に重要なのは、このスタミナが風邪やインフルエンザなどの病気を防ぐのに役立つということだ。持久力の向上は、定期的な運動プログラムの最も重要な利点の一つである。

　体重を減らし、魅力的でエネルギッシュな体を手に入れるという目標に対する安易な解決策はメディアを賑わすが、実際にこれらのメリットを手に入れるのは容易ではない。しかし、確立されたエクササイズ・プログラムを実践することで、リラックスした気分になり、健康的に見え、日常的な活動だけでなく激しい

第2章　米国におけるアカデミック・ライティング教育

> 運動にも耐えられる十分な体力を手に入れることができるのである。

出典：Latte（2020）を筆者訳出。

　第1段落では、「定期的な運動の利点」というテーマについて、その利点を3つ挙げている（緊張の緩和、外見の改善、体力の向上）。続く第2段落から第4段落では、3つの利点それぞれについて、これを支持する根拠を示している。第5段落では、第1段落を適宜パラフレーズしながら繰り返す形で、ここまでのまとめが書かれる。

　米国では、この5段落エッセイがアカデミック・ライティングの原型として、小学校から大学初年次教育まで訓練される。この5段落エッセイが基本形となり、学部から大学院へと発展させられていく。教育史学者デヴィッド・ラバリー（David Labaree）によれば、大学初年次教育までに書かれた5段落エッセイは、学部では5節立てのリサーチペーパー、大学院では5章立ての博士論文になる。ラバリーはこれを「5のルール」（Rule of Five）と呼んでいる。「『5のルール』はマッスルメモリーとして徹底的に定着し、そこから続く一連のジャーナル論文を生み出す軌道に乗っている」（Labaree, 2023, p. 41）。すべての博士論文が5章立てになっているわけではないが、5段落、5節、5章という形式が、アカデミック・ライティングにおける一つの指標として、あるいは一つの型として共有されているのである。

　もちろん、アカデミック・ライティングは学問分野ごとに異なる。哲学では哲学の、物理学では物理学のアカデミック・ライティングが求められる。両者は質的に異なるものである。このような各学問分野で行われるアカデミック・ライティングを、「学問分野内ライティング」（Writing in the Discipline: WID）と言う。しかし、3年次や4年次になって、それぞれの学科やコース、ゼミナールで、同じようなアカデミック・ライティングの訓練を個々に行うのは非効率的である。アカデミック・ライティングに共通するものがあるならば、それは初年次教育で共通して取り組ませた方がよい（あるいは、中等教育のカリキュラムに組み込むこともできる）。このような考え方から構想されたのが、「カリキュラム横断型ライティング」（Writing Across the Curriculum: WAC）である。

45

第Ⅱ部　アカデミック・ライティング

　学問分野が多様であるように、アカデミック・ライティングも多様である。それにもかかわらず、前段落までで「エッセイ」が米国のアカデミック・ライティングの一つの型であると述べたのは、米国では WAC の登場を支えるような、共通教養を切り出して、できるだけカリキュラムを効率化しようとする発想が強いからである。このような社会効率主義（social efficiency）という米国的なカリキュラム思想ゆえに、エッセイはアカデミック・ライティングの原型としての性格を付与されているのである。

3.　現代伝統主義というパラダイム

(1)　米国修辞学の原型：現代伝統修辞学

　ここまで、米国アカデミック・ライティングの特徴を、5 段落エッセイの中に見てきた。しかし、5 段落エッセイは、成果物である文章に求められる形式として具現化したものの一例にすぎない。実際、米国におけるライティング研究において、米国型のアカデミック・ライティングを特徴づける用語として、5 段落エッセイは従属的なものでしかない。

　では、米国型のアカデミック・ライティングを特徴づける主たる用語とは何か。それは「現代伝統修辞学（current-traditional rhetoric: CTR)」である。現代伝統修辞学は、古代ギリシア、ローマに淵源をもつ伝統的な修辞学（古典修辞学）が、近代以降の米国において流通、通俗化したものである。このような流通、通俗化は、教育の大衆化を通してもたらされた。この米国土着の修辞学は、米国アカデミック・ライティングを下支えし、強力に規定してきた。

　現代伝統修辞学は、その指導の実際において、具体的にどのような特徴をもっていたのか。その中心は、基礎としての文法学習に費やされた。このような指導は、正しい文を書くことを目的として行われ、実際の文章を書くこと以上に、正しい文法知識を習得することが重視されたため、文章添削の中心は、誤字脱字と文法ミスの指摘であった。段落構成においても形式が重視され、簡潔、明瞭な文体と段落構成を、型どおりに書くことが推奨された。5 段落エッセイは、このような型の一例である。また、米国のライティング教育は、多読、多作によって特徴づけられている。「牛一頭を焼く」のに十分な量の紙幅を費や

すほどの文章を読まされたと皮肉られるように（Ferreira-Buckley, 2013, p. 196）、大量のテーマ・リーディングとテーマ・ライティングは、米国式のライティング教育の代名詞である。このような大量生産の文章産出において課されたのが、エッセイであった。

1990年代に現代伝統修辞学の検討に注力したシャロン・クロウリー（Sharon Crowley）は、『修辞学・作文事典（Encyclopedia of Rhetoric and Composition）』において「現代伝統修辞学」の項目を担当し、この修辞学について次のように説明している。

> 1959年にダニエル・フォガティ（Daniel Fogarty）によって作られた造語で、20世紀の大半の間、アメリカの作文指導で一般的に使われていた形式主義的な修辞学を指す。現代伝統修辞学は、完成品である作文の形式的側面を強調することに特徴がある。現代伝統的なエッセイは、一般的なものから具体的なものへの厳格な動きを採用している。一つの命題文（thesis sentence）または一つの段落、3つ以上の段落の裏づけとなる例やデータ、そして序論と結論がそれぞれ1段落ずつ表示される。一般的なものから具体的なものへの動きは、トピック・センテンス（一般化された文）を特徴とする段落の中で繰り返され、そのトピック・センテンスは連続するセンテンスの中で展開または特定される。（Crowley, 2015, p. 156）

この説明のとおり、現代伝統修辞学は、米国において広く共有されている5段落エッセイの構造によって具体化されている。上に続く説明においてクロウリーは、現代伝統的なエッセイでは、統一性と一貫性の原則に基づいて、一つの論題に関して明白で図式的に論理関係を示せるような作文が期待されていると言及している。さらに、現代伝統修辞学の起源を、ジョン・ロックの経験論とスコットランド常識学派のリアリズムの影響を受けた英国修辞学の伝統に由来することを指摘し、具体的な始祖となる人物として18世紀の英国修辞学を代表するジョージ・キャンベル（George Campbell）の名を挙げ、米国の修辞学教師がキャンベルの教科書を要素還元主義的に再編集して米国において用いたことを示している。

一連の説明からは、現代伝統修辞学というものの歴史的淵源は18世紀の英国修辞学、ならびにこの修辞学が米国において受容された18世紀以降の米国修辞学史に求めることができる点が了解される。加えて、現代伝統修辞学は、後世において名づけられ、一つの言説として形成されたものである。その指示対象である修辞学が実際に流通していた時代に、たとえば19世紀の教育者が自らの実践を指す言葉として当時の人々が用いたものではない。

「現代伝統修辞学」という言葉が初めて登場したのは、1959年のダニエル・フォガティの『新修辞学のルーツ（*Roots for a New Rhetoric*)』であるとされている（Connors, 1997; Crowley, 2015)。フォガティは、古い修辞学を総称するラベルとして「現代伝統修辞学」という語を用いることで、これを批判の俎上に載せ、新しい修辞学の必要性を説いたが、この言葉を特別に重要視はせず、明確な定義や説明は示さなかった。「現代伝統修辞学」という言葉に特別な意味をもたせたのは、リチャード・ヤング（Richard Young）であった。ヤングは1978年に発表した論文「問題とパラダイム：修辞学的発想において必要とされる研究（Problems and Paradigms: Needed Research in Rhetorical Invention)」において、1800年代後半から1960年代までの修辞学および作文指導を表す総称として「現代伝統修辞学」という語を用いた。さらに、これをライティング教育における一つのパラダイムであると主張し、「現代伝統パラダイム（current-traditional paradigm)」と呼称した。

(2) 現代伝統修辞学の支配を支える要因

米国修辞学史においてメインストリームを形成してきた現代伝統修辞学というパラダイムは、1978年に本格的に議論されるようになって以降、概して批判に晒されてきた。では、諸問題を批判されながらも、米国において現代伝統修辞学が根強く生き残り続けているのは、なぜなのか。その原因の一つは、現代伝統修辞学の教育修辞学としての有用性であり、もう一つは米国の文章観、文章指導観の基礎にある経済性や効率性を重視する思想にある。

①教育修辞学としての性格
ヤング以前、すでに長らく存在していたとされる「現代伝統修辞学」が、し

かしヤングが名差すまで明文化して語られてこなかったのは、この修辞学の暗黙知的性格のためである。ヤングはその暗黙知的性格を指して、「現代伝統的パラダイムを論じるうえで、あるいはその存在を認識するうえで、最大の困難は、それに関する私たちの理論的知識の多くが暗黙的なものだということである」と述べている（Young, 1978, pp. 30-31）。しかしながら、氏は暗黙知ゆえにこれが語りえないものであるとはしていない。むしろ、誰の目にも見えているがゆえにわざわざ誰もそれを名指して語らないもののように、現代伝統修辞学の特徴それ自体は明白であると述べたうえで、その特徴を「構成過程よりも構成された成果物を重視すること、ディスコースを単語、文、段落に分析すること、ディスコースを描写、叙述、説明、議論に分類すること、用法（構文、スペル、句読点）や文体（経済性、明瞭性、強調）に強い関心を寄せること、インフォーマルなエッセイやリサーチペーパーにこだわること」と列挙している（Young, 1978, p. 31）。

　現代伝統主義というパラダイムを提起したヤングはその擁護者ではなく批判者であった。1960 年代以降、およそ 1975 年まで、米国は「修辞学のルネサンス」と称される時代を迎えたことで、作文・修辞学研究が花開き、よりよい理論・実践の探究過程で種々の知見が提起されてきた。それにもかかわらず、いまだに古いパラダイムが重宝されてしまっているという問題意識を背景として、ヤングは 1978 年に「現代伝統パラダイム」を名指し、その乗り越えを説いた。それゆえに、「現代伝統修辞学」は原則として蔑称に近い形で用いられる語であった。このような傾向は、80 年代、90 年代の研究にも継承された。ヤングに続いて現代伝統修辞学を研究対象としたジェームズ・バーリン（James Berlin）やシャロン・クロウリーもまた、現代伝統修辞学を旧世代の修辞学として批判的に検討している。このような現代伝統修辞学の批判者たちの試みは、ライティング教育において強大な影響力をもちながらも、研究対象として検討されてこなかった現代伝統修辞学なるものを、研究の表舞台に立たせるものであった。

　研究として論じられてこなかったにもかかわらず、その具体的な特徴を挙げることが容易である理由は、現代伝統修辞学が教育のための修辞学であったからである。作文・修辞学史研究者ロバート・コナーズ（Robert Connors）は、「現代伝統修辞学は、何よりもまず教育修辞学（teaching rhetoric）であり、

第Ⅱ部　アカデミック・ライティング

教育が意味する惰性と実験との闘いのすべてを伴うものである」と述べている（Connors, 1981, p. 208）。米国のライティング教育において5段落エッセイ等に代表される作文の型が重視されていることが広く合意されたとして、しかし、実際に米国で書かれた論文をいくつか読んでみると、必ずしもこの型が遵守されているわけではないのは、あくまで現代伝統修辞学が学習者用の文章作法であることを意味している。それゆえに、私たちが現代伝統修辞学について知るための最良の方法は、ライティングの教科書を開くことである。この点について、ヤングは次のように述べている。

　　このパラダイム［現代伝統パラダイム：引用者註］の明白な特徴は、3世代にわたって何百ものアンソロジーや作文テキストの内容と構成原理を提供してきた。思うに、よく耳にする「作文テキストは似たり寄ったりだ」という不満は不当なものである。驚くほど似ているのは、想像力の欠如というよりも、広く共有されたパラダイムの症状なのだ。作文テキストは、概念的な独創性よりも、わかりやすさや教育的な工夫の有無で判断されるのが適切である。教科書は確立されたパラダイムを精緻化し、永続させるものであり、安定した状態で学問を行うための主要な手段（principal vehicles）の一つである。そのため、教科書は特にパラダイムに関する貴重な情報源である。（Young, 1978, p. 31）

　特に広いシェアを有する伝統的な教科書、たとえば『目的に基づくライティング（Writing With a Purpose）』や『ホッジス・ハーブレイス・ハンドブック（Hodges Harbrace Handbook)』が、現代伝統修辞学の影響力を確立してきた[1]。

　教科書という、あくまで教授内容の写し鏡である一教材にすぎない媒体がこれほどの影響力をもったのは、米国の高等教育においてライティング教育を担った教師たちの立場が不遇であったことも一因である。この点について、クロ

---

1)　これらの教科書分析を通した現代伝統修辞学の検討については、Connors (1981) や Taylor (2019) を参照。

ウリーは次のように述べている。

> 現代伝統修辞学が栄えてきた理由の一つは、大学の作文教師が一般的に、教えるよう求められるカリキュラムを考案しないからである。作文教師のほとんどは、大学院生か非常勤講師、あるいは文学の教師である。作文の教師は学問的序列の最下層に位置するため、プログラムやシラバスの考案、教科書の選定といった仕事を任されることはあまりない。また、教職と大学院の授業を兼任したり、2つまたは3つ以上の教育機関で作文のセクションを4つ、5つ、6つ担当したり、150人もの学生を指導したりといった職業上の事情から、修辞学や作文の理論で起こっている学術的・教授学的発展について読む時間がある教師はほとんどいない。現代伝統的な教授法のように徹底的に制度化された実践に疑問を投げかけることは、その教師がその健全性に疑問を投げかけるような学術的な議論にアクセスできなければ困難である。(Crowley, 1990, p. xii)

　米国におけるライティング教師は、大学院生や非常勤講師によって担われてきた。このような非常勤講師職は、たとえば文学の学位をとったが、研究職には就けなかった者がパートタイマーとして担うことも多かった[2]。そのため、ライティング教科書がシェアを広げるには、教師の専門性に依存しない、「耐教師性（teacher-proof）」の高い教材であることが求められた。定型化された教材に基づいて、文章の形式面中心の指導を行うことを可能にする教科書は、授業者の力量を補い、ときにその力量不足を隠してくれる。もちろん、耐教師性の議論において常に批判されるように、誰でも同じように教えられる教材であることと、それが教育的であることは異なる点には留意が必要である。

　いずれにせよ、現代伝統修辞学は、研究上の理論を背景として展開されたというよりは、教育の用に供することを目的として開発・展開されてきた。ライティング教科書は、このパラダイムを根強く保存する容器として機能してきたのである。

---

2)　米国ライティング教師を取り巻く文化的・制度的状況については、森本（2022）を参照。

第Ⅱ部　アカデミック・ライティング

②「節約」と「効率」の思想

　南北戦争後の修辞学激動の時代の只中である1871年に、ハーバート・スペンサーは『文体の哲学（Philosophy of Style）』と題する著作を出版している。本書においてスペンサーは、文章執筆の原理として「精神的負担をかけないで相手に理解させるように思想を表現する」ことを強調している。

　　さて、世に広く知られているこれらいろいろな文章道の定則について、その根底に存在する原理を探る手がかりとなるものを何かさがし求めようとするとき、われわれは読者や聴者に無駄な注意力を払わせないようにすることが大切だ、という態度が、その多くのものに、にじみ出ているのを見いだすことができる。できるだけ精神的負担をかけないで相手に理解させるように思想を表現するということが、さきにのべた規則の大部分が求めている切実な要求である。そして、この文章は冗漫であるとか、混乱しているとか、または、すっきりしていないとかいって文章を非難したり、あるいはある文体が平易であるといって賞賛したり、また、ある文体が難解であると言って非難する場合は、われわれは、意識的にあるいは無意識的に、この切実な要求を判断の規準として考えるのである。言語は思想を伝えるための一組の符号であると考えるならば、機械の場合と同じように、各部分が簡単でよく配列されていればいるほど、それによってつくり出される効果はいっそう大きくなると言えよう」（スペンサー, 1972, 下線は引用者）

　「無駄な注意力を払わせないようにする」となっている箇所は原文では、「読者の注意をeconomizingすることの重要性」となっている。米国の社会効率主義に多大な影響を与えたスペンサーの文章観について、波多野完治は『説得の文章心理学』において「エコノミーの原理」と呼称し、その機械論的合理主義について、E・D・ハーシュ（Eric Donald Hirsch Jr.）の論を参照しながら、次のように述べている。

　　ハーシュはここでスペンサーの原理が「機械モデル」の原理であり、つ

まり、それ自身が目的でなく、目的が他にあって、文章がその目的のための手段であるときにはたらく原理であることを指摘している。これは大切な点で、これがためにスペンサーはのちに自己のエコノミー原理を修正しなくてはならなくなるのだが、文章が手段であるかぎり、機械原理はかなり有効にはたらくこともまた事実である。（波多野, 1981, p. 71）

　伝達される思想を理解するうえで、読者・聴者が活用できるという限られたリソースを有効活用するためには、文体に割く注意力を"economizing"しなくてはならない。波多野が「エコノミーの原理」と呼んだスペンサーの文体の簡便化を見るに、スペンサーの文章論における「エコノミー」概念で想定されている「経済性」とは、文章を読むにあたって読者に支払わせるコストを「節約」することであると換言できる。

　上の引用で波多野によって言及されているように、このようなスペンサーの文体原理に注目したのが、文化的リテラシー論で知られるハーシュである。ハーシュは、『構成の哲学（The Philosophy of Composition）』において[3]、読者のコストを下げることを提唱するスペンサーのエコノミー原理を基本的には是認しつつ、この原理だけでは、すべての散文を説明することはできない点を指摘している。氏は英国詩人ジョン・ミルトン（John Milton）と米国小説家ウィリアム・フォークナー（William Faulkner）の文章を比較し、スペンサーのエコノミー原理がミルトンの詩によく適合していることを認めつつ、文学が常にこのような節約性に基づいてイメージを容易くつくればよいわけではないと述べる。ときには、フォークナーのような持って回った言い回しが、最も表現目的に合致することもある。これらを総括して、ハーシュは、エコノミー原理を修正し、エフィシェンシー原理を提唱している（Hirsch, 1977）。文章の目的に照らして読者に対する効果を最大化することを説いたハーシュのエフィシェンシー概念においても、米国修辞学を通底する経済性は堅持されている。ハー

3）　ハーシュの『構成の哲学』というタイトルは、エドガー・アラン・ポーの同名の著作に対するアイロニーと、スペンサーの『文体の哲学』の継承的発展を企図していることが、同書序文において書かれている。ここで述べた文章におけるエコノミー原理やエフィシェンシー原理は、ハーシュのリテラシー論における鍵概念である「相対的可読性（relative readability）」と関係している。

第Ⅱ部　アカデミック・ライティング

シュにとってエフィシェンシーの重視は、読者に適合した文章効果とその文章効果との間の「比」の問題として語られるため、「効率」の最大化という論点に帰着する。

　文章執筆における「節約」や「効率」の思想は、現代伝統修辞学の特徴と合致し、米国のライティング教育における多作の文化と共鳴した。米国の大学・カレッジにおいて、毎日のようにさまざまなテーマについて5段落エッセイが課される多作重視の文章訓練的実践が好まれていることから考えれば、十分なリサーチなしに「感覚データ」と「常識」の名の下に、実際的には臆見に基づく作文の量産がなされている実態も必然と言える。スペンサーやハーシュにあって読み手の注意力コストの「節約」や「効率」として提起された問題は、ライティング教育実践にあって、大量課題に圧倒される書き手＝学習者の労力削減の問題へと転換して慣習化してしまったのである。形式重視、内容軽視のライティングは、書き手の負担を低減する。米国初年次におけるライティング教育が、ディシプリンの専門家からときに軽蔑され、その有効性を疑問視する声が上がるのも、このような実践上の構造的問題を抱えていることに一因がある。

(3) 現代伝統修辞学が抱える評価実務上の問題

　以上のように、米国では、読み書きの労の「節約」や「効率」を目的化することで、文章の良し悪しを論拠や構成の形式面に限定する教育言説が根強い。米国のライティング教師は、学生が書いたものの添削に追われていたが、文章の形式を固定化すれば、添削コストは大幅に減らすことができる。つまり、5段落エッセイという文章形式を絶対的な型とすることによって、この形式に則っていないものは、文章形式に関する「レギュレーション違反」として、採点不可とすればよい。段落構成の形式を固定化することで、あとは文章内の誤字脱字や文法上のミスを細かく指摘し、修正させれば、形式面において不備のないエッセイという「ゴール」を達成できるわけである。

　しかし、米国において珍しいことではないが、ここにも評価実務の簡便化が目的・目標を規定するという逆流が生じている様が見られる。文章の形式的完成を至上命題化すれば、添削という評価実務に係る負担は大きく削減できるが、そのような文章産出過程は、形式重視、内容軽視の文章の量産につながる。米

第2章　米国におけるアカデミック・ライティング教育

国の場合、入学選抜のようなハイステークスな文脈でエッセイが活用されるため、このような文章規範に逆らうことはさらに難しくなる。あるケーススタディでは、米国の若手学校教員が5段落作文に縛られていく様子が描かれている。

　　規範に合わせることは、それ自体がストレスを生むことになった。リー（Leigh）［調査対象の若手教員：引用者註］は年度の早い時期から5段落の熱狂に気づいていたが、年度半ばには、2月のテストに向けて生徒を準備しなければならないというプレッシャーを感じ、指導のあらゆる側面に影を落とした。［中略］「テストはあなたの成績に反映される」、「優等生の生徒がいてよかったわね。あなたのクラスのテストは私のクラスよりも高くなるわよ」。優等生の生徒がテストで悪い結果を出せば、それはリーの指導力に影響する。それは、リーがコミュニティの子どもたちに対する高いスタンダードを守る仕事をしなかったということであり、セコイヤ［リーの勤務校：引用者註］の教師陣の良い一員になれなかったことを意味する。評判は危機に瀕していた。リーの部署内での評判、一番であることが重要とされるセコイヤの競争的な地区内での評判、そして主要都市圏や州内の類似する地域との相対的な評判である。（Johnson et al, 2003, p. 168）

　標準化された評価によって形式化された5段落エッセイが生み出される状況を皮肉ったのが、米国のライティング評価研究者であるエドワード・ホワイト（Edward White）である。ホワイトは、大規模テスト採点者の一人として大量の作文答案を読んだ経験から、「私の5段落テーマ作文に関するテーマ作文（My Five-Paragraph-Theme Theme）」と題したアイロニカルなエッセイを公表した。

　　　　　　　私の5段落テーマ作文に関するテーマ作文
　　　　　　　　　　　　　　　　　　エド・ホワイト（Ed White）

　昔から、大学の先生の中には5段落テーマ作文を馬鹿にする人がいた。しかし、私は彼らが間違っていることを示すつもりである。私がいつも5段落テーマ作文を書く理由は3つある。第一に、（このような）序文で三つのサブトピックを設定し、三つのサブトピックについて三つの段落を設け、そして、あなたが注

第Ⅱ部　アカデミック・ライティング

意を払っていなかった場合に備えて、私が言ったことを思い出させる結論の段落
を設けるという、文章構成のスキームを与えてくれる。第二に、トピックを絞る
ことで、特に話すことがないときに、延々と話し続けることがなくなる。3つの
サブトピックがあると、限られた方法で考えざるを得なくなる。そして第三に、
どんなことでもほとんど同じようなエッセイを書くことができることである。だ
から、エッセイのテストは結構得意である。実は、私と同じように5段落テーマ
作文が好きな先生も多いのだ。

　私がいつも5段落テーマ作文を書く第一の理由は、文章構成のスキームを与え
てくれるからである。どんなテーマでも、思いつくものには3つのパートがある
から。2つ以上思いつかないなら、もっと考えるか、何か合うものを考えればい
いのである。たとえば、南北戦争や中絶の3つの原因、あるいは21歳という馬
鹿げた飲酒制限を撤廃すべき理由等が有効である。より悪い問題は、サブトピッ
クが3つ以上になってしまうことである。なぜなら、それらすべてについて話を
したい場合があるから。しかし、そうもいかない。ベスト3を選ばなければなら
ないのだ。そうすれば、考えすぎずに済むし、特にエッセイのテストでは、大い
に時間を節約できる。

　5段落テーマ作文の第二の理由は、1つのトピックに集中させることである。
テレビのコマーシャル等、普通のテーマで書き始めると、テレビの起源や資本主
義、健康食品等、あちこちに話が飛んでしまう人がいる。しかし、たった5段
落、しかも1つのテーマであれば、「CMは商品に関する良い情報源である」と
いうように、最初のアイデアから逸脱することはないだろう。3つの例を挙げれ
ば、それでおしまいだ。このように、5段落テーマ作文で書くことで、考えすぎ
ないようにすることができるのである。

　この方法で書く最後の理由は、最も重要なものである。一度書いてしまえば、
ほとんど何にでも使える。神は存在するか。なるほど、イエスと答えて3つの理
由を挙げることもできるし、ノーと答えて3つの異なる理由を挙げることもでき
る。そんなことはどうでもいいのだ。その定式に放り込んでおけば、何を書いて
いても、良い成績が得られること間違いなしである。そして、それこそが教育の
真の目的である。つまり、あまり深く考えず、時間をかけずに良い成績を取るこ
とだ。

　というわけで、私がいつも5段落テーマ作文を書く理由、そして大学でもそう
し続ける理由を3つ挙げてみた。エッセイのような構成ができること、1つのト
ピックと3つのサブトピックに焦点を絞ることで、無関係なことを考えて彷徨わ
ないこと、そしてどの科目の文章を書くときにも役に立つことである。なぜ一部
の教師がそれほどまでに嫌がるのかわからない。私とは教育についての考え方が
違うのだろう。

「学生」エド・ホワイトは、アリゾナ大学の英語客員教授で、ライティングの指

第2章　米国におけるアカデミック・ライティング教育

> 導と評価に関する13冊の本の著者、編集者として知られている。彼は、2007年
> 6月に行われた英語と作文のアドバンスト・プレースメント・テストにおいて約
> 1000人の採点者の一人として、28万枚の高校生の作文答案を読んだ。

出典：White（2008, pp. 524-525）を筆者訳出。

　現代伝統修辞学が厳しく論難されてきたのは、このような実践上の限界性に
基づいている。このような作文を多作させ、形式面を厳しく採点する文章指導
は、良心的なライティング教師にとって唯々諾々と受け入れられるものではな
かった。米国における文章の形式的完成に対する執着を、ラバリーは「5段落
フェチ（five-paragraph fetish）」と形容している（Labaree, 2023）。形式の物
神化は、文章に書かれる内容への無関心や意味の剥落を招く。

　もちろん、本章冒頭で述べたように、文章執筆は書き手と読み手の間のプロ
トコルを守ることが不可欠であり、形式が存在して初めて可能になるコミュニ
ケーションである。「型破り」と「型無し」が異なるように、私たちが思考し
たり執筆したりするうえで形式は必要かつ有用である。この点を認めたうえで、
しかし文章指導で語られるところの「型」とは、実際の教育において具体的に
何を指しているのかについては慎重に検討する必要がある。「型」という語で
意味するものは、人によって異なるからである。ラバリーは「形式（form）」
と「形式主義（formalism）」を分けて考える必要性を説く。形式主義とは、形
式の遵守が目的化した状態である。文章執筆において形式は必要であるが、形
式主義に陥ると、意味の空洞化を招く。ラバリーが警鐘を鳴らすのは、このよ
うな形式主義に対してである。

おわりに

　文章執筆における「論理」は絶対普遍のものではなく、文化をベースとして
社会的に構築されたものである。米国の場合、その「論理」や「合理性」は、
経済原理によって、すなわち形式的合理性と個人の主観に基づく目的－手段関
係の接続によって正当化されてきた。このような「合理性」は、ライティング
教育を通して「納得の構造」として社会に受容され、再生産されている。この

ような米国型の「納得の構造」は、米国ライティング教育において中心的・支配的な立場である現代伝統修辞学によって実質化されてきた。その具体的な例が5段落エッセイという作文の型であった。このエッセイでは、自分の主張の先取りとそれを支持する情報の提示によって、直線的な構造で構成されていた。

　現代伝統修辞学の要素還元主義的なアプローチは、アカデミック・ライティングにおいて求められる要素を細分化して示してくれるという点に強みをもつ。どのような文章が適切なのかを型として明示し、そのような「優れた文章」がもつ特徴を、段落構成、文構成、文法や語彙という要素へとブレイクダウンすることで、教授可能な形へと落とし込む。こうして確立された教育修辞学は、ライティング教科書という文化的容器の中で保存され、文章指導を通して継承・再生産されていく。

　一方、1959年に「現代伝統修辞学」という名称で名指されて以降、米国のライティング教育研究の中心的アジェンダは、現代伝統修辞学の超克であった。しかし、現代伝統修辞学が、厳しい批判に晒されながらも、米国アカデミック・ライティングにおいて中心的・支配的な地位を占めてきたのは、この修辞学的立場が米国における「節約」、「効率」の思想を体現したものであったからである。それは教育コストを削減するという意味での効率性に優れた教育修辞学であったことも意味している。ただし、文章指導が形式主義化していくと、文章から意味が剥落するという陥穽にはまってしまう点には留意が必要である。

参考文献

Connors, R. (1981). Current-traditional rhetoric: Thirty years of writing with a purpose. *Rhetoric society quarterly*, 11(4), 208–221.

Connors, R. (1997). *Composition-rhetoric: Backgrounds, theory, and pedagogy*. University of Pittsburgh Press.

Crowley, S. (1990). *The methodical memory: Invention in current-traditional rhetoric*. Southern Illinois University Press.

Crowley, S. (2015). Current-traditional rhetoric. In T. Enos (Ed.), *Encyclopedia of rhetoric and composition: Communication from ancient times to the information age*. Routledge, 156–157 (first published in 1996).

Ferreira-Buckley, L. (2013). Writing instruction in eighteenth- and nineteenth century Great Britain. In Murphy, J. (Ed.), *A short history of writing instruction:*

From ancient Greece to modern America（3rd edition）（pp. 172-208）. Routledge.

波多野完治（1981）『説得の文章心理学：マス・メディア時代のレトリック』筑摩書房.

Hirsch, E. D.（1977）. *The philosophy of composition*, University of Chicago Press.

Johnson, T., Thompson, L., Smagorinsky, P., & Fry, P.（2003）. Learning to teach the five-paragraph theme, *Research in the teaching of English*, 38(2), 136-176.

Kaplan, R.（1966）. Cultural thought patterns in intercultural education. *Language learning*, 16, 1-20.

Labaree, D.（2023）. *Being a scholar: Reflections on doctoral study, scholarly writing, and academic life*. Independently published.

Latta, B.（2020）. A sample five-paragraph essay, Touro University.（https://www.touro.edu/depart-ments/writing-center/tutorials/a-sample-five-paragraph-essay/）（2024 年 10 月 31 日閲覧）.

森本和寿（2022）「米国におけるライティング教育・研究のバックグラウンド：ライティング教師を取り巻く文化と制度」『教育学研究論集』大阪教育大学学校教育教員養成課程学校教育コース教育学分野，第 19 巻，78-87.

スペンサー著，荒牧鉄雄訳（1972）『文体の原理』大学書林．原著は，1871 年.

Taylor, L. S.（2019）. Current-traditional rhetoric and the Hodges Harbrace Handbook, Dissertation, Georgia State University.

渡邉雅子（2023）『「論理的思考」の文化的基盤─4 つの思考表現スタイル─』岩波書店.

White, E.（2008）. My five-paragraph-theme theme, *College composition and communication*, 59(3), 524-525.

Young, R.（1978）. Paradigms and problems: Needed research in rhetorical invention. In C. Cooper, *Research on composing: Points of departure*（pp. 29-47）. National Council of Teachers of English.

第3章

フランスにおけるディセルタシオンと言語資本
―書くこと、話すこと―

田川 千尋

はじめに

　フランス人の知識人の講演、あるいは政治家や企業・団体のトップなどエリート層と呼ばれる人々のスピーチを聞いて、なんと理路整然と話すのだろうと感じたことはないだろうか。論理構造には文化的な違いがあるとは言え、結論に至るまで論理の道筋を着実に進んでいくかのようなかれらの話し方を聞いていると、そこには学校教育を通した確固たる訓練法があるのだろうということが推察される。

　この基盤となるものが、ディセルタシオンである。ディセルタシオンとは、書くことの型であり、同時にそれは思考の型であり、達成水準は異なるものの、フランス人全員が学校教育を通し習得するものである。すなわち、それはフランス人の思考の仕方の枠組みであると言っても過言ではない。小論文はもちろんのこと、発表やスピーチ、あるいは議論といった、口頭での思考表現においても自然ととられている共通枠組みなのである。しかし、共通枠組みとして目指されるがゆえに、その習得には学校における不平等が影響する。

第Ⅱ部　アカデミック・ライティング

1. ディセルタシオンとは何か

（1）学校と社会における選抜とディセルタシオン

　ディセルタシオンは、学校教育システムにおいては中等教育修了試験（バカロレア）から、エリートが受験するグランゼコール入試まで特に人文・社会科学科目において、そして公務員試験、教員採用試験等、多くの資格や選抜試験において、記述式試験の答え方（型）として必要とされる。中等教育修了時、全科目の統合的意味合いを持つ哲学試験[1]を筆頭にフランス語、外国語、地理・歴史といった人文社会学系教科の筆記試験（記述式）で求められるに至るまでにも、最初の学校教育における課程修了国家資格試験となる中学校修了試験（Brevet、ブルベ）でもフランス語、外国語、歴史地理といった人文・社会科学系の科目試験で必要とされる。

（2）ディセルタシオンの構造

　ディセルタシオンの基本構造は、3部から成る。すなわち、導入（introduction）・展開（développement）・結論（conclusion）の3部である。3部構造自体は日本の小論文（序論・本論・結論）、アメリカの小論文であるエッセイ（導入・本論・結論）もとる型である。ではディセルタシオンの特徴はどこにあるのか、各部ですべきことについて詳しく見ていこう[2]。

　導入部は、主題を示し、議論の全体の構想を示す箇所である。この時、主題に関わる定義を行うのがポイントである。議論の中で使われる概念を筆者がどのように理解したとして議論を進めるのかを述べるのである。

　次の本論では、この主題に対し、テーズ（thèse、正）とアンチテーズ（antithèse、反）を述べる。主題に対して、正の見方だけではなく、反の見方の可能性、複数の見方がある可能性を示すのである。

　次に、正と反とを議論し、合（synthèse、サンテーズ）を引き出す。ある主

---

[1]　近年、日本語でも研究書のみならず一般書でもバカロレアの哲学科目におけるディセルタシオンの型を使った思考表現は積極的に紹介されている（坂本, 2022 など）。

[2]　この形式に関しては渡邉（2021）が日・米の思考表現方法と比較しながら詳しく述べている（p 19）。

題に対し、他の（複数の）見方を引き出し、議論をすること、そして合を引き出すこと、ここにディセルタシオンの特徴がある[3]。最後に、総合的な見解、また、不足点、すなわち次への課題を述べる。

(3) ディセルタシオンの特徴「サンテーズ（合)」とは：どのように訓練されるか

ディセルタシオンの特徴とも言えるサンテーズは、どのように訓練されるのだろうか。すでに言及した先行研究（坂本, 2022; 渡邉, 2021）では、バカロレア哲学試験を事例とした解説が詳しいが、本章ではその前の基礎的な段階を紹介することで、その特徴をより端的に示すことを目指す。

例えば、外国人がフランスの大学入学の際必要とされるフランス語試験・DELF・DALF（フランス語学力試験）では、初歩的な学習への試験であるDELF[4]において、文章の要約（compte rendu）の単位がある。DALF に入ると、ある主題に沿った複数の文章を主題に沿ってまとめる、あるいは、主題に対してどのような異なる視点が述べられているかについてまとめる、など、統合・議論の訓練が行われる。要約から統合・議論へという段階を踏んだ習得は、長い義務教育段階でのディセルタシオンの型の習得への道のりの縮約版のようなものだと捉えることができる。

もう一つの例として、バカロレア水準以前、コレージュ（中学校）修了のための試験であるブルベ（コレージュ修了証、教育段階で最初に生徒が手にする国家免状）のフランス語試験における問題の一つ、作文を見てみよう。これが学校教育において明示的にディセルタシオン形式での回答が求められる形をとる最初の試験である[5]。

例えば、ある中学校がブルベのフランス語作文試験対策の学習方法として公開している資料[6]では、下記のような問いが例として提示され、解答にあたっ

---

3) この議論は、例えばバカロレア哲学においては、過去の哲学者・思想家がある主題に対しどのような思考をしたかを暗記し、それを「適切に」引用し用いることが基本となっており、自由に回答者が主張を述べるものではない。これについては坂本（2022 ほか）に詳しい。

4) ヨーロッパ言語共通参照枠（CECRL）が定めた6段階のレベルに対応しており、DELF は（A1・A2 からなる）A2 で 150-200 時間、DALF（B1・B2・C1・C2 からなる）は C2 が 1000 時間以上の学習と定められている。

第Ⅱ部　アカデミック・ライティング

てのアドバイスが書かれている。

1) あなたが今生きている世界には、空想にふける余地がまだ残されていると思うか？　論旨を整理した解答を少なくとも2ページ以上で記すこと。

2) 子どもに誘惑するような経験をすべてさせる方がよいと思うか、逆に子どもの欲望に制限を設けることが必要だと思うか。論旨を整理した解答を少なくとも2ページ以上で記すこと。

3) 友人との関係において、どのような資質が大切だと思うか。論旨を整理した解答を少なくとも2ページ以上で記すこと。

4) 若者が休暇中に働くことに賛成する人もいれば、反対する人もいる。それぞれの主張を整理し、少なくとも2ページ以上の議論（arguments）であなた自身の見解をまとめること。

　資料では、1つの明確な意見を持っている場合にも、他の複数の視点を検討するようアドバイスがされている。特に「典型的な『賛否両論』の主題」として主題4）をあげ、ここでは結論として自分の見解を述べる前に、「賛成」または「反対」の論拠を検討するよう促している、と問題の意図を解説している。

　「主題に関する定義」はブルべの段階でもすでに行うよう指導されている。例えば1）に関し、「例えば『今日の世界』は、『昨日の世界』と比較することを促すかもしれない。」というように。議論をする際には、主題を的確にすべく前提として定義を行うことが重要であることが中学校段階で説かれている。

　全体構造については、書き始める前にプランを立てることの重要性が強調されている。アイデアを書きとめ、プランができたら、導入と結論をまず書くことが手順として推奨されている。次に、ディセルタシオンの展開部（正と反）

---

5)　ブルべのフランス語試験の作文（rédaction）試験では、文章を読み、2つの命題が出され、どちらか1つを選ぶことになっている。いずれも文章の主題を理解すること、重要な鍵となる語を理解すること、作文のプランが立てられることが重要なことである。1つは「想像主題」（Sujet d'imagination）である。文章の続きとなるエピソードを想像しながら作文する（文章の特徴やストーリーの継続性などの理解がここでは測られる）。もう1つが「考察主題」（Sujet de réflexion）である。これがディセルタシオン形式をとる試験であり、主題に対し、「～だと思うか」という形式による問いが出される。

6)　ポワティエ大学区・ペルテュイ・ダンティオッシュ・サンピエール・ドレロン中学が公開しているブルべの作文学習方法論。https://etab.ac-poitiers.fr/coll-st-pierre-oleron/IMG/pdf/les_sujets_de_redaction_au_brevet1.pdf（2024年11月25日閲覧）

64

に相当する「議論部」（un paragraphe argumentatif）すなわち論旨を書く。1つのパラグラフに1つの主張と自分の文化（読書、時事問題、映画など）や経験からなること、を書き、それぞれのパラグラフは原因、結果、反対などを示す接続詞を使い、論理的な繋がりがあることがアドバイスされている。

　文章記述全体で大事なこととしては、段落を作ること、辞書を使い多様で正確な語彙を使うこと、句読点を大切にすること、文章を正しく構成すること、スペルをマスターすることがあげられている。

(4) ディセルタシオンの学校的・社会的意義：何が目指されているのか

　バカロレアの哲学では、中等教育の統合的位置づけの科目として一年間かけてさまざまな主題についての哲学者・思想家を学び、暗記をする。正と反の議論から合を引き出すサンテーズ部分では、この暗記したものを展開部において適切に引き出し、議論ができるかどうかが鍵となる。中学校修了時でのブルベではこの前段階の訓練として、「自分の文化や経験」というように、より身近な事柄を使って議論をできることが目指されている。一方で、結論部についてはそれほどアドバイスが多くなく、「合」や「総合的な見解」といったバカロレアレベルで求められる結論に関しては比較的弱い。このようなブルベの試験対策の検討からは、議論の全体構成を学ぶことと同時に、自分の主張・考えとは異なる意見がある可能性を考え、議論することが中学校段階から作文の中で訓練され、重要視されていることが窺える。

　ディセルタシオンという書く型の特徴がサンテーズ（合）にあるゆえんはここにある。ブルベからバカロレアを見通すことで、ディセルタシオンの学校的・社会的意義が見える。ある主題に対し他の考え方がある可能性を常に問うこと、内なる他者の声と議論すること、そして自分の中でそれらを議論することは中学校段階から訓練され、重要視されている。このことからは、ディセルタシオンは書く訓練であるだけでなく、常にそのように思考するように仕向ける思考の型の訓練であることがわかる。すなわちそれは、多民族・多文化社会において異なる意見や文化を持つ他者を想像し、共存をしていくための、市民性教育の一環なのだと捉えることができるのである（渡邉, 2021）。

第Ⅱ部　アカデミック・ライティング

2.　ディセルタシオンと口頭コミュニケーション

(1)　口頭表現にあらわれる思考の型

「思考していてもそれが口頭で表現できなくては意味がありません」。

　これは筆者が調査を行なっている大学初年次の中退や進路変更を希望する学生向けに学習支援を行うある授業で耳にしたことである。メトドロジー（Méthodologie、［学習］方法論）授業の第一回冒頭で、教員より、この授業で習得すべきこととして「ディセルタシオン、口頭表現」が必要な習得事項としてあげられた際、「思考は的確に口頭表現されなくては伝わらない」として、口頭表現がディセルタシオンと結びつけて説明された。

　また、筆者によるグランゼコール準備級[7]（プレパ）への学生インタビューの中では、口頭表現とディセルタシオンの関係を聞いたところ、「授業内でのディスカッションなどではメモで、正式に試験で時間が指定されているときはプランで、いずれにせよ、二つの見方を必ず提示できるように考える」、つまり「ディセルタシオンの型に則って発言の準備を行う癖がついている」、という回答があった。口頭で論理的議論を展開する力は、社会的エリートに重要な力だと考えられている。そして、その論理的展開とはディセルタシオンの型である。本章冒頭に記した、フランスのエリート層が原稿も見ずに朗々と論を展開している時にとられている型を考えると、このことは明らかであるのだが、では学校教育においては、思考の型であるディセルタシオンと口頭表現の繋がりはどのようなものであるのだろうか。

(2)　口頭表現の学校選抜における重要性

　フランスの学校教育制度では、中学校修了試験以後、口頭試問がある。高等教育まで進むと、例えばエリート選抜試験として位置づけられるグランゼコール入試では、理系・文系問わず口頭試問があることからは、口頭表現が能力の

---

7)　グランゼコール入試に向けた準備を行う bac+2（中等教育修了資格であるバカロレア取得後2年）の選抜制教育課程。

一つとして重要視されていることがわかる。

　エリート校の入試や入学後の試験における口頭試問とはどのようなものだろうか。2023 年に公開された二つの映画には、この点で印象的な場面があった。一つは「La voie royale（王道）」。畜産業を営む家庭出身で、IUT（技術短期大学部、大学附設の技術系高等教育課程）への進学を考えていた主人公の女子高校生ソフィは、数学が優秀だからと担任に勧められて理系プレパ（グランゼコール準備級）へ進学する。そこでの生活が中心に描かれた映画である。映画内では準備級教育の厳しさを描くべく、Kholles（コル）と呼ばれるグランゼコール試問準備のための少人数指導の場面が出てくる。3 人の生徒が教官の前で黒板に立ち、それぞれ数学の問題の解答を黒板に書いたのち、口頭で説明を述べる。この時、重視されるのは、論理性はもちろんのこと、速さと正確さである。先生が「遅い」と話を遮る場面は印象的だ。質疑応答の仕方まで含め、高等教育の準備段階で、博士論文の口頭試問のようなレベルの口頭コミュニケーション力が要求されることがわかる場面である。同様の場面は「Le Théorème de Marguerite（マルゲリットの定理）」という映画にも出てくる。ENS（高等師範学校）で数学研究をする女子学生、マルゲリットの物語である。数学の証明を口頭で説明することを求められる場面。マルゲリットは、黒板に証明を書きながら、よどみなく説明する。

　二つの映画の事例でわかることは、論理的な口頭表現がその有能さの証として重要視されていることである。

　ベルナール・ライール（Bernard Lahire）は、学校における口頭表現とライティングの関係性を学習指導要領の分析や教師へのインタビュー調査から検討している（Lahire, 2012）。この研究の中で彼は、歴史的に学習指導要領において口頭表現はどのような目的を持っていると考えられてきたかを示している。ライールによれば、学校における口頭表現（L'oral）に関する問題は新しいものではなく、19 世紀末ごろにはすでに、ライティング（L'écrit）の構成準備としての口頭表現に教師は関心を寄せていたと考えられるという。「口頭表現は口頭表現のために教えるのではない。それは、ライティングの構成準備のためという明確な目的を持っている。」という当時の国民教育省総視学官の発言は象徴的なものだろう[8]。1970 年に行われた教育方法改革であるルシェット・プ

第Ⅱ部　アカデミック・ライティング

ラン[9]では、口頭表現の重要性が強調されるが、その目的をライティングであるとしている。習得の目的はこの後の学習指導要領では変化をしつつも、ライティングのための口頭表現、という原則はその後も引き継がれている。1985年学習指導要領では「フランス語教育の目的は、［中略］口頭表現を習得することである。しかし、その本質的な特徴は、ライティングへの最初の段階へのアクセスを提供することである。」とある[10]。

　このように、フランスの学校教育では口頭表現、特に学校で習得する口頭表現である学校的口頭表現（l'oral scolaire）とライティングは、そもそも一体のものとして捉えられている。口頭表現力は、ライティングのためと位置づけられて育成され、教師との対話を通して練習し、矯正されるものであるとされている。

　このことからわかることは、最終的には中等教育修了段階で一定水準に到達することを目指すディセルタシオンという型は、フランス人の思考の型でありそれが口頭表現にもあらわれる、というよりは、そもそも当初から学習指導要領において、口頭表現とライティングにおける型は一体化したものとして捉えられているということである。フランスの学校教育ではディクテーション[11]が多用されるが、これも教師の思考（すなわち同時にそれは書く型）が口頭表現を通して比較的直接的に伝えられる一つの方法であるがゆえ、と見ることもできるだろう[12]。先に述べたグランゼコールにおける Kholle（コル）のような

---

8)　国民教育省総視学官のカレ（Carré）による1887年「フランス語教育に関する会議（Conférences sur l'enseignement de la langue française）」における発言（Chervel, 1984; p. 89）。

9)　Plan Rouchette. 当時の国民教育省総視学官であったマルセル・ルシェット（Marcel Rouchette）(1913-1977) の名前を取った教育省委員会による学校における教育プロジェクト。

10)　ライールはここで、学習指導要領が学校的口頭表現と「自然な」口頭表現とをどのように区別してきたかについても検討している。「したがって、特定の作業（体系的な訓練、分析、構築、操作）の対象になっていないものは、学校にとっては、指導の最低基準を下回り、『自発的』かつ『自然』なものの側にある。もし教師が生徒に『自由な発言』や『自由な表現』を許可していたら、学校はもはや存在理由がなくなるだろう。したがって、『学校的口頭表現』の正当な地位は、1985年の中学校学習指導要領で強調されているように、練習、矯正、意識的、論理的、規制された操作とのみ関連付けることができる。それはもっぱら自発性に関連している［中略］。」(Lahire, 2012, p. 195)

11)　聞き取り・書き取りのこと。教師が読み上げる文章を生徒がノートに書き記す教授法。音と綴りの一致、文法を正しく書く練習になる。

第3章　フランスにおけるディセルタシオンと言語資本

伝統的な教育方法は、このような書くことと話すことの一体化をより高い水準で目指す一例として理解することができる。

　B. バーンスティン[13]が学校言語と社会階層ごとのそれとの距離から学校における社会的不平等の再生産を明らかにしたように、これまでの多くの社会学的研究は、学校言語の生み出す格差を明らかにしてきた。バンリュー（郊外）のアクセントの強いフランス語と、パリ市内の中流階層以上の話し方には明らかな違いがあるし、上流階層に位置づけられる家庭では、接続詞や関係代名詞を使い、複雑な構文で話すよう小さい頃から教育されることをフランスの社会学の授業では学んだものである。インタビューの分析を学ぶ授業でも、階層によるセンテンスの長さのちがいに注目するよう言われたことは記憶に鮮明だ。学校教育の再生産機能を主張する論者たちからは、口頭試問はしばしば、学校的不平等を強く反映するものとして批判されている。

　ライールは、教師への聞き取り及び授業観察を行い、教授実践で「口頭表現」として目指されるものが不明瞭であること、特に評価基準が曖昧であること、さらにはそもそも「口頭表現（l'oral）」の定義自体が曖昧であることを明らかにしている。そしてその上で、教師たちがどのように生徒の口語表現や家庭でのその習得を評価しているのか、とりわけ庶民階層の家庭における習得をどのように評価しているのかについて、教師の言説分析をしている[14]。

　教授実践におけるこれらの不明瞭性や、学習指導要領で目指される言文の同一性は、バーンスティンの明らかにした学校言語習得における社会階層間格差をいっそう強化するものであろう。

---

12)　口伝による教授はフランスにおいて重要である。これについては、教室内での教師・生徒間コミュニケーション研究をしたニコル・モスコニ（Nicole Mosconi）（2022）は、男性の数学教師が、黒板で男子生徒が解答する際に一人称で随伴する事例をあげてジェンダー差別を生み出すものと指摘していることが興味深い。

13)　学校教育における言語を介した再生産構造を批判したB・バーンスティンは、仲間内のくだけた言語の使い方を「制限コード」、文法に忠実で論理的な言語の使い方を「精密コード」と呼び、学校における言語は「精密コード」によるものであるがゆえに、このコードに馴染んでいない庶民階級の生徒にとって学校の学習は最初から不利であるとした。

14)　特に教師により「語彙が『貧しい』ために言語表現に困難がある」とされるケースについて検討している。そして、研究全体では社会階層間の学校的言語習得の格差があることを明らかにしている。

69

第Ⅱ部　アカデミック・ライティング

　つまり、口頭試問は、語彙やセンテンス、あるいは身体性といった一見して
わかる地域間・階層間格差のみならず、学校教育での論理性の取得において教
師との社会関係のなかで生まれる格差も反映するのである。つまり、口頭試問
は二重に格差を反映するものだと言える。

おわりに

　〈新しい能力〉（松下 2010）としてコミュニケーション能力が重要視される
今日、フランスの学校でいうところのコミュニケーション能力の中心は、口頭
の論理的弁論術であり、そしてそれはディセルタシオンの型によるものである。
議論の型は文章でも口頭でも同じものであり、フランスの論理の型はディセル
タシオンである、と言っても過言ではない。共通の議論の型を持つことで、フ
ランス人はコミュニケーションをとるのである。

　市民性教育としてのディセルタシオンには、二つの社会的意味がある。一つ
は、議論の作法、共通基盤を国民が持つことである。これにより、多文化社会
においても、対話を可能にしようとしている。このことは、フランスの教育が、
国民が共和国の理念を共有し、共和国のもとに統合されることを理念・目標と
していることにおいて重要な意味を持つ。二つ目は、このことの前提となる、
「内なる他者」との対話ができるようになることである。異なる意見の存在を
想像し、自らの中で議論をする力は、多文化社会において必要な力である。

　しかし、このように国民が広く共有すべき能力であるはずの議論の型の習得
はまた、筆記・口頭が双方に深く関わり合う特質ゆえに、学校における選抜機
能を通し、社会的不平等の再生産に大きく寄与してもいるのである。

参考文献

ブルデュー, P.（1999, 2018）『教師と学生のコミュニケーション』藤原書店.

――（2012）『国家貴族Ⅰ・Ⅱ』藤原書店.

Chervel A.（1984）« L'école peut-elle enseigner la langue maternelle ? », *Histoire de l'éducation,* n° 22, pp. 85–92.

Lahire B.（1993）Culture écrite et inégalité scolaire.

Lahire B.（2000）*Culture écrite et inégalité scolaire,* Presse Universitaire de Lyon.

松下佳代編（2010）『〈新しい能力〉は教育を変えるか』ミネルヴァ書房.

モスコニ, N.（2022）「教師の実践はどのようにして性別間不平等を作り出すか？」園山大祐編『教師の社会学 フランスにみる教職の現在とジェンダー.

坂本尚志（2022）『バカロレアの哲学「思考の型」で自ら考え、書く』日本実業出版社.

Terrail J.-P.（2009）*De l'Oralité*, La Dispute.

Terrail J.-P.（2016）*Pour une école de l'exigence intellectuelle*, La Dispute.

渡邉雅子（2021）『「論理的思考」の社会的構築 フランスの思考表現スタイルと言葉の教育』岩波書店.

──（2023）『「論理的思考」の文化的基盤』岩波書店.

第Ⅱ部　アカデミック・ライティング

```
コラム1
```

中国における読むことと書くことをつなぐ教育方法
―読書筆記―

鄭　谷心

1. 読書筆記とは

　中国における読書筆記は、本や文章を読むとき、自分の感想や心得、あるいは、評価を記録したり、本の内容を抜粋・要約・整理するためにとるメモやノートのことを指す。日本の読書感想文、研究メモ、書評などを一括りにしたようなものである。とりわけ、学校教育において、読書筆記は子どもたちにとって重要な学習方法であり、教師にとっては読解力と文章力を同時に向上させるための国語科指導法として重宝されている。

　狭い意味での読書筆記は文章スタイルだけを指すのに対し、広義的な読書筆記は、作文教育においてさまざまな筆記の方法によって子どもたちの思考力、判断力、表現力をはぐくむ教育方法の一つである。それを象徴するかのように、宋の時代から読み書き能力を伸ばすための読書筆記の指導法とその教材である『千家詩』などの読本が生まれたと言われている[1]。

　2011年に中国で公表された新しい教育課程では、小学校3年生から6年生まで導入される読書筆記は主に抜粋、注釈、概説、心得などの形式をとっており、その目標と内容は学年が上がるにつれて増加傾向にあり、読書筆記に対する具体的な内容や方法論の指導が教科書に示されている。また、中学校になると、索引をつける、表記を変える、訂正する、複数の本を比較したり解説を書くなどが読書筆記に新たに加えられている。さらに、高等学校では、義務教育段階での形式を引き続き定着させるとともに、新しく登場した札記[2]や研究ノートなどの読書筆記の習得および活用が求められるようになった。それを契機に、基本的な読み書き能力だけではなく、批判的思考力や自己管理力など、汎用的な力を育成することの重要性が叫ばれている現今

72

コラム1　中国における読むことと書くことをつなぐ教育方法

の中国の教育現場から、読書筆記の教育法は熱い視線を浴びるようになっている。

2. 読書筆記の分類

　一般的には、読書筆記は、その目的や用途に応じて以下の7つの種類に分けられる。1つ目は、概略法である。著作や文章の主な内容を記憶・理解することを目的とする。読者が内容を要約・整理し、レジュメを作成することで、のちに要点だけではなく、副次的なポイントを確認することもできる。

　2つ目は、抜粋法であり、主な目的は語彙や例文を蓄積することである。あざやかで生き生きとした語句や感動的な文章などを抽出して書きとどめることで、以降に自分で読んだり、応用・活用したりする際に役立つ。

　3つ目は、模倣法であり、主に練習を目的とする。素晴らしい語句や段落、表現方法、あるいは、文章構成を真似して書くことで、やがて自分のものとして使えるようになる。

　4つ目は、批評法である。書かれた内容における知的価値や芸術的価値を肯定したり疑問視したりするために、そこにおける出来事、登場人物、文章技法など、読者が注目した側面についてコメントをつける手法である。

　5つ目は、心得法である。自分が一番深く感じたことを書きとどめるために、何を読んだか、本中で何が一番示唆されたかについてメモし、実際の経験にもとづいて感じたままに自分の思いや気づきを書くことである。すなわち、随感・随筆のことである。

　6つ目は、質疑法である。主に今後の思考や研究のために、読書するときに遭遇した難しい問題や論点などを記録することである。読書の段階では問題提起だけを行い、のちに自分で調べたり、その分野に詳しい人にアドバイスを求めることで理解を深めることができる。

　7つ目は、リライト法である。本の内容を新たな場面で利活用するために原文の意味や主旨を踏まえた上で、短い文章に短縮したり、不足と思われる部分を追加して説明することである。

　また、読書筆記はそれをとる媒体・手段によって分類すると、手帳型、カ

第Ⅱ部　アカデミック・ライティング

ード型、新聞切り抜き型、名言録、しおり型、図形化・絵本化という6つの種類に大別されると言われている。近年、オンライン授業や教材のデジタル化の進展により、教師や子どもたちが自ら画像や冊子に編集した読書筆記がソーシャルプラットフォームで人気を集めるようになっている。

3.　現代国語教育における読書筆記の源流

　読書筆記について実践研究を行った第一人者として、葉聖陶（1894-1988）が挙げられる。1913年、中華民国臨時政府の教育部によって公布された「中学校課程標準」に対し、葉は国語科において「読書」と規定された学習領域を、初めて「精読[3]」と「略読[4]」という2項目にわけた。精読とは伝統的な読み方である涵泳[5]に全体討論を加えたものをさしており、教師の選んだ一つの文章を細かく吟味しつつ、丁寧に読むことによって、授業中に大半の内容を理解して直接討論できるようにすることである。略読とは、教師の指定した数種類の叢書・選集を一読し、解説を参照した上でその大意を生徒に理解してもらうことを目的とし、大半は生徒の独学にまかせ、一部だけを授業中に討論できるようにするということである。精読と略読の学習効果を保障するに読書筆記は最も効果的であるという。読書筆記は、本を読む時に思いついたことを記録するものであり、図表や文章のスタイルを問わず、その都度読んだ本の性質によって選択すればよいという。その実践例について、葉が執筆を分担した教育小説の中で以下のように具体的に描かれている[6]。

　中学2年担任の王先生が読書筆記を指導している様子である。まず、王先生は作文授業の半分の時間を生徒が読書筆記を試作することにあてた。しかしながら、回収された生徒たちの読書筆記には要領得ないことばかり書いてあったため、次の授業を図書室で行うことにした。図書室では、一般的な読書筆記の種類を説明した上で、そこに所蔵された書籍を生徒たちに配り、付箋紙をつけた部分だけを読ませる。その中の一例は以下に示す。

コラム1 中国における読むことと書くことをつなぐ教育方法

【訳文】古代は「一言」を一文と見なしている。例えば、『左氏伝』にある「太叔が話した九言（定4年＝西暦1213年）」と、『論語』から「詩の篇の数は三百ある。これを一言でまとめると、思い邪（よこしま）なし」というほかはない」という例がある。秦漢時代以来、このように一文は「一言」で呼ばれてきた。しかし、いま五言・六言・七言詩のように「一言」が一字として理解されている。これは誤りである（宋・王応麟『困学記聞』）。

出典：葉聖陶・夏丏尊（1934）『文心』開明書店、121に基づき筆者訳。

このような読書筆記の文例をいくつか生徒たちに読ませたのち、王先生は生徒たちと感想を交流し、質疑応答ができるように以下の座談会を開いた。

恵修：昔の読書筆記を今日はじめて読んだら、こういう厳密なことが書けるかと感心しました。前回、自分の読んだ本とは全く無関係なことを書きました。私たちが読んだ本はまだ少ないので、このようなレベルの高いことを書くのに知識不足ではありませんか？

王先生：先人の書いた読書筆記の厳密さを知ったことは、よいことです。しかし、自分が知識不足でレベル高い読書筆記を書くことができないときは悔やむ必要もありません。みなさんには読書を適当に済まさないように、読書筆記をつけてもらったのです。必要なときに読んだこと、見たことを自由に書けるようになるためです。気を落とさずに本を細かく吟味して読むことが大切です。

振宇：どのような材料に書く価値がありますか？　もっと詳しく知りたいです。

王先生：読書筆記の取材は、小さい着眼点と広範囲の収集、どっちでもかまいません。小さい着眼点とすると、先ほどの「一言」という単語の意味について書くことです。一方、歴代の詩人の作品を網羅して論述することは、広範囲の研究になります。これは古人から学んだ読書筆記のノウハウです。諸君は普段読書をするとき、柔らかいと感じる文章と勇気づけの文章を読んだことがありましたね。どのようにしたら文章が柔らかくなるか、どのようにしたら勇気づけの文章ができるのでしょうか？　もしこういう課題に関心があれば、そうした文例を集めて、いくつかの文章の法則を発見すれば、最高の読書筆記になります。また、本の内容に対して疑問に思うとき、それについて生活の中から証拠を探して検証したら、ノートとして書くべきです。このように「読書筆記」の材料はどこでもあるので、好きなことを選ぶとよいのです。

第Ⅱ部　アカデミック・ライティング

復初：なるほど。着手の方向がわかりました。しかし、私たちの見識には限界があるので、書いたものはほかの人がすでにいったことかもしれませんが。

王先生：構いません。剽窃でさえなければ、他人がいったかどうかは関係ありません。本来、読書筆記は、将来の参考や運用に備え、自分の読書の心得と研究結果を記録するためのものであり、他人に見せるものではありません。一方、優れたもので、古来、出版された読書筆記も沢山あります。諸君はまだ中学生です。筆記することは学習の1つに過ぎません。数学の中の公式や定理も、早い場合、数千年前すでに分かっていたことでしょう。

大文：要するに、『読書筆記』は読書にあたって一種の思考・判断をすることであり、論述文を書くような構えをしたらよいということですか？

王先生：その通りです。論述文は例証することが一般的です。先の筆記では、2つ以上の例を根拠として挙げられていますね。読んだ内容をそのまま写して、よいか悪いかしか書かないことは、何の意味もないでしょう。読書筆記と普通の論述文と異なったところをいえば、理由、例証、結論以外の余計な言葉を書かないことです。できるだけ簡潔かつ素朴に書きましょう。

出典：葉聖陶・夏丏尊（1934）前掲書、122-123 に基づき筆者訳。

　以上の座談会から、読書筆記について次の3つの特徴が浮かび上がった。第一は、読書筆記の役割についてである。当時の教育課程基準の綱要に照合すると、読書筆記は作文の項目下における「不定期作文・記録」の練習に属する。これは文字・言語・文法の自由研究を含むため、「定期文法討論」の土台を築くためのものにもなる。本を読んで浅い感想を書くのではなく、そこで見つけた課題について確かな証拠を挙げて真理を追究していくことが学問を大切する精神をはぐくみ、児童生徒の高次な思考力・判断力・表現力を伸ばすための土台づくりである。

　第二に、内容と方法の両面を内包している点である。そこで推奨された読書という活動は、他人の間接経験をそのまま吸収するのではなく、自分の思考や判断のもとで間接経験から直接経験が喚起され、問題意識がより明確になるような探究的な活動である。国語教育における読書筆記は、内容上では中国の古くから存在した、読んだものについて比較や論証を行い、新たな考えを発見しつくり出す小論のようなものであり、方法上では五四運動以来、

コラム1 中国における読むことと書くことをつなぐ教育方法

学校現場で広まった子どもの自立を促すような問題解決を中心にした学習法である。

　第三は、評価規準が明瞭であるという点である。座談会から、読書筆記には少なくとも次のような4つの評価規準を抽出できる。すなわち、①自らが本の中から発見した課題であれば、他人と重複してもよいこと、②自らの理由、例証、結論を書き、1つの結論に対して2つ以上の例を根拠として挙げること、③一定の厳密さをもつこと、④簡潔かつ素朴に書くことである。

　以上のように、読書座談会を通して教師と生徒とともに読書筆記の書き方や評価規準について議論しあうことは、生徒の論理的な思考を促し、文章力を向上させる有力な教育方法として重宝された。まさしく、1910年代を起点として、中国の学校内外における読むことと書くことをつなぐ学習や研究活動としての読書筆記が重要な役割を果たすようになったといえる。読書筆記の再評価と多様化が進んでいる21世紀の中国では、いま一度その原点に立ち返り、受け継がれるべき方法論を分析し、整理する必要があるだろう。

　一方で、日本では、読んだ本の情報や感想を記録に残していく「読書ノート」が小学校の学校教育の場から大人のパーソナルの読書生活において存在する。特に最近、「本から得た知識を『知恵』へと変化させ、自分の手足のように使いこなせるようにする」[7]ことをモットーにした読書ノート術が人気を博している。ただ情報や感想を書くだけではなく、用途や目的に応じてさまざまな方法を用いて読書ノートをつけることで新しい発見が生まれ、思考力や仕事のパフォーマンスの向上に役立つ。まさしく、読書筆記の得意分野である。また、パーソナルな場面だけではなく、日本の学校現場における読書活動や国語科の授業を行う際にも読書筆記を十分活用する場がある。いろいろな意味で、今後、読むことと書くことをつなぐ教育方法の日中比較研究が大いに期待される。

【参考文献・注釈】
(1) 張志公（1962）『伝統語文教育初探』上海教育出版社．『千家詩』は中国の伝統的な児童向け教材のひとつで，主に唐および宋の代表的な絶句・律詩を集めたもの．
(2) 読書時などに思ったことを気のむくままに書いたもの．随筆ともいう．

第Ⅱ部　アカデミック・ライティング

(3) 葉聖陶・朱自清（1942）『精読指導挙隅』商務印書館.

(4) 葉聖陶・朱自清（1946）『略読指導略挙隅』商務印書館.

(5) 「涵泳」は，中国南宋時代の儒学と理学の専門家・教育家である朱熹によって提唱された読み方である．文章の全体把握をした上で，それを繰り返して読み，細かく吟味すると，自ずと意味がわかるということである．「読書百遍意自ら通ず」（朱熹（1270）『朱子語類』黎靖徳編，140 巻）.

(6) 葉聖陶・夏丏尊（1934）『文心』開明書店，121.
鄭谷心（2017）『近代中国における国語教育改革：激動の時代に形成された資質・能力とは』（日本標準）においても事例として紹介されている.

(7) 奥野宣之（2013）『読書は 1 冊のノートにまとめなさい』ダイヤモンド社.

第 4 章

ライティングの評価はどうあるべきか
―ルーブリック論争を調停する―

石田 智敬

はじめに

　本章では、ライティング教育における評価はどうあるべきかという問いに焦点を合わせる。とりわけ、ライティングの評価における現代的論争点、すなわち「ルーブリック」を用いることの是非を中心に議論を展開する。ルーブリック論争の到達点を総括した上で、これからのライティング教育における評価のあり方を考察する。

　その際、主な手がかりとするのは、ロイス・サドラー（Royce Sadler）の学識である。彼は、1980 年代に、スタンダード準拠評価や形成的アセスメントといった考え方を理論化することで、フィードバックの提供やルーブリックの使用を推奨する現代の学習評価論を基礎づけた（Sadler, 1987; 1989）。ただし、後に彼はそれらの考え方に対してラディカルな批判を展開するようになった。本章では、提唱者であり批判者であるという碩学サドラーの半世紀近くにわたる思索の軌跡を、ルーブリック論争として対象化することで、ライティング評価論の新たな展望を描き出す。

　このように本章は、サドラーの学識を下敷きに議論を展開するため、ライティング教育論ではなく、学習評価論の立場からライティングの評価を考究する。そのため、ライティング教育に関する学術的言説への参照は限定的である。

　本書の第 5 章で松下は、とりわけ日本の大学教育という文脈に焦点を合わせ

79

第Ⅱ部 アカデミック・ライティング

て、ルーブリックの問題を議論している。松下が定量的に示すように、日本と
欧米では、ルーブリックの普及度合いが大きく異なる。サドラーのルーブリッ
ク批判は、欧米におけるルーブリックの行き過ぎた運用に向けられているとい
う側面があり、日本の状況とはやや異なることに留意してほしい。

　以下、本章が前提とする考え方や用語法をまず確認しておこう。

(1) 評価とは何か

　ライティングの評価を論じるにあたり、そもそも評価とは何かという問いに
対する本章の立場を簡潔に示そう。

> 評価（evaluation）[1]とは、基本的に質（quality）や価値（value）について
> の判断（judgement）である。[中略] 何かが良い（good）と呼ばれるに値
> するならば、それは一揃いのクライテリアが、当該の文脈の中で良いもの
> とは何かの適切な定義として認められており、対象がそれらのクライテリ
> アにおいて最低限の強さやレベルのパフォーマンスを示すからである。ゆ
> えに絶対的判断は、関連する次元軸における参照固定点（fixed points of
> reference）であるスタンダードを前提とする。（Sadler, 1985, p. 285）

　ここに、評価とは価値の判断であり、その枠組みがクライテリアとスタンダ
ードによって規定されるという基本認識が示されている。たとえば、果物のメ
ロンの評価においては、糖度 13％ 以上のものは特秀品とみなされる。言い換
えれば、糖度というクライテリアが、優れたメロンの適切な定義の一つとして
認識されており、13％ というスタンダード（参照固定点）を超えるものが、
特秀品に値するパフォーマンスを示す対象（メロン）ということである。本章
ではこの基本認識に則って、次のように定義する。すなわち、評価規準（クラ
イテリア）とは、パフォーマンスを評価する際に用いられる側面、観点、枠組
みのこと。評価基準（スタンダード）とは、パフォーマンスがどの程度優れて

---

1) assessment と evaluation という語は、両者とも評価と訳されるが、やや異なるニュアンスを持つ。
　evaluation という語は、価値を判断するという意味で、assessment という語は、評価データを
　収集する過程とデータに対する価値判断の両者を包含する意味で用いられることが多い。

いるか、その水準やレベルのこと。なお、一般に「評価基準」という言葉は、評価規準（クライテリア）と評価基準（スタンダード）の両者の意味を内包するものとして使われることが多い——評価基準の広義の用法。だが、本章では、厳密な議論を展開するために、評価基準という語を狭義に規定する——広義の意味合いでそれを用いる場合、評価規準・基準と表記する。

(2) アカデミック・ライティングとパーソナル・ライティング

本章では、パーソナル・ライティングというよりも、主にアカデミック・ライティングを念頭に議論を展開する。米国ではエッセイ、フランスではディセルタシオン、日本では小論文やレポートと呼ばれる類のものである。

アカデミック・ライティングの評価は、専門家共同体の価値の体系に準拠して行われるものである（共同体の価値体系に基づく評価）。これに対して、パーソナル・ライティングの評価は、個人の外に準拠すべき価値の体系があるわけではなく、自身でライティングを価値づけ、また、他者から価値づけられることで、自分自身の価値の体系を形成していくような志向性を有しているといえよう（個人の価値体系を形作る評価）。なお、この対比の詳細についてはコラムを参照してほしい。本章では、共同体の価値体系に基づく評価という考えに根ざして、アカデミック・ライティングの評価を主題とする。

欧米では伝統的に、小論文、たとえばフランスではディセルタシオン（dissertation）、米国ではエッセイ（five paragraph essay）を書くことが、初等教育から高等教育に至るまで、教育の中核に位置づけられてきた。アカデミック・ライティングを重視する教育は、優れた文章を生み出すことそれ自体を目的としつつ、それを通して理性を研磨すること、すなわち、論理的な思考と表現を生み出す媒体としてライティングを捉える。書くことは話すことと異なり、言葉が時間的・空間的に固定されるため、注意深く言葉を紡ぐことが可能となり、深い思考、堅牢な論理、明晰に体系化された理解が導かれる。そのため、ライティングは教育の重要な目的と手段であり続けている。アカデミック・ライティングを学ぶことは、学術における専門家共同体への社会化であり、学術的なディスコースへの参入である。

第Ⅱ部　アカデミック・ライティング

(3) コンピテンスの評価とパフォーマンスの評価

　本章では、コンピテンス（能力）の評価というよりも、パフォーマンス（作品）の評価を中心に議論を展開する[2]。その理由は、ライティング教育においては、ライティング作品（パフォーマンス）は、コンピテンスを推論するための単なる手段ではなく、優れた作品を生み出すことそれ自体が教育の目的となるからである。この点で、ライティング作品はたとえばテストをはじめとして、学力を評価する手段として特殊にデザインされた評価課題とは大きく異なる。そのためライティングの評価においては、パフォーマンスの評価に焦点化して議論を進めることに一定の妥当性がある。

　ここで、パフォーマンスの評価とコンピテンスの評価の違いについて補足しておきたい（第5章の図5-1を参照）。「コンピテンスは直接測定できないし、観察できない。要求に対応するふるまい（パフォーマンス）を多くの状況の中で観察することによって、推論しなければならない」（Rychen & Salganik, 2003, p. 55）。構成概念であるコンピテンスそれ自体は、直接に観察・測定できない。コンピテンスは、課題に応答することで、直接に観察可能なパフォーマンスとして表出する。この意味でエコンピテンスは、おしなべてパフォーマンスから推論されるものである（松下, 2007）[3]。

(4) 本章の目的と構成

　本章の目的は、ライティングの評価はどうあるべきかという問いに、ルーブリック論争を調停することで答えることである。本章は、次のように展開する。第一に、ライティングの評価の特質を分析し、ライティングの評価論が応えるべき問いを明確にする。第二に、ライティングの評価におけるルーブリックの

---

2)　パフォーマンスの形態は、作品と実演の2つで捉えられる。作品とは、比較的安定した固定的形態をとるもので、表現者自身とは別に存在するものを指す。実演とは、実演者によってリアルタイムで行われるライブ・パフォーマンスのことを指す。以上の意味で、本章の議論はライティング教育における作品の評価について議論するものと言える。

3)　コンピテンスを評価することは、パフォーマンスを評価することより明らかに容易でない。なぜなら、特定の文脈における1回のパフォーマンスの発揮からコンピテンスを推論することは限定的であり——同じパフォーマンスが繰り返し再現されるかわからないし、異なる文脈において同様のパフォーマンスが発揮できるかもわからない——、さまざまな状況・文脈における複数のパフォーマンスの発揮を求めることがコンピテンスを強く推論する上で必要だからである。

82

第4章　ライティングの評価はどうあるべきか

台頭を取り上げ、その志向性を分析する。第三に、ルーブリックに向けられる
批判の論理をつまびらかにすることで、ルーブリック論争の論点を浮き彫りに
し、その到達点を総括する。第四に、ライティング教育におけるこれからの評
価のあり方を考察する。

1. ライティングの評価論が応えるべき問い

　第一節では、ライティングの評価がいかなる特質を有するのかを分析し、そ
の評価論が応えるべき問いを明確にすることで、本章の問題圏を素描する。
　ライティング作品を評価することは、容易ではない。たとえば、大学のレポ
ート、高校での小論文、小学校での読書感想文、いずれにおいてもそうである。
ライティング作品は、単純に正誤で判断できる標準テストと異なり、客観的に
その質の判断を行うことが難しい。場合によっては、評価者間で判断が大きく
異なることもある。そのため、ライティング作品を評価する人はその難しさに
直面し、適切に評価できているか、恣意的で独善的な評価に陥っていないかと
一定の不安を覚える。以下、このような難しさの所以を考察することで、ライ
ティングの評価を特徴づけよう。

(1) 発散的課題としてのライティング課題

　ライティングにおいては、一意的に正しい応答はなく、優れた作品を生み出
す手段も単一ではない。すなわち、優れた作品のありようが多様であり、多様
なアプローチが可能である。このような課題のことを収束的（convergent）と
対比させて、「発散的課題（divergent task）」という。ライティングは、発散
的で開かれた応答を要求するという意味で発散的課題の一種である。
　発散的課題への応答として出現するパフォーマンス（ライティング作品）は、
単純に正誤で評価できず、その質のレベルは素朴なものから洗練されたものま
でグラデーションとして現れる（垂直的な広がり）。また、同等の質と判断さ
れるパフォーマンスであっても様々な表現やアプローチの可能性が存在する
（水平的な広がり）。この意味で、ライティング作品の質は二次元的な広がりを
有する。評価者は、作品の質を吟味して質がどの程度の水準にあるのかを判断

83

する。言い換えれば、評価者は、質の二次元的な広がりの中に対象作品を位置づけるのである。

その際、評価者はさまざまなクライテリアを参照しながら、ライティング作品の質を判断する。たとえば、論理性、首尾一貫性、説得性、なめらかさ、レトリック、明快さ、語彙、文法、文字数など、列挙しきれないほどある。これらのクライテリアは、作品を評価する際に、単純で画一的ではなく複雑に絡み合って適用される。そのため、総合的判断を導く特定のアルゴリズムを定式化することは困難である。

(2) シャープなクライテリアとファジーなクライテリア

クライテリアは、シャープなクライテリアとファジーなクライテリアに分けられる。シャープなクライテリアは、非連続的で、合意された解釈体系を前提とする。たとえば、「誤字・脱字」に対する判断は、正誤がハッキリしている。そして、正誤を判断するような合意体系（言葉のルール）が存在する。同じように、「語彙の正確さ」「文字数」といったクライテリアも一定明確に定義され、解釈する人によってその意味が変わることはほとんどない。

これに対して、ファジーなクライテリアは、連続的で、その意味を理解する上で具体的な指示対象を前提とするものである。たとえば、「なめらかさ」「首尾一貫性」「説得性」「明快さ」といったクライテリアは、正誤で判断することはできず、どの程度優れているのかということは連続的に現れる。そして、言語で明確に定義されるような解釈体系を持たない。ファジーなクライテリアは、文脈から独立して絶対的な意味を持たない抽象概念であり、言語で厳密に定義できず、具体への参照が必要となる。このようなシャープとファジーの区別は、根本的には認識論の問題であり、どのようにしてクライテリアの意味を知るのかという違いにある。

ところで、アカデミック・ライティングでとりわけ重視されるクライテリアである「論理性」は、どちらに区分されるのだろうか。形式論理学の意味においてそれを限定的に定義するのであれば、これはシャープである。つまり、正しい演繹と誤った演繹がある。ただし、ライティング作品における論理性は、文の意味、文の間のつながり、パラグラフの構成や展開の仕方などから生まれ

第4章　ライティングの評価はどうあるべきか

る「納得の感覚」をも含みこむものである。ロバート・カプラン（Robert Kaplan）によれば、論理性とは「必要な情報が読み手の期待する順番で並んでいる事から生まれる感覚」である（Kaplan, 1966）。渡邉雅子は、ある国や文化、共同体によって、納得しやすい思考と表現の型は異なり、論理性とは社会的に構築されるものであることを示している（渡邊, 2023）。この意味で、アカデミック・ライティングにおける論理性は、ファジーなクライテリアと位置づけられよう。

　なお、シャープなクライテリアとファジーなクライテリアが重視される度合いは、文脈と対象によって異なる。アカデミック・ライティングであれば、どの学術コミュニティにおける、何のジャンルの文章なのかということによってその構成は異なってくる。たとえば、発散的課題でも、建築における構造設計、科学実験のレポートなどの評価は、もちろんファジーなクライテリアが重視されつつも、シャープなクライテリアがかなり重要な位置にある。これらと比べて、人文学や社会科学の領域におけるライティングの評価では、よりファジーなクライテリアが重視される——もちろん、シャープなクライテリアが無視されるわけではない。

　ファジーなクライテリアを用いることは、評価の客観性を脅かすために、極力排除すべきだと主張する人がいるかもしれない——たとえば、シャープなクライテリアに限定づけて評価を行うといったように。しかし、ライティングの評価においては、ファジーなクライテリアはむしろ評価の中心に位置づけるべきものである。なぜなら、それがライティング作品の質を規定する上で決して蔑ろにすることができない中核的な価値であり、それが教育目標を構成するからである。ある共同体において用いられる一連のファジーなクライテリアの意味と体系を学ぶことは、ある共同体における価値のシステムを学ぶことの中心にある。

　まとめると、ライティングは、ファジーなクライテリアが重視される発散的課題として特徴づけられる。ファジーなクライテリアは、文脈から独立して絶対的な意味を持たない抽象概念であり、具体物に対する知覚と認識を通して、その意味が感得される。ライティングの評価において、評価者はファジーなクライテリアに精通し、それらクライテリアを自在に操ることで、質の二次元的

85

第Ⅱ部　アカデミック・ライティング

な広がりの中に対象を位置づけることができなければならない。しかし、このような技芸を行うことは、誰もが容易にできるものではなく、ここにライティングの評価の難しさがある。

(3) 鑑識眼と間主観性

　質的判断（qualitative judgement）の能力が、高度に発達したものを鑑識眼（connoisseurship）と呼ぶ。鑑識眼を備える人は、暗黙知に支えられた評価熟達知を有しており、対象の「善さ」について洗練された判断を下すことができる。一般的に、鑑識眼は、嗜好的・芸術的領域における鑑賞と表現の技法として解されることが多い。ただし、鑑識眼はそのような嗜好的・芸術的文脈に限らず、ライティングの評価においても核となる力量である。ファジーなクライテリアに精通し、それらを自在に操り、質の二次元的な広がりの中に対象を位置づける技芸は、まさに鑑識眼の為せる技である。ただし、アカデミック・ライティングの評価においては、単に洗練された質的判断を下すことができれば良いわけではなく、間主観的合意に基づく鑑識眼の行使が求められる。

　学校や大学といった教育文脈の評価において、教師間で評価がバラバラであるというのは、明らかに好ましい状態ではない。この点において、アカデミック・ライティングの評価は、人それぞれに評価判断が異なることをよしとする嗜好的鑑識眼に基づく評価とは異なる——たとえば、ワイン、ウイスキー、絵画、音楽など。教育機関におけるアカデミック・ライティングの評価では、それが主観に根差すものであったとしても、評価判断が、専門家共同体における他者（たとえば他の教師ら）の判断と一定比較可能なものでなければならない。専門家共同体の構成員の間で評価判断が一定一致するという意味で、間主観性が重視されるのである。

　その際、重要となるのは、専門家共同体における鑑識眼のキャリブレーション（調整）である[4]。キャリブレーションとは、定められた評価枠組みに準拠

---

4)　キャリブレーションは、元々、工学の世界で用いられてきた用語である。たとえば、計量器を使用する際には、標準器などでその計器の偏りを計測し、正しい値になるように調整を行う。このように、測定機器の測定能力を、標準器を用いて正しく調整することをキャリブレーションと呼び、これがキャリブレーションの原意である。

第4章　ライティングの評価はどうあるべきか

して判断を下すことができるように、評価者の質的判断を調整するプロセスを指す。キャリブレーションされた評価者は、理想的には、同じライティング作品を前にしたとき、許容できる誤差の範囲内で同じような判断を行う。なお、複数人で評価を行って各々の評価を平準化するといったように、評価結果をすり合わせることをモデレーションという。厳格な比較可能性が求められる場合は、キャリブレーションとモデレーションの両者を実施することが求められる——たとえば、飛び込み競技では、キャリブレーションされた複数の専門審査員での評価をモデレーションする。

　以上の考え方は、価値の根拠と正当性を専門家共同体の間主観的合意に求めるものである。評価判断が正当であるとは、専門家共同体の「善さ」の体系、価値規範の体系に準拠していることを意味する。嗜好的領域の鑑識眼は、個人に内在する私的な鑑識眼である一方、専門職的判断としての鑑識眼は、専門家共同体が共同所有し行使するものとしての公的な鑑識眼である。

　急いで断っておけば、ライティング作品の評価において、キャリブレーションが常に必須というわけでもない。たとえば、パーソナル・ライティングや文芸作品などの評価においては、むしろ嗜好的・芸術的領域における鑑識眼の行使に近いそれが求められる。

　たとえば、文芸作品に関するコンクールの審査員らは、各自が持つ美的感性に基づいて主観的に評価を行う——個々の審査員がキャリブレーションされているわけではない。ゆえに、審査員ごとに大きく判断が異なる場合も生じうるが、多様な感性や価値軸を持つ多くの文芸家らを審査員団として構成することで、公平性を担保する——キャリブレーションは行われておらず、モデレーションのみが行われる。よって、この種のコンクールの場合、誰が審査したかが重要となるため、賞の授与に際して審査員（文芸家）の総員が署名することに大きな意味がある。

　まとめると、アカデミック・ライティングの評価の難しさは、公的な鑑識眼の形成と行使が求められる点にある。よって、どのように鑑識眼を磨くか（鑑識眼の洗練）、どのように鑑識眼を調整するか（鑑識眼の調整）という、専門家共同体での鑑識眼形成に関わる二つの問いに、ライティング評価論は応えなければならない。

87

第Ⅱ部　アカデミック・ライティング

（4）学習のための評価、学習としての評価

　次に広く、教育における評価実践の課題ついて考えてみたい。すなわち、形成的評価をどのように実践するかという問題である。この難しさは、教育実践全般に当てはまるものであるが、ライティングの評価においても顕著である。

　一般的に評価というと、総括的評価（成績評価）が想起される。期末テスト、期末レポートといった類の評価である。総括的評価は、学習成果の到達点を測定し、その到達点を認証・証明することを目的とする。総括的評価は、評価結果を記号ないしは文章で表現し、第三者にそれを伝えようとする（評価の総括的機能）。

　しかしながら、評価は総括的評価だけではない。評価は、教えることと学ぶことという営みを調整し改善していく上で欠かせない役割を果たす。どこに強みがあり、どこに弱みがあるのかを認識することは、将来の行為を理知的に導くために不可欠である。評価活動を通して、教師と学習者が協働的に教育や学習を改善していく形成的評価の考え方は、教育実践においてとりわけ重要である。形成的評価は、教育や学習の改善をその目的とするもので、評価をパフォーマンスないしはコンピテンスの形成と改善に役立てることを志向する（評価の形成的機能）。

　総括的評価と形成的評価を対比的に描けば、総括的評価は、ハイステイクスで教師と学習者の間に強い緊張関係と権力関係が生起しやすい一方、形成的評価では、教師と学習者は、学習の改善という同じゴールを共有する協力的関係となる。教育は、パフォーマンスないしコンピテンスの形成や改善に第一義的な関心を払う営みであるため、形成的評価は中核となるべきものである。しかし、教育実践の現状に目を向けてみると、これは最も疎かにされがちな側面でもある。学習者にとって評価は単なる脅威でしかない——それは本来、味方となるべき存在であるのにもかかわらず。

　では、学習者がアカデミック・ライティングをより良くしていくような、評価実践はどのようにデザインできるのか。専門家共同体における鑑識眼形成に関する問いに加えて、この問いにライティング評価論は応えなければならない。

第4章　ライティングの評価はどうあるべきか

2. ルーブリック

　以上の問いに応えるアプローチとして、近年、急速な広がりを見せているのがルーブリックを用いることである。第二節では、ライティングの評価におけるルーブリックの台頭を取り上げる。行論が示す通り、ルーブリックは従来のライティング評価の問題を一挙に解決しうる万能ツールとして期待されている。本節では、ルーブリックとはいかなる装置でなにを志向しているか、そして、それを用いることが、どう意義づけられ正当化されているのかを分析する。

(1) ルーブリックという装置

　昨今、ルーブリックは、ライティングの評価を語る上で欠くことのできないキーワードとなっている。第5章で松下が述べるように、日本においても「ルーブリック評価」という言葉が流布しつつある。ルーブリックと称されるものは、その内実（目的、形態、使用法など）が想像を超えるほどに多様であるものの、それがクライテリア（評価規準）とスタンダード（評価基準）に関する言語表現マトリクスであることは共通する。ルーブリックとは、質的判断で正当に用いられるクライテリアとスタンダードを言語叙述し、それを明示化・可視化する装置である。ルーブリックは、鑑識眼を構成する評価熟達知——優れた質的判断を可能にする熟達知——を外化し、鑑識眼を万人に共有することを志向する。ルーブリックに準拠した質的判断を重視することは、現代における学習評価論の核心的主張の一つである。

　一般に、ルーブリックは数レベル程度のスタンダードと、各レベルの特徴を叙述した記述語で構成される。ある質の水準にある作品は、それぞれの表面的特徴が異なりつつも、その背後に共通的な部分が存在する。この共通的な特徴を言語で叙述したものが記述語である。クライテリアは記述語の中に散りばめられて示されたり、観点として設定されたりする。

　ルーブリックには、様々な形態があり用途に応じて構成される。代表的な分類としては次のものがある。まず、ルーブリックは、観点設定という視点から、分析的ルーブリック（観点別に記述語が構成されるもの）と全体的ルーブリッ

89

第Ⅱ部　アカデミック・ライティング

ク（観点を分けずに記述語が構成されるもの）に区分される。また、その汎用性という視点から、特定課題ルーブリック（特定の課題にのみ適用されるもの）と一般的ルーブリック（あるジャンルの課題で幅広く適用されるもの）に区分される。なお、ルーブリックの具体については第5章で松下が取り上げているものを参照してほしい。

(2) 総括的・形成的評価におけるルーブリック称揚の論理

　総括的評価（成績評価）において、ルーブリックは、恣意的で独善的な判断に陥りがちな人間の質的判断を統制し、評価の妥当性と信頼性を高めることを企図する。ルーブリックは、質が二次元的に広がる複雑なパフォーマンスの評価で用いられる採点装置の一種である。ルーブリックは、評価者をキャリブレーションする装置となる。ルーブリックに準拠して評価を行うことは、作品が教師個人ではなく、定義された明確なスタンダードとクライテリアによって評価されることを意味する。

　ルーブリックを明示することで、評価判断に対する説明責任を果たすことにもなる。また、ハイステイクスな評価で考慮される重要な側面を学習者とその他利害関係者に可視化することは、倫理的にも望ましい。このような論理で総括的評価におけるルーブリックの利用は推進され、公平・公正な評価の実現が目指されている。

　ただし、ルーブリックという装置に投げかけられている期待は、総括的評価における客観性の向上には留まらない。ルーブリックは、学習者に対して評価規準・基準を可視化し共有することを可能にするために、形成的評価、とりわけフィードフォワードとフィードバックの効果的な媒体としても期待されている（Brookhart, 2013; Andrade et al., 2010）。ここでいうフィードフォワードとは、課題で重視されるクライテリアや求められるスタンダードを事前に提示し、課題への取り組みに見通しを与えることを指す。課題への取り組みに先立って、ルーブリックが提示されることで、学習者は課題への取り組みを円滑に進めることができる。また、課題返却時にルーブリックに基づいて評価結果が示されることで、学習者は自身の強みと弱みを一貫した枠組みで理解し、自らの学習を調整し改善することができる。

第4章　ライティングの評価はどうあるべきか

　また、ルーブリックは、相互評価や自己評価を助ける有効なツールとして期待されている。ルーブリックを用いることで、学習者が適切な評価判断を下すことができるようになり、自らの出来、不出来が客観的に捉えられることで、自己調整的な学習が促進されると期待されている。このような論理で形成的評価におけるルーブリックの利用が推進され、「学習のため／としての評価（assessment for/as learning）」の理念の達成、学習改善に寄与する評価の実現が目指されている。

　まとめれば、ルーブリックの利用は、教師の質的判断を洗練させて統制し、妥当性や信頼性を一定保証することを意図するとともに、評価基準・規準を学習者にも共有することで、評価活動を形成的に機能させることを企図する。すなわち、ルーブリックを活用することで、教師の鑑識眼を洗練・調整するとともに、学習者の鑑識眼をも洗練・調整することを目論むのである。

　実際のところ、ほとんどの研究者と実践者が、これらの価値の実現を目指すことを支持している。

(3) ルーブリックの成立背景

　ルーブリック言説の台頭は、プレ・ルーブリック時代の評価慣行に対する批判意識に根ざしており、その克服がルーブリックという装置に期待された。伝統的に、ライティング作品は、権威を有する評価者（教師）が、暗黙的に有する評価規準・基準に照らし合わせて絶対的に評価してきた[5]。これに対して、気まぐれ的であったり、恣意的・独善的であったりする評価が行われているのではないかという疑念が持たれやすかった。実際、評価者間での評価が比較可能でないことは少なくなく、公平・公正でない評価が行われているのではないか、十分な説明責任が果たされないのではないかという批判が向けられがちであった。

　以上は、総括的評価に関連した批判意識であるが、もちろん、形成的評価と

---

[5] なお、評価規準・基準が外化されていなくとも、評価規準・基準が暗黙的な共通了解としてある共同体内で共有化されている場合もあれば、他者と全く共有化されていない場合もある。前者の場合、評価基準・規準が外化されていないものの、その評価判断は一定の間主観性を有し、他方、後者における評価判断は完全に主観的なものである。

91

いう視点での批判意識もあった。つまり、評価活動がほとんど形成的に機能していないという問題である。実際、大学のアカデミック・ライティングの課題（一般にいうレポート）では、評語や評点のみが付されて返却されることがほとんどで、改善に向けたフィードバックやフィードフォワードが提供されることは少ない。評価規準・基準が可視化されない場合、なぜ優れていると判断されたのか、また、劣っていると判断されたのかを理解することは難しい。結果として、評価活動を更なる改善のために活かすことに繋げることが困難であった。これらの問題を一挙に解決しうる万能ツールとして期待されるのがルーブリックである。

　教育文脈におけるルーブリックの歴史は、概ね1980年代前後に遡ることができる。その一つの淵源は、米国における、教育文脈における成果を標準テストで測定することへの批判の高まりから生じた、評価のオルタナティブを求める一連の運動である。標準テストのみならず、発散的課題をも正当な評価方法として位置づけようとした際、教師の質的判断を信用たり得るものとする装置としてルーブリックが位置づけられた。この意味で、ルーブリックの発明は、人の質的判断を教育評価の中心に位置づけることを可能とした。

　もう一つの歴史的エポックは、1987年のサドラーによるスタンダード準拠評価論の理論化である。彼は、クイーンズランド州の評価制度改革 ROSBA（review of school-based assessment）の動向を背景に、教師の質的判断に基づく学習評価の考え方を、ドメイン準拠評価と対比されるスタンダード準拠評価として理論化することで、その理論的基盤を与えた（Sadler, 1987）。スタンダード準拠評価は、熟練した教師の専門的な質的判断を直接的に学習成果の評価に用いるものであり、その際、質的判断の妥当性と信頼性を担保するために、外化された評価枠組みとして、ルーブリックのような言語記述マトリクスと作品事例群を用いることを主張した。

　以上の歴史的経緯を踏まえつつ、ルーブリックを利用する評価実践は以後、更なる広がりを見せていく。とりわけ、欧米の高等教育においては、2000年代以降に急速にルーブリックの使用が広がりを見せている。大学によっては、シラバスの提示などと合わせて、評価で用いられるルーブリックを提示することを義務付けている場合もある。このようなルーブリックの広がりは、コンピ

テンシー論の台頭、「学習のため／としての評価」論の広がり、高等教育においては質保証を意図した IR の展開など、教育と学習に関わる一連の改革動向の中で、後押しされてきた[6]。

3. ルーブリック批判とその論点—ルーブリック論争の到達点—

　以下では、ルーブリックに向けられる批判について検討する。無敵にも見える論理を携えたルーブリックであるがもちろん批判も向けられている。とりわけ、欧米では、ルーブリックの使用が普及する中で、その課題が自覚されるようになっている。サドラーがルーブリック批判を展開し始めたのも、主に2000 年代以降である。ルーブリックは、どのような論理で批判されているのか。本節では、ルーブリックへの批判を 3 つの論点で整理し、ルーブリック論争の到達点を総括する。

　なお、第 5 章で松下は、妥当性、信頼性、実行可能性、学習への影響という4 点でルーブリックの問題を整理しており、これも参照してほしい。

(1) スタンダードを適切に固定できていない問題 (Sadler, 2014a)

　第一の批判は、ルーブリックが、評価で用いられるクライテリアを指定できていてもスタンダードは指定できていないというものである。たとえば、要求される質の水準は明確に異なるのにもかかわらず、同一のルーブリックが、学部 1 年、4 年、大学院生のエッセイ作品に等しく適用できてしまう場合が多々ある。このことは、ルーブリックが、評価におけるクライテリアは指定しても、スタンダード——求められる質の固定的水準——は明確に固定出来ていないことを意味する。

　この主な要因は、記述語において、たとえば「非常に優れた論理性を示す」

---

6) 1990 年代以降、コンピテンシーの育成を強調する国際的潮流が生起する——比較的単純な知識・技能の習得よりも、知識・技能の活用を求めるような認知的に高次で複雑なコンピテンスを育成することに、教育の焦点が向けられるようになる。そのため、学習評価においては、知識・技能の総合的・統合的活用を求める評価課題（発散的課題）を用いることが重視されるようになる。そのため、ルーブリックはコンピテンシーを評価するための有効なツールと理解された。

第Ⅱ部　アカデミック・ライティング

や「説得性がやや弱い」などといった相対的な修飾詞が用いられることによる。「非常に優れた」「やや弱い」とはどの程度なのかが絶対的でないために、結果として、評価対象の集団に準拠して相対的にその水準が解釈されることが多い。なお、修士課程の大学院生として求められる程度の水準といった言葉が付加されていたとしても、それがどの程度であるのかが固定的ではないために状況は変化しない。

　相対的な修飾詞の意味を固定するためには、具体物への参照が必要不可欠である。どの程度なのかという理解は、ルーブリックが具体的な作品事例と紐づけられることによって感得される。ルーブリックの推進者らは、もちろんこの点に自覚的である。実際に、彼らはアンカー作品などと称される作品事例群を付加する必要を常に主張する。しかし、評価実践の実態に目を向けてみると、ルーブリックが独り歩きしていることがほとんどであり、作品事例が添付されないことが常態化している——さらに言えば、複数の事例が付加されたようなルーブリックは、かなり稀である。作品事例を添付せずにルーブリックが用いられる場合、どの程度の質を求めるのかというスタンダードが明確とならないため、教育における質保証、学力保障に対するコミットメントが損なわれる。

(2)　事前指定クライテリアの限界性の問題（Sadler, 2009a; 2009b）

　第二の批判は、ルーブリックを用いることで評価判断に不適切な「歪み」が生じているというものである。たとえば、ルーブリック的には優れた作品であるが、本当の意味で良い作品ではない、逆に、本当は良い作品なのにもかかわらず、ルーブリック的にはそれほど良くないと評価されてしまうような場合がある。とりわけ、複数の観点が設定されている分析的ルーブリックでは、分析的評価（各観点のスコアの合計）と全体的評価（作品全体に対する印象）が一致しないことがある。

　ルーブリックでは、評価で用いられるクライテリアが事前指定される——観点としてクライテリアが設定されたり、記述文の中にクライテリアが散りばめられて示されたりする。第二の批判は、事前指定クライテリアの問題に向けられたものであり、これは①事前指定クライテリアの限界性、②事前指定クライテリアの画一的適用、③各観点の合算から生じる問題の3点で整理できる。

第4章　ライティングの評価はどうあるべきか

①ルーブリックは、評価で正当に用いられる可能性のあるクライテリアをあらかじめ全て記述することはできない——明示された事前指定クライテリア群は、あくまで部分的に選択されたものである。そのため、評価を行う際に事前に指定されていないクライテリアを考慮すべき状況が正当に生じることがある。これが「創成クライテリア（emergent criteria）」の問題である。そのため、事前指定されたクライテリアに限定して評価を行うと、評価判断が歪む可能性がある。

②ルーブリックを用いる場合、作品群に対して同一のクライテリア群が画一的に適用される評価実践を引き起こしやすい。なぜなら、ルーブリックの記述語は一般的記述だからである（次節で詳述する）。けれども、優れた作品のあり様に幅広さが正当に認められる発散的課題の場合、それぞれの作品が有する「善さ」はそれぞれに異なり、よって、異なるクライテリアによって価値づけられる。そのため、記述語に示されるクライテリア群を等しく画一的に適用することは、一見すれば公平・公正のように思われるかもしれないが、これは不適切である。

たとえば、最高レベルと評価された一連のライティング作品があるとする。ある作品は喩えとレトリックの巧みさによって高い説得力を有する点、ある作品は重厚に文献が引用されることで主張が堅牢に紡がれる点、ある作品はオリジナルなアイディアが斬新かつ華麗に展開される点から、その卓越さが特徴づけられる。このように、各作品が最高だと判断される論拠（クライテリア）はさまざまに異なるため、評価における同一クライテリア群の画一的な適用は不適切である。

③分析的ルーブリックにおいて、各観点の評点を決め、それに基づいて総合評点を算出する方式——最も単純な場合、全観点の単純な合計——を用いる問題もある。パフォーマンスの全体的な質においては、パフォーマンス全体を構成する諸要素がどれほど巧みに組み合わされるのかという点が重要な意味を持つため、各観点の評点を単純に総計することは適切ではない。

まとめれば、評価に歪みが生じる現象は、（1）ルーブリックにおける事前指定クライテリアが常に不完全であること、（2）クライテリアが単純ではなく複雑に適用される質的判断のメカニズムを、ルーブリックが単純化・画一化して

第Ⅱ部　アカデミック・ライティング

しまうことによって生じる。ルーブリックは、鑑識眼を運用する評価熟達知の価値体系・規則体系を完全に表現するわけではない。このことに自覚的ではなく、ルーブリックを完全な採点規則として適用すると、不適切な評価となる。

(3) 形成的評価における不適切性 (Sadler, 2010; 2013; 2014b)

　第三の批判は、形成的評価に関するものであり、①ルーブリックによるフィードバックやフィードフォワードが機能していない、②ルーブリックによる評価基準・規準の明示化が不適切に機能しているという問題に向けられている。

　①ルーブリックを課題への取り組みに先立って提示することで、課題への取り組みに見通しを与え、課題への取り組みを円滑化しようとする（フィードフォワード）。また、フィードバックをルーブリックに即して行うことで学習の改善を促す。言い換えれば、両者とも学習者が目指すべきゴールを、ルーブリックを用いて提示することで、それを達成するようにしむける。

　ただし、ルーブリックを単に提示するだけでは、求められているゴール（優れたアカデミック・ライティング）がどのようなものか、学習者に十分に伝えることはできない。たとえば、「現状の課題を鋭く指摘することで、角度がついた問題設定と明快な問いを提示し、［中略］問いに対する明確な結論が提示されるとともに、当該の結論が導かれる有効範囲について注意深く示す」といった記述語を示すことで、アカデミック・ライティングに長けた学習者や教師は、その様相について具体的にイメージができるかもしれない——よって、目指すべきゴールに向かうことが可能となる。しかし、初学者はこの記述語を読むことができても、その様相について具体的にイメージすることが難しいだろう——よって、目指すべきゴールに向かうことができない。彼らは、アカデミック・ライティングにおける「鋭さ」「角度」「明快な問い」「議論の有効範囲」などといった意味を十分に咀嚼できず、ゴールがどのようなものかを具体的にイメージできない。

　教師がルーブリックに基づいて丁寧なフィードバックを与えても、それが改善に活かされることが実際のところ乏しいというよくある現象は、フィードバックが本当の意味で伝わっていないことを意味する。これらの問題は、言語表現に基づくコミュニケーションの限界に起因する。ある色の質感を伝えるため

には、その色を言葉で説明することを超えて、その色を実際に見せなければならないのである。

②の問題は、明示された評価指標は、望ましい指標ではなくなるという現象に根ざしている。これは、本当に優れた作品を追求するのではなくて、ルーブリックの記述語を表面的に見繕うような、ルーブリックで示されたクライテリアへの最適化が追求されるという問題である——結果、実際にはつまらなくて質の低い作品であってもルーブリック的には良いと評価される。たとえば、質の高いレポートは、参考文献の数がそれなりにある特徴をもつが、文献の数をただ見繕って増やしたからといって、レポートの質が上がるわけではない——優れたレポートに特徴Aがあるからといって、特徴Aがあるレポートが優れているわけではないのである。

このように、明示化されたクライテリアの達成に最適化することによって、本質的には、パフォーマンスの質が向上しているわけではないのにもかかわらず、ルーブリックによる評価では、パフォーマンスの質が「高い」と評価されてしまう場合がある。このような状態を「ルーブリック・ハック」と呼ぶ。

学習者が、意図的にルーブリックをハックし、それが優れたものではないと自覚しつつも、良い成績を取るあくまで手段として、それを戦略的に行っているのであれば、状況はまだマシだろう。一番の悲劇は、それが本当に優れたものであると思い込んでしまっている場合である——なお、この思い込みの罠には、必ずしも学習者だけではなく教師も嵌ってしまう可能性がある。この場合、ルーブリックを直ちにアンラーンしなければならない。

明示された評価指標は、望ましい指標ではなくなるという現象は、教育における評価に限った問題ではない。評価ツールとしての指標が定まると、たとえ質が低下したとしても、指標スコアが最大化されるような決定や行動が優先されるようになる。

まとめれば、ルーブリックは、評価活動における教師と学習者のコミュニケーションを促進させ、学習者に対して目指すべき理想（ゴール）を伝える装置として機能することが期待されている。ルーブリック——その最高レベルの記述語——は、理想としての目指すべきパフォーマンスを表現したものである。ところが、その表現は常に不完全なものであるために上述の問題が生じる。

第Ⅱ部　アカデミック・ライティング

(4) ルーブリックが抱える諸問題の根源

　ルーブリック推進の論理を見返してみると、以上の三点で整理したルーブリック批判はクリティカルな部分を突いていることがわかる。なぜなら、ルーブリックが志向している、標榜していることが実際は達成できていない、ないしは、逆効果になっていると指摘されているからである。以下では、これら批判を受け止めた上で、なぜこれらの問題が生じているかを考察し、ルーブリック論争を総括したい。

　ルーブリックは、優れた評価者の鑑識眼——優れた質的判断を可能にする熟達知——を言語記述によって外化しようとするものである。これによって、専門家共同体での鑑識眼の共有、すなわち、質的判断のキャリブレーションが試みられる。ただし、ルーブリックはその特性上、不可避的に鑑識眼の不完全な表現（representation）となる——評価熟達知の全てを言語記述できるわけではない。そのため、ルーブリックのみを媒介とした鑑識眼の完全な共有を行うことは不可能である。評価熟達知からルーブリックを生み出すことはできても、ルーブリックから評価熟達知を生み出すことはできないのである。

　ルーブリックは、あくまで評価熟達知の一部分が明文化されたものであり、それが完全に外化されたものではない。たとえば、力量ある評価者は、ルーブリックには書かれていないことを考慮したり、時にルーブリックの記述を破ったりしながら、ルーブリックを運用する（飼い慣らす）ことができる。ただし、そうでない者は、絶対的規範に見える採点装置としてのルーブリックを手にすることで、ルーブリックに飼い慣らされてしまう可能性がある——鑑識眼を行使することは、明文化された価値・規則体系をただ適用することではない。

　ルーブリック批判で指摘されている問題は、教師や学習者がルーブリックを飼い慣らして評価を行うのではなくて、ルーブリックに飼い慣らされていることによって生じている。鑑識眼の外化された表現としても、目指すべき理想（ゴール）の表現としても、ルーブリックは常に不完全である。この不完全さが自覚されていない時、悪用された時、ルーブリックの問題が顕在化する。

　とはいえ、ルーブリックに関する言説には積極的に評価すべき点も少なくない。ルーブリックを推進する一連の動向は、総括的・形成的評価の両者において、評価枠組みを外化することが肝要なことを明確に示した点で意義深い。ル

第4章　ライティングの評価はどうあるべきか

ーブリックの発明は、権威者による絶対的判断という認定評価の世界を乗り越えて、外化された評価枠組みに準拠して質的判断を下すというアプローチを導き、キャリブレーションされた人間の質的判断を評価の中心に正当に位置づけることを可能とした。また、評価基準・規準の学習者への共有を志向し、評価活動を形成的に機能させることを目論んだ。このようにルーブリックが目指すこと——評価の枠組みを外化し、教師間と学習者間でそれを共有すること——それ自体は、目指すべきものである。

　ただし、本節の議論を踏まえると、単純にルーブリックを用いるアプローチでは、それらの理想が実現できないということである。この意味でルーブリックは、評価枠組みを外化する手段として不十分、ないしは不適切である。とはいえ、もちろんプレ・ルーブリックと呼ばれるような状況に戻ることは明らかに好ましくなく、評価枠組みをなんらかの形態で外化し共有することから、決して諦めるべきではない。

　では、評価枠組みの外化と共有はどのように実現されるのか。ルーブリックとは異なる形態で、教師と学習者のキャリブレーションを行う装置をどう形作ることができるのか。学びを導く評価実践はどのように実現されるのか。

4.　これからのライティング評価論—ポスト・ルーブリックの地平—

　本節では、ルーブリック論争の到達点を踏まえて、これからのライティングの評価のあり方を考える。とりわけ、アカデミック・ライティングにおいて教師と学習者の鑑識眼を形成（洗練・調整）する方法論について検討する。以下、評価枠組みの外化と共有のあり方を考察することから議論を始めよう。

(1)　評価枠組みを共有する方法：作品事例、個別的記述、一般的記述

　ルーブリック批判で指摘された問題の多くは、ルーブリックが独り歩きし、作品事例が伴っていないために生じるものであった。そこでまず、言葉と具象を補完的に用いることが、評価枠組みを外化する上で大前提となることを改めて確認したい。

　具体的な作品事例を共同注視し（経験的枠組み）、それらを価値づける評価

99

第Ⅱ部　アカデミック・ライティング

ディスコース（言語的枠組み）の形成を重ねることで、間主観的合意としての評価枠組みが共有化されていく。実際、ルーブリックにいくつかの作品事例が添付されるだけで、ルーブリック批判で指摘されていた問題の多くは解決される。とはいえ、それで全ての問題が解決するわけではない。以下では、言葉と具象を相互補完的にどう組み合わせて、評価枠組みを外化することが有効であるのかを考える。

　ここでは、外化された評価枠組みの構成要素を、①作品事例、②個別的記述、③一般的記述の三点で整理する（図4-1）。作品事例は、あるスタンダードを満たす一連の作品群によって構成される。個別的記述は、個々の作品事例に添付されるもので、なぜこの作品が当該スタンダードを満たすかの説明である。一般的記述は、ルーブリックの記述語に対応するもので、あるスタンダードの一般的特徴を記したものである。ゼロから外化された評価枠組みを形成する際には、まず①作品事例を同定し、次に②個別的記述を作成し、最後に③一般的記述を記すという手順となる。

　ここで一般的記述と個別的記述の差異について、さらに補足しておきたい。一般的記述とは、あるレベルの質を一般的に特徴づける性質を叙述したものである。ここでいう質は、単一の作品事例によって規定されるものではなく、複数の作品事例の背後に現れるものである。同等のレベルで優秀とみなされる作品には、多種多様な形態がある。質は、それぞれに異なる表面的な特徴を持つが、同程度の質と判断される作品事例群の背後に共通項として立ち現れるものである。一般的記述とは、これを言語で叙述しようと試みるものである。そのため、一般的記述はある作品事例と一対一の対応関係にあるのではない。

　他方、個別的記述とは、ある単一の作品事例がある質のレベルに位置づくと判断された理由が叙述されたものである。この記述は一般的記述とは異なり、その作品固有の特徴（クライテリア）に焦点を合わせながら、評価の論拠説明として構成される。そのため、個別的記述は作品事例と一対一の対応関係にあり、そこで用いられる全ての言葉は、具体的な作品事例に常に紐づけられている。

　ルーブリックとそれを補完する作品事例で評価枠組みを構成するアプローチは、ここでいう③一般的記述と①作品事例を組み合わせるものである。サドラーは、1980年代にこの方法を提案したが、後に①作品事例と②個別的記述を

第4章　ライティングの評価はどうあるべきか

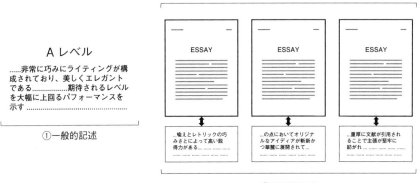

図 4-1　作品事例、個別的記述、一般的記述による評価枠組みの外化

組み合わせる事例主義的アプローチを主張した。これらは、言葉と具象を補完的に用いる点で一貫するが、(1) 一般的記述と個別的記述のどちらを用いるのか、(2) 言語記述と作品事例のどちらが第一義的な定義なのか──作品事例を補足する言語記述か、言語記述を補足する作品事例か──という点で異なる。

　サドラーが事例主義的アプローチを推奨する理由の一つは、一般的記述を用いると、同一のクライテリア群が画一的に適用される評価実践を導くという批判意識にある。事例主義的アプローチの場合、作品事例と個別的記述が一対一で対応するため、それぞれの作品を評価するのに最もふさわしいクライテリアがそれぞれの個別的記述に用いられる。サドラーは、作品事例を手がかりとしてルーブリックの記述語を読み解くよりも、個別的記述を手がかりに作品事例群を共同注視することの方が、教師と学習者の質的判断の適切なキャリブレーションを導くと考える。また、作品事例が抜け落ちてルーブリックが独り歩きしていくことを不可避的な事象と捉え、作品事例と一対一で対応する個別的記述を重視したとも理解できる。

(2) ルーブリック・アプローチと事例主義的アプローチ

　ルーブリック・アプローチと事例主義的アプローチの対比は、法学における制定法主義と判例法主義の対比に類似する。ルーブリック・アプローチは、作

第Ⅱ部　アカデミック・ライティング

品事例に補完されつつ、成文化によって価値・規則体系を表現する。事例主義的アプローチは、論拠説明が付された作品事例群を示すことで、それらに内在する価値・規則体系を表現する。両者では価値・規則体系の表現システムが異なる。とはいえ、いずれにおいても、正当な質的判断は外化された評価枠組みに準拠しなければならない。

　制定法主義とは、制定された成文法を第一の法源に位置づける考え方である（ドイツや日本において採用）。制定法主義において、判例は補助的に扱われる。成文法の制定時に全ての事例や可能性を考慮することは不可能であるため、法律の条文にはある程度の抽象性を持たせる。事案を解決する際に裁判所がその成文法の意味を解釈していくことになる。

　これに対して、判例法主義とは、裁判所判例を第一の法源に位置づける考え方である（英国や米国において採用）。これは、裁判所の判例の集積による法形成という考え方である。法は成文法に由来するのではなく、裁判所の判決を通じて長い時間をかけて確立された一連の法原則に基づく。裁判所は過去の判例に従うという先例拘束性の原理をステアリー・ディサイシス（stare decisis）という。

　根本的な考え方やシステムを全く異にする二つのパラダイムであるが、これら両者のシステムにおいて、事例（ケース）、判決文、成文法の三つの要素が、いずれにおいても不可欠なものとして埋め込まれていることは注目に値する——たとえば、判例法主義を採用する国家も一定の成文法を有するし、制定法主義の国家においても、最高裁判所の判例が法的拘束力を持つように。このことは、どちらに軸足をおいて、パラダイムを構成するかという根本的な違いがあるにせよ、①作品事例（ケース）、②個別的記述（判決文）、③一般的記述（成文法）の三つを組み合わせることが、価値・規則体系を外化する上で有効なことを示唆している。

　議論をまとめれば、さしあたり、ルーブリック・アプローチないしは事例主義的アプローチのどちらかに軸足を置きつつ、①作品事例、②個別的記述、③一般的記述の三要素を、それぞれ不可欠なものとして効果的に組み合わせることが、評価枠組みを外化し共有する上で重要であると言って良いだろう。それぞれの要素はそれぞれ異なる役割を果たす。①作品事例と②個別的記述は、作

品事例を共同注視し評価ディスコースを形作る際に中核となる物的表象である——キャリブレーションを行う際の標準器となる。とりわけ、作品事例は、暗黙的にしか共有化できない質の概念を内包するものとして重要である。③一般的記述は、一般化可能な重要な共通項を明示化することで、評価の大きな枠組みや構造を示す。

なお、第5章において松下は、「ルーブリックを飼い慣らす」をスローガンに、ルーブリック・アプローチに軸足をおいて、ルーブリックが抱える諸問題を乗り越えるための発想と具体的方法を提案する——これはサドラーが、事例主義的アプローチに軸足をおいて、学習評価論を構想するのとは対照的だ。

もちろん、法制度と同様に、外化された評価枠組み——①作品事例、②個別的記述、③一般的記述——は、不変的なものではない。共同体での対話と同意を重ねながら、必要に応じてそれらは常に問い直され変化していく。一般的・個別的記述が適切であるか、作品事例群にいかなる作品が含まれ、含まれないのかといったように。これは、不完全に外化された表現をより完成形に漸近させていくという営みであると同時に、共同体における価値の体系を常にアップデートしていく営みである——教師集団が中心となりつつも学習者もこの過程に参画していくだろう[7]。

(3) 「善さ」を学ぶということ：共同体における鑑識眼形成

最後に、学習者の学びを導くような評価実践がどう実現されるのかについて考察しよう。これは学習者の鑑識眼形成に関わる問題である。アカデミック・ライティングでは、学習者に専門家共同体の価値の体系を教え、公的な鑑識眼を移譲していくことが重要である。というのも、どのような作品が優れたライティングであるか、という専門家共同体の「善さ」の体系が理解され、作品の良し悪しを見極める鑑識眼が磨かれることで、より良いライティング実践が導かれるからである。

---

[7] そもそも、専門家共同体において、価値の体系が永年に不変であるということはあり得ず、常に緩やかに変化していくものである。共同体に新参者が訪れ、そして彼らが古参者になっていくというサイクルの過程を繰り返しながら。とはいえ、新参者は、共同体の価値の体系に一定服従することが求められる。この意味で、「緩やか」な価値のアップデートが進行していく。

第Ⅱ部　アカデミック・ライティング

　言い換えれば、専門家共同体における間主観性の成立を企図して、教師が鑑識眼を形成（洗練・調整）していくのと同様に、学習者も鑑識眼を形成（洗練・調整）していくことが大切だということである。教師か学習者かで評価判断の行為主体が異なるが、いずれにおいても人間の質的判断の熟達化と間主観化が問われている。これは、専門家共同体が有する価値規範の体系を、新参者がどのようにして学んでいくのかという問題である。アカデミック・ライティングを学ぶことは、専門家共同体への社会化である。専門家共同体への参入としての教育と学習の過程においては、価値づける実践が中核的な役割を果たす。

　専門家共同体の価値の体系は、学習者にどう学ばれるのか。教師がキャリブレーションされていく過程と同様に、学習者はそれを学ぶ。それは、ルーブリックなどの言語記述によって単純に伝えられるのではなく、評価の経験を新参者が熟達者と共有することで徐々に発達していく。評価経験を共有することで、専門家共同体における「善さ」の意味とシステムが具体的文脈の中で掴み取られていく。

　繰り返すが、具体的事例（作品）を共同注視するという経験的枠組みの共有と、それに対する評価ディスコースという言語的枠組みの共有が肝要である。専門家共同体としての評価実践に参加し、具体的なライティング作品の質を知覚・認識し、評価判断について説明し議論するという経験を重ねることで学習者は共同体の鑑識眼を共同所有していく。このような評価実践において、①作品事例、②個別的記述は、作品事例を共同注視し評価ディスコースを形作る際の中核的な教材・教具となる。その際、ルーブリックは評価に関する大きな枠組みや構造を示すものとなる。

　ライティング教育の目指すところは、見る目が肥えた批評家を育てることではなく、優れたライティングを生み出すことができる書き手を育てることにある。そのため、鑑識眼が育っていく上述の経験は、鑑識眼を練磨するのみならず、ライティング作品を生み出す上で必要となる様々なレパートリーの獲得に大きく寄与することを強調しなければならない。教師と学習者は、さまざまな作品事例に接する中で、自分のライティングを改善する方略のレパートリーを豊かにする。優れたライティング作品に、多様なあり様があることに気がつき、意識的・無意識的にこれらが創造的に模倣されていく——作品を形作るアプロ

104

ーチに組み込まれていく。

　このような実践の具体については、たとえば、批評会、試演会といった芸術分野における教育実践を手がかりにすることができるだろう。たとえば美術分野においては、アトリエなど開かれた空間で各々が自身の作品制作に勤しみ、学習者は日常的にピアのさまざまな作品に触れることができる。そして、教師と学習者がそれぞれの作品の「善さ」に対して批評を行う。音楽分野であれば、試演会などで多様な演奏を聴き合い、演奏の「善さ」を価値づけていく。

　これらと対照的に、アカデミック・ライティングの場合、学習者は各々個別的にライティング課題に取り組むことが多く、他者の作品に広く開かれていることは少ない。そして、評価に関しても、自身の作品に対する評点やコメントのみを受け取ることが多い。この場合、自分自身の作品に対する価値づけにしか接することができず、評価の経験が極めて限定的となる。また、さまざまな作品の多様なアプローチに出会うことができず、質の二次元的な広がりに対する理解を十分に構成することができない。学習者と教師が、さまざまな作品に出会いそれを価値づけて行くという評価活動は、それ自体が教えと学びの中心となるにもかかわらず。アカデミック・ライティングの教育おいても、さまざまな作品に広く触れ、共同体としてそれらを価値づけ、評価ディスコースを形成していくという発想が重要である。

　まとめれば、専門家共同体の「善さ」は、言語によって教師から学習者に伝達されるのではなく、評価実践への参加を通じて学習者に学ばれる。アカデミック・ライティング教育は、学習者を専門家共同体における鑑識眼の共同所有へ誘わなければならない。形成された鑑識眼が、アカデミック・ライティングというプラクシスを導いていくのである。「優れた評価（evaluation）は、優れた教育（teaching）の付属物ではなく、それ自体が優れた教育なのである」（Sadler, 1983, p. 63）。

おわりに

　本章では、ライティングの評価はどうあるべきかという問いに焦点を合わせた。とりわけ、ライティングの評価における現代的論争点、ルーブリック論争

第Ⅱ部　アカデミック・ライティング

の到達点を総括した上で、これからのライティング評価論がどう構想されるべきか考察した。考察を展開する中で本章は、ライティングの評価という実践を、原理的に説明・分析することを可能にする概念装置を提示することを企図した。

　本章では、ポスト・ルーブリックのライティング評価論として、①作品事例、②個別的記述、③一般的記述の三要素を、それぞれ不可欠なものとして効果的に組み合わせて外化された評価枠組みを構成することを提案した。サドラーは、一般的記述を不要なものとしたが、本章では一般的記述を含めて三つの要素を、評価枠組みを外化する要素として位置づけた。というのも、個別的特質ではなく共通項として現れる要素が、評価において重要な意味を持つ場合があり、また、そのような一般化可能な特質を明示化することには意義があると考えたからである。このようにして、共同体における間主観的合意を形成していくのが、ポスト・ルーブリックの評価論の目指すべき道である。外化された評価枠組みは、教師、ひいては学習者の鑑識眼を形成するために不可欠なものである。それは、教師が準拠すべき評価枠組みを構成するとともに、学習者が鑑識眼を形成するための教材・教具となる。

　そもそも、評価実践は、採点業務のような単なる作業として位置づけられるべきものではなく、教えることと学ぶことの中心的営為として位置づけるべきものである。本章第4節第3項（「善さ」を学ぶということ）で論じたように、評価実践を教育実践から切り離すのではなく、教えることと学ぶことの中心に評価実践を位置づけるという発想が重要である。そのように発想と実践が転換されることで、評価は忌避すべき負担ではなく、教育的に価値ある努力となる。

参考文献

Andrade, H., & Cizek, G. J. (Eds.). (2010). *Handbook of formative assessment.* Routledge.

Brookhart, S. M. (2013). *How to create and use rubrics for formative assessment and grading.* Ascd.

Kaplan, R. B. (1966). Cultural thought patterns in inter-cultural education. *Language learning, 16*(1-2), 1-20.

松下佳代（2007）『パフォーマンス評価』日本標準.

Rychen, D. S., & Salganik, L. H. (Eds.). (2003). *Key competencies for a successful life and a well-functioning society.* Hogrefe & Huber Publishers.

第4章　ライティングの評価はどうあるべきか

Sadler, D. R. (1983). Evaluation and the improvement of academic learning. *Journal of Higher Education*, 54, 60-79.

Sadler, D. R. (1985). The origins and functions of evaluative criteria. *Educational Theory*, 35, 285-297.

Sadler, D. R. (1987). Specifying and promulgating achievement standards. *Oxford Review of Education*, 13, 191-209.

Sadler, D. R. (1989). Formative assessment and the design of instructional systems. *Instructional Science*, 18, 119-144.

Sadler, D. R. (2009a). Indeterminacy in the use of preset criteria for assessment and grading in higher education. *Assessment and Evaluation in Higher Education*, 34, 159-179.

Sadler, D. R. (2009b). Transforming holistic assessment and grading into a vehicle for complex learning. In G. Joughin (Ed) *Assessment, learning and judgement in higher education.* Dordrecht: Springer.

Sadler, D. R. (2010). Beyond feedback: Developing student capability in complex appraisal. *Assessment and Evaluation in Higher Education*, 35, 535-550

Sadler, D. R. (2013). Opening up feedback: Teaching learners to see. In Merry, S., Price, M., Carless, D., & Taras, M. (Eds.) *Reconceptualising feedback in higher education.* London: Routledge.

Sadler, D. R. (2014a). The futility of attempting to codify academic achievement standards. *Higher Education*, 67(3), 273-288.

Sadler, D. R. (2014b). Learning from assessment events: The role of goal knowledge. In Kreber, C., Anderson, C., Entwistle, N., & J. McArthur (Eds.). *Advances and innovations in university assessment and feedback.* Edinburgh: Edinburgh University Press.

渡邉雅子 (2023)『「論理的思考」の文化的基盤』岩波書店.

第Ⅱ部　アカデミック・ライティング

コラム2

アカデミック・ライティングとパーソナル・ライティングの評価
―創成原理と規範原理―

石田　智敬

　本コラムでは、価値の体系がいかに形成されるかという原理的考察を通して、アカデミック・ライティングとパーソナル・ライティングの評価が、それぞれどのように特徴づけられるのか、対比的に検討する。

1.　価値の体系はどう形成されるのか：価値づけの二つの原理

　ジョン・デューイ（John Dewey）は次のように述べる。

　　［価値づけ（valuation）は］生命衝動の即時的かつ説明不可能な反応と、我々の本性の非合理的部分から発する。（Dewey, 1939, p. 18）人は絶えず価値づけを行っている。これは、さらなる価値づけの操作と価値づけの一般理論のための主要材料を提供する。（p. 58）

　ロイス・サドラー（Royce Sadler）は、以上の言葉を手がかりに、こう述べる。

　　推論ではなく認識が第一義的な評価行為であり、これはいかなるクライテリアにも先立つ。モノゴトの質は、優れているか美しいかのルールが明確に定まる前に、優れている、美しいと認識されることが多い。［中略］クライテリアは、すでに行われた判断を振り返り、それを合理化する過程の一環として生成される。この意味で、クライテリアの根源は当初は説明的である。しかし、過去と将来の評価の間に立つとき、クライテリアは次第に規範的に機能し始める。（Sadler, 1985, p. 291）

コラム2　アカデミック・ライティングとパーソナル・ライティングの評価

　サドラーは、価値を知覚・認識することが第一義的な評価行為であり、いかなるクライテリアに先立つこと、そして、クライテリアが説明的に言及されることで、以後、言及されたクライテリアに注意を向けることが促されることを指摘する。以下では、クライテリアが創成される原理を「創成原理」、クライテリアが規範化する原理を「規範原理」と呼ぶ。価値づけ実践は、創成原理と規範原理という二つの原理に導かれる。

　価値体系の形成における最も原初的状態——価値の体系が全くない状態——において、人間は「生命衝動の即時的かつ説明不可能な反応」として価値づけを行う。何らかのクライテリアなしに、対象を優れている、美しいと知覚・認識するのである。この知覚・認識は、ほとんど生理的反射に近いものであろう。とはいえ、人間は良いと知覚・認識したものを、なぜ良いと知覚・認識したのか、理知的に考えることができる。そして、価値づけを合理化し説明する際に、クライテリアが言明される。クライテリアを言明することは、自分の価値づけを合理的に捉えること、自分の価値づけに対する同意を他者に求めることを可能にする。そして、それは自己と他者の後続の価値づけに対して一定の規範性を与える。

　このように、価値づけること——知覚・認識とクライテリアの言明——が無数に繰り返されることで、徐々に価値の体系が形成され収斂していく。あるものを価値づけることは、それを希求することと表裏一体である。

2.　アカデミックとパーソナル

　以上の考察を踏まえると、アカデミアが堅牢な価値の体系を有しているのは、その歴史性によると言える。共同体において無数の価値づけが重ねられることで、それらが重厚に規範化する。そして、価値づけ実践が絶えず行われることで、価値の体系が緩やかにアップデートされていく。

　アカデミック・ライティングの評価は、専門家共同体の価値の体系に準拠して行われる（共同体の価値体系に基づく評価）。これは、共同体の価値規範を学ぶこと、すなわち共同体への社会化としてアカデミック・ライティングが位置づけられることによる。したがって、価値づけ実践の二つの原理の

109

第II部　アカデミック・ライティング

うち「規範原理」が優勢して、アカデミック・ライティングの評価実践は行われる。だからこそ、キャリブレーションや公的な鑑識眼の形成と行使といった考えが重要となる。アカデミック・ライティングは、共同体を中心とした価値づけ実践によって導かれていくものである。

　これに対して、パーソナル・ライティングの評価は、個人の外に準拠すべき価値の体系があるわけではなく、自身でライティングを価値づけ、また、他者から価値づけられることで、世界観ともいうべき自身の価値の体系を形成していくものといえよう（個人の価値体系を形作る評価）。個人の外に準拠すべき価値の体系がないということは、価値づけ実践の二つの原理のうち「創成原理」が優勢となって、パーソナル・ライティングの評価実践が行われることを意味する。したがって、公的ではなく私的な鑑識眼の形成と行使の問題となる。他者と対話しつつも、個人を中心とした価値づけ実践によって、ライティングが導かれていくのである。

　急いで断っておくが、この対比は理論的であり、実践においてはこの両者は重なり合っている。アカデミック・ライティングにおいても「創成原理」は働くし、パーソナル・ライティングにおいても「規範原理」は働く——新しい価値が認識されアカデミアの価値の体系が時にアップデートされるように、そして、私的な価値づけも完全に個人に根ざすものではなくて、ある文化やコミュニティから一定の影響を受けるように。

参考文献

Dewey, J. (1939). Theory of valuation. *International encyclopedia of unified science*, 2(4), The University of Chicago Press.

Sadler, D. R. (1985). The origins and functions of evaluative criteria. *Educational Theory*, 35, 285-297.

第 5 章

ルーブリックを飼いならす
─論証の評価、論証としての評価─

松下　佳代

はじめに

(1)「ルーブリック評価」の誤り

　日本の教育界（とくに大学教育）では、「ルーブリック評価」という用語が流布している。だが、ルーブリックの発祥地であるアメリカでは、"rubric-based assessment" や "rubric assessment" といった言葉はほとんど使われない。たとえば、日本でよく読まれている D. スティーブンスと A. レビの『大学教員のためのルーブリック評価入門』（玉川大学出版部, 2014）の原題は、*Introduction to Rubrics: An Assessment Tool to Save Grading Time, Convey Effective Feedback, and Promote Student Learning*（直訳すれば『ルーブリック入門：成績評価の時間を節約し、効果的なフィードバックを伝え、学生の学習を促進する評価ツール』）である。「ルーブリック評価」というのは日本の教育界のジャーゴンだと言ってよいだろう。

　「ルーブリック評価」という用語の何が問題なのか。評価の構造は図5-1 のように描くことができる。どんな能力も、それ自体は観察不可能である。そこで、能力を、何らかの「評価課題」を通じて可視化させ、観察可能なパフォーマンスにする。そして、そのパフォーマンスを、「評価基準」を介して解釈することで、パフォーマンスの背後にある能力を推論する（松下, 2007）。

　この構造の中で、ルーブリックは、単に評価基準を表現する形式の一つにす

第Ⅱ部　アカデミック・ライティング

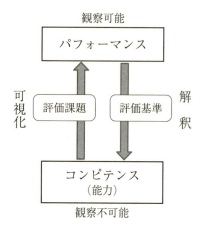

図 5-1　評価の構造
出典：松下（2025, p. 21）より抜粋。

ぎない。にもかかわらず、「ルーブリック評価」という用語は、ルーブリックを使うことが何よりも重要であるかのような誤解を与え、評価全体の構造への関心を薄れさせる。

ではなぜ、「ルーブリック評価」という用語が日本の教育界、とりわけ大学教育の世界で普及したのだろうか。小学校から高校までは、多様な評価方法が使われるようになってきたとはいえ、今でも客観テストがかなり幅をきかせている。一方、大学教育では、以前から、レポート、論文、プレゼンテーション、口頭試問、制作、演奏、実技など、客観テスト以外のさまざまな評価課題が用いられてきた。そのため、評価基準の新しい形式であるルーブリックのみが新規性のあるものとして受け止められた可能性がある。そして「ルーブリック評価」は、教科や総合での探究的な学習の広がりとともに、今や初等・中等教育でも使われるようになっている。

(2) ルーブリックへの忌避と批判

「ルーブリック評価」という用語は普及したものの、教育現場ではルーブリックは必ずしも歓迎されていない。文部科学省は、毎年「教育内容等の改革状況について」という調査を実施しており、その調査項目の中にルーブリックも含まれている。最新の 2022 年度の調査結果（文科省, 2024）によれば、「一部の科目をルーブリックにより明示している大学」は 2018 年の 194 大学（26％）から 2022 年の 282 大学（37％）に増加してはいるが、それでも全体の約 1/3 にとどまっている。2012 年の中央教育審議会答申「新たな未来を築くための大学教育の質的転換に向けて」（いわゆる「質的転換答申」）以来、政策的に導入が奨励されてきたわりに多いとはいえない。アメリカでは、2017 年時点で 71％の大学が大学全体レベルでルーブリックを用いているという（Jankowski et al., 2018)。それとは大きな隔たりがある。

　また、理論的にも、80年代にはルーブリックの主要な提唱者であったサドラー（Sadler, D. R.）が、現在ではラディカルな批判者に転じ、いくつもの問題を指摘している（石田, 本書第4章参照）。

　つまり、政策的には推進されているものの、実践的には流布する一方で忌避され、また理論的にも批判されているというのが、ルーブリックの現状である。

(3) ポスト・ルーブリックの評価方法

　石田は、ルーブリックの問題が露わになったその先のあり方を「ポスト・ルーブリック」と称し、ポスト・ルーブリックの評価方法として次の2つを挙げている。

　　　アプローチ①：ルーブリックを飼いならす（制定法主義：ドイツ法）
　　　アプローチ②：作品事例集を採用する（判例法主義：イギリス法）

　①は、ルーブリックの問題点を認識しながら、ルーブリックが教員や学生にとっての有効な評価ツールとなるよう、ルーブリックの構成や使用法を変えていこうというものである。②は、よりラディカルに、ルーブリックよりも、評価の具体的な根拠となる作品事例に立ち戻るべきだとするものである。

　第4章では、サドラーの②のアプローチが紹介されているが、本章では、①のアプローチの方を検討する。なぜ、②ではなく①なのか。サドラーの議論は論理的な説得力をもってなされているが、私のみるところ、②のアプローチは評価負担が大きく、新規な課題では作品事例集を十分準備できない、という運用上の問題を抱えている。また、サドラーは、ルーブリックが厳格に使用されているオーストラリア・クィーンズランド州の中等教育・高等教育を念頭において批判を展開しているので、日本の高等教育の現状にはそぐわないところもある。ルーブリックの現状へのオルターナティブを考える上でも、その選択肢は一つに絞られない方がよいだろう。

(4) 本章の目的

　以上から、本章では、「ルーブリックを飼いならす」というアプローチの可能性を追求する。まず、ルーブリックの構成と使用法について検討し（第1節）、

そこからどんな問題点が生まれているのかを議論する（第2節）。その上で、飼いならす方法の一つとして、対話型論証という考え方を導入し（第3節）、「論証の評価」と「論証としての評価」を提案する（第4節）。前者は「論証としてのライティングを評価する」ということであり、後者は「評価自体が論証としての性格をもつ」ということである。このような作業を通して、ルーブリックが、評価を厳格に行っているというポーズを示すためでなく、学習や教育の改善にもつながる実質的な評価を行うためのツールとして再生できるかを探りたい。

1. ルーブリックというツール

(1) ルーブリックの構成

ルーブリックは次のように定義される。

> 評価水準を示す「尺度」と、各段階の尺度を満たした場合の「特徴の記述」で構成される、学習を評価する際の基準の様式。どのような内容が習得されていればその尺度に達しているかの判断ができるよう、各尺度の説明は記述形式で表される。そのため、定量的に表しにくい、パフォーマンスの評価等、定性的なものの評価の際に活用される。（大学改革支援・学位授与機構, 2021, p. 43）

ルーブリックの定義は様々になされているが、内容はほぼ同じである。「尺度」は、水準（レベル）やスタンダードと呼ばれることがあり、「特徴の記述」は記述語（descriptor）と表記されることが多い。一般に、尺度には、名義尺度（データを分類するための尺度）、順序尺度（順序を示す尺度）、間隔尺度（数字の間に等しい距離がある尺度）、比例尺度（ゼロが意味をもち比率も計算できる尺度）の4種類がある。ルーブリックに含まれる尺度は、厳密には順序尺度であるが、あたかも間隔尺度であるかのように、たし算したり平均をとったりという扱いをされることも少なくない。さらに、しばしば、尺度、記述語に加えて、規準（criteria）も構成要素に含まれる。規準は次元（dimension）、

観点と呼ばれることもある。

　こうして、一般に、ルーブリックといえば、「レベル」と「観点」という2つの軸、そして、ある観点のあるレベルの特徴を表す「記述語」という要素からなるマトリクス形式の評価基準表を指すことになる。観点を分けないルーブリックを「全体的ルーブリック」、複数の観点を設けたルーブリックを「分析的ルーブリック」と呼ぶこともある。

　なぜ、ルーブリックが必要になるのか。能力や、その表れとしてのパフォーマンスは、広がりにおいても深まりにおいても連続的であり、正誤で二値的に評価することはできない。そこで、能力やパフォーマンスの質（よさ・見事さ・美しさ）を段階的・多面的に評価するために複数のレベルや観点が必要とされることになる。

　専門家はその分野の能力やパフォーマンスの質を把握する鑑識眼（評価熟達知 evaluative expertise）をもっているが、ルーブリックはそうした「専門家の鑑識眼」を明示化し、共有できるようにするツールでもある。さらに、ルーブリックは、尺度を用いることによってパフォーマンスの質を量的表現に変換する働きももつ。

　ルーブリックらしきものを作るのは簡単だ。観点とレベルを設定し、記述語のセルを埋めれば、ルーブリックらしきものができあがる。だが、問題は、それが能力やパフォーマンスの質を把握し評価する上で、また教育や学習を進める上で有効なツールになっているかである。

(2) 日本の大学でのルーブリックの使われ方

　日本の大学でルーブリックはどのように使われているのだろうか。ルーブリックが日本の大学に導入され普及する最初のきっかけとなったのは、2007年の大学設置基準の改正で、「大学は、学修の成果に係る評価及び卒業の認定に当たつては、客観性及び厳格性を確保するため、学生に対してその基準をあらかじめ明示するとともに、当該基準にしたがつて適切に行うものとする」という「成績評価基準等の明示等」に関する条文が追加されたことである。この条文が盛り込まれてから、シラバスに成績評価の基準の項目を設けて、成績評価の内訳（平常点〇%、最終レポート〇%など）を示したり、大学や学部で統一

第Ⅱ部　アカデミック・ライティング

したルーブリックを用いたり、さらにはかつての5段階相対評価のように各評定の配分割合を設けたりするようなところが増えた。

　続いて、前述した2012年の「質的転換答申」の後、それを受ける形で、2016年に3ポリシーの策定・公表が義務化された。そして、そこでカリキュラム・ポリシーにおいて「学修成果の評価の在り方等を具体的に示すこと」とされ、「学修成果の具体的な把握・評価方法」の例としてルーブリックが挙げられた（『ガイドライン』）[1]。さらに、2020年に出された『教学マネジメント指針』では、「大学教育の成果を学位プログラム共通の考え方やルーブリック等の尺度（アセスメントプラン）に則って点検・評価を行うこと」、「各授業科目の到達目標について、ルーブリック等を用いてその具体的な達成水準を事前に明らかにしておくこと」が推奨されている。

　このような政策的推進の下でルーブリックはどう位置づけられるのか。いくつかの先進的とみなされる事例をもとに、そのイメージを描いてみよう。

　レベルは、ふつう成績評価の評語（レターグレード）にそって、4〜5段階に分けられる。100点満点で成績評価を行う場合には、各評語に素点の範囲も併記されている（秀：90点以上、優：80〜89点、良：70〜79点、可：60〜69点、不可：59点以下など）。

　観点には、ライティングの場合であれば、内容の正確さ、論理性、表現のわかりやすさなどのパフォーマンス（レポートなどの成果物）の特徴や、問題解決力、論理的思考力、批判的思考力、文章表現力などの能力の項目が挙げられる。後者の場合はとくに、授業科目の到達目標や学部・学科（学位プログラム）のディプロマ・ポリシー（DP）に紐づいていることが多い。カリキュラム・マップを作成している場合には、授業科目ごとにDPに対応するそれぞれの資質・能力に重みづけがなされ、〈重みづけ×成績×単位数〉で、各DPの総和が算出されることもある（表5-1）。

---

1)　中央教育審議会大学分科会大学教育部会（2016）『「卒業認定・学位授与の方針」（ディプロマ・ポリシー）、「教育課程編成・実施の方針」（カリキュラム・ポリシー）及び「入学者受入れの方針」（アドミッション・ポリシー）の策定及び運用に関するガイドライン』2016年3月31日（https://www.mext.go.jp/b_menu/shingi/chukyo/chukyo4/houkoku/__icsFiles/afieldfile/2016/04/01/1369248_01_1.pdf）（2024年4月29日閲覧）。

第5章　ルーブリックを飼いならす

表5-1　学位プログラムレベルでの成績評価のイメージ

	成績(GP)	単位数	DP1	DP2	DP3	DP4	DP5	計
授業科目A	良(2)	2	20%(0.8)	20%(0.8)	20%(0.8)	―	40%(1.6)	4.0
授業科目B	優(3)	1	―	50%(1.5)	―	50%(1.5)	―	3.0
…	…	…	…	…	…	…	…	…
計	GPA(2.6)	140	91	109.2	54.6	72.8	36.4	364.0

注：GPA（Grade Point Average）＝（履修科目のGP×当該科目の単位数）の総和／履修総単位数

　こうして、学位プログラム全体の学習成果が把握され、数値化される。この中でルーブリックは、学習成果の質を量に変換することで、成績評価の「客観性」「厳格性」や「透明性」を担保し、「説明責任」を果たすためのツールとして扱われることになる。

　だが、このような日本の大学のルーブリックは、はたして「成績評価の時間を節約し、効果的なフィードバックを伝え、学生の学習を促す評価ツール」になっているのだろうか[2]。

2. 現状のルーブリックの問題点

(1) 評価の妥当性の問題

　まずは、ルーブリックを使った評価が、評価しようと意図したものを実際に正しく評価できているか、という「評価の妥当性」の問題である。

　たとえば、レポート評価で、ルーブリックにしたがって採点した結果とレポート全体から受ける印象がずれる、あるいは、ルーブリックではその質を十分評価できない事例が出てきた、といったことを経験したことのある教員は少なくないだろう。

　前にも述べたように、もともとルーブリックのレベルは順序尺度であり間隔尺度ではないので、足し合わせてよいようにはできていない。観点ごとの得点を合計するのは、成績評価のための簡便法だと理解しておく必要がある。また、

---

2)　日本の大学におけるルーブリックへの不満と批判については、松下（2025）でも論じている。

第Ⅱ部　アカデミック・ライティング

ルーブリックの観点は、その授業科目の目標にあわせて教員が学生に要求するものであり、その枠をこえてレポートの質自体を評価するようなものではない。ルーブリックには挙げていない規準で「よさ」や問題が見出された場合には、「ルーブリックの破れ」として、コメントなどで補う必要がある。

　およそルーブリックと呼ばれるものに共通するこれらの問題点とあわせて、日本の大学のルーブリックは、アメリカではみられなかった独自の問題点も抱えている。

　ルーブリックはアメリカの大学の成績評価システムに合致した方法である。アメリカでは、ルーブリックはだいたい 3 〜 5 段階のレベルで設定される[3]。そして、成績評価は、評語を使った 5 段階（A・B・C・D・F）、あるいは、それに＋や－をつけた 10 〜 12 段階（A+、B− など）が 9 割方を占める（半田, 2011）。したがって、ルーブリックを用いた評価と評語による成績評価は対応させやすい。一方、日本では、100 点満点による成績評価が主であり[4]、その素点評価からすると、ルーブリックを用いた評価は粗すぎるのである。100 点満点という連続的な変化を数段階の水準で区切ることに困難さを感じたり、合計 100 点満点にするために各ルーブリック得点に「×10」などの重みづけをすると評価者の感覚以上に点差が開いたりする。

　さらに、日本では GPA が広く普及しているが──2022 年度の調査（文科省, 2024）によれば、全大学の 98％ にも及んでいる──、いったん 100 点満点で成績評価したものを 5 段階程度の評語に直し、それをあらためて GP（grade point）で数値化し、その平均をとって GPA を算出するというねじれた数値化が行われている。このような GPA の場合、客観性、厳格性、透明性は見かけだけで、どんな力がどの程度身についているのかがわかりにくい評価になっている。

---

3)　スティーブンスとレビ（2014）には次のような記述がある。「ルーブリックの評価尺度に決められた段階数はないが、ほとんどの教員は、3 − 5 段階の評価尺度で行動を記述することを望んでおり、5 段階が上限である」（p. 7）。

4)　半田（2012）は、調査にもとづき、「100 点満点評価はこれまでわが国の大方の大学の常識としていわば教学文化的に根付いてきたことである」（p. 30）と述べている。

(2) 評価の信頼性の問題

「評価の信頼性」とは評価結果に一貫性・安定性があるということである。ルーブリックは、独断的・恣意的になりかねない質的評価において、「客観性」ならずとも「間主観性」を担保するための方法とされてきた。しかしながら、実際には事はそれほど簡単ではない。レポート評価を複数の教員で実施する場合、ルーブリックを用いても、レポート評価の評価者間信頼性は 0.6 〜 0.7 程度にとどまる（松下・小野・高橋, 2013）。レベルの違いを表わす記述語は、形容詞、副詞、動詞などを使った相対的記述になりやすく、評価者による解釈の違いが出やすいのがその大きな要因である。

そのため、ルーブリックは、おそらく一人の評価者の中での評価のぶれを防ぐという「評価者内信頼性」の担保には寄与できるだろうが、評価者間信頼性の担保には限界がある。したがって、複数の評価者がいるときには、キャリブレーション（評価基準合わせ）やモデレーション（評価結果の調整）が必要になるのだが、今度はそのための時間や労力が実行可能性の低下につながりうる。

(3) 評価の実行可能性の問題

「評価の実行可能性」とは、評価負担、つまり時間・労力・費用などが大きくなく実行できる、ということである。日本とアメリカのルーブリックをめぐる状況に最も大きな違いがみられるのは、この点である。採点負荷の軽減機能において、日米間には大きな差がある。

スティーブンスとレビ（2014）は、ルーブリックが「成績評価の時間を節約し、効果的なフィードバック」を伝える評価ツールになるという。だがそれは、学期中に何度も課題を課してその結果を学生にフィードバックし、評価業務でTA の支援を受けられ、学生も自分の成績の根拠を知りたがるアメリカの大学の場合である。日本の大学では、課題等の提出物にコメントが付されて返却されることは多くなく[5]、TA の仕事は補助的な事務作業にとどまり、大学の成績の高低に対する学生の関心も（社会の無関心を反映して）アメリカほどは高

---

5) 文科省の「全国学生調査」（令和 4 年度）によれば、「課題等の提出物に適切なコメントが付されて返却される」（4 件法）という項目に対して、「よくあった」は 15％にすぎない（https://www.mext.go.jp/a_menu/koutou/chousa/1421136.htm）（2024 年 4 月 29 日閲覧）。

第Ⅱ部　アカデミック・ライティング

くない。したがって、ルーブリックをTAと共有してTAにレポートを採点
してもらったり、ルーブリックにチェックを入れてフィードバックを簡素化し
たり、ルーブリックを使ってなぜこのような成績評価なのかを学生に説明した
りといった形でルーブリックの有用性を感じる機会が少ない。むしろ、複数の
観点・レベルからなるルーブリックにそって成績評価することに、採点負荷の
大きさを感じることになる。

(4) 学習への影響

　さらに、ルーブリックは学習に対して否定的な影響を与えかねないと危惧す
る教員もいる。ルーブリックを評価課題とともに事前提示することによって、
学習内容についての深い理解を抜きにして高得点をとるための「浅い学習
（surface learning）」を促してしまうのではないかということである。ちょう
ど「テストに向けた指導（teaching to the test）」と同じように。

　また、ルーブリックの一般的な記述が学生に理解されず、したがってそもそ
も学生の学習を変容させることができないという批判もある。

　このように、日本の大学でのルーブリックの利用においては、アメリカの大
学で挙げられてきたメリットが薄れ、むしろデメリットの方が前景化している。

　それでもルーブリックにこだわるのはなぜなのか。それは、能力やパフォー
マンスの質（よさ・見事さ・美しさ）を評価する上で他に代わるツールが今の
ところ見あたらないからである。だが、今の日本の大学でのルーブリックの使
われ方には問題がある。だからこそ、それを飼いならすことが必要なのである。

3. ルーブリックを解きほぐす

(1) 形式主義からの解放

　ルーブリックは、もともと、専門家の鑑識眼を明示化し共有できるようにす
るツールであり、とくに大学・学校にあっては、学習期間の終了時にどんな学
習成果を生み出してほしいかを示すツールでもあった。だが、現在の日本の大
学では、もっぱら、学習成果の質を量に変換し、さらにそれを授業科目レベル

だけでなく学位プログラムレベルまでおし広げるためのツールとして使われている。強調されているのは、成績評価の「客観性」「厳格性」や「透明性」を担保し、「説明責任」を果たすことである。

しかしながら、上でみてきたように、ルーブリックは、客観テストのような採点時の「客観性」を担保するものではない。何らかのパフォーマンス（たとえばレポート）にルーブリックをあてはめて評価しようとしても、どの観点をどこで使うのか、レベルをどう判断するのか、というところでは、必ず主観的な判断が必要になる。客観性を期待していると、裏切られ、イライラ、モヤモヤが募ることになる。

観点×レベルのマトリクス形式でルーブリックを作り、それをあてはめれば「ルーブリック評価」になるという形式主義から解放されるために、まずこのマトリクス形式に囚われないやり方を考えてみよう。

①規準をマトリクスから切り離す―ミネルバ大学の場合―

イノベーティブな教育で注目を集めているミネルバ大学でも、学習評価にはルーブリックを使っている。だが、ルーブリックの構成や使い方は日本の大学のそれとは大きく異なる（Kosslyn & Nelson, 2017; 松下編, 2024）。

ミネルバには共通のルーブリック・テンプレートがある（表5-2）。レベルは、知識の理解の深さやその適用の仕方の適切さ・斬新さによって、5段階に分けられる。一方、規準に据えられるのは、学士課程の4年間をかけて身につける汎用的な「HCs（habits of mind & foundational concepts：知の習慣と基本的概念）」や、それと同程度の粒度で設定された専門分野での学習成果（Learning Outcomes：LOs）である。以下ではHCsについて述べよう。

ミネルバでは、専門分野の違いをこえた共通の目標として「批判的思考」「創造的思考」「効果的コミュニケーション」「効果的インタラクション」という4つのコア・コンピテンシーを掲げるが、それらは曖昧で多義的であり、「全く異なるさまざまなスキルや能力の緩やかな集合体に割り当てられた名称にすぎない」（Kossly & Nelson, 2017, p. 29）。そこで、各コア・コンピテンシーの特定の側面に焦点を合わせて、約80個のHCsに具体化する。これが学習目標になる。HCsには、たとえば、#audience（文脈や相手にあわせて口頭や

第Ⅱ部　アカデミック・ライティング

表5-2　ミネルバのルーブリック・テンプレート

ルーブリック得点	記述語
1. 知識の欠如	促されても、学習成果を再生・使用しない。あるいは、再生・使用したとしても、ほとんど・まったく不正確である。
2. 浅い知識	部分的に引用・言い換え・要約・概説・適用することによって、ある程度正確に学習成果を再生・使用している。あるいは、スキルや概念を再生・使用しているものの、関連する問題や目標に取り組むことはできていない。
3. 知識	学習成果を正確に再生・使用・言い換え・要約・概説し、あるいはその標準的・直接的な例示を行い、関連する問題や目標に取り組んでいる。
4. 深い知識	学習成果を説明する、使用して洗練された標準以上の例示を行う、構成要素を識別する、重要な区別を応用する、構成要素間の関係を分析する、といったことによって、学習成果をより深く理解していることを示している。
5. 深遠な（profound）知識	学習成果を、斬新な（つまり授業の教材の中にはない、あるいは関連文献にも簡単に見つからないような）視点に依拠して創造的・効果的な方法で使用している。それによって、既存の問題解決技法を改善したり、より効果的な手法を提案したりしている、あるいは、標準よりもエレガントで美しい解決策を考案している、あるいは、きわめて巧妙で効果的な応用を生み出している。

出典：Kosslyn & Nelson（2017, p. 242, Table 17.1）より訳出。

文書での表現の仕方を変える）、#rightproblem（問題の性格を特徴づける）、#sourcequality（出典の質を決定するためにカテゴリーと情報のタイプを区別する）、#correlation（相関関係と因果関係を区別する）、#casestudy（ケーススタディをデザインし解釈する）などがある。これらの HCs の一つひとつについて、ルーブリック・テンプレートをカスタマイズした専用のルーブリックが作られるのである。

　このルーブリックはどのように使われるのだろうか。たとえば、レポートのような評価課題では常に、#audience や #rightproblem や #sourcequality が必要になるだろう。ただ、いつでもそうした HC が評価対象になるわけではない。教員は、今回の評価課題でとくに適用してほしい HCs を学生に提示し、一方、学生も評価してもらいたい HCs を自己申告できる。学生は、そうした複数個

の HCs をレポートのどこで用いたのか、レポートの脚注で説明する。教員は、そのそれぞれの HCs が適切な場所で適切な方法で使われているかをルーブリックを用いて評価し、成績とコメントを学生にフィードバックする。

ミネルバでは、評価に「厳格さ（rigor）」が要求されるが、その厳格さは、評価基準であるルーブリックとパフォーマンスの対応を明確にし、評価のエビデンスを示すことによって実現されている。決して、1点刻みで点数をつけたり、5段階相対評価のように各評定の配分割合を設けたりするような "厳格さ" ではない。

②水準の連続性を表現する

ミネルバの場合は、規準をマトリクス形式から切り離し、柔軟に適用できるようにすることで、ルーブリックを用いた評価を形式主義から解放することに成功している。とはいえ、ルーブリックはどの規準も5段階で設定されていた。

一方、欧州評議会の「民主主義文化のためのコンピテンスの参照枠組み（Reference Framework of Competences for Democratic Culture）」（Council of Europe, 2018）では、大きく「知識と批判的理解」「スキル」「態度」「価値観」という4つのカテゴリーからなる20のコンピテンスが挙げられ、そのそれぞれについて記述語が考案された。記述語の水準は、標準的には基礎（basic）、中級（intermediate）、上級（advanced）の3段階だが、コンピテンスによっては基礎と中級の間、中級と上級の間にも中間的なレベルが設けられている。考えてみれば、どのコンピテンスも同じ段階で区切られるとは限らない。最初からマトリクス形式を前提とするのではなく、コンピテンスの中身に応じて異なったレベル数が設定されているのである。

また、スウェーデンのナショナルテストでは、水準が、3段階に区切られてはいるものの〈低←→高〉の連続線で表示されたルーブリックが使われている。評価者をつとめる4人の教師は、それぞれに自分の評価をルーブリック中に書き入れ、4人の合議（モデレーション）の結果を〇で表す（表5-3）。

この方法は、パフォーマンスや能力という連続体に区切りを入れることの困難さを回避することを可能にする。もちろん評価者が一人の場合にも使える。とりわけ評定値を求められない形成的評価では有効だろう。

第Ⅱ部　アカデミック・ライティング

表 5-3　スウェーデンのナショナルテストでの評価

評価の観点	質的レベル　低　←→　高		
理解	4 2〇 1　3		
用語	2　3　④	1	
参加		4〇 1　2　3	

注：数字は 4 人の教師の番号。〇は 4 人が合意した評価。
出典：本所（2010, p. 245）より抜粋。

(2) ルーブリックの記述語の意味の理解

　サドラーのルーブリック批判の論点の中心は、ルーブリックが専門家のもつ鑑識眼を表現しきれないこと、また、ルーブリックの記述語が一般的・抽象的で学生・生徒には理解されないことであった。

　そこでサドラーは、一般的な言語記述であるルーブリックを捨て、〈個別事例から帰納的に理解させる〉という方法をとる。だが、帰納的理解には、帰納法のもつ難点がつきまとう。つまり、用いる個別事例に評価基準が左右されるということである。鑑識眼（評価熟達知）をもっている人は数多くの個別事例を評価した経験があり、自分の中にすでに評価基準ができているが、学生、ときには教員でさえも、そのような鑑識眼はもっていないことがある。評価者の中にすぐれた鑑識眼をもつ人が含まれていれば、その人から学ぶことも可能だが、そうでない人ばかりのときには評価対象である能力やパフォーマンスの質を見抜けず、適切でない評価をしてしまうおそれも大いにある。

　私は、ルーブリックの記述語が学生・生徒に理解されるためには、記述語の背後にある理論や枠組みを理解できるようにすることが重要だと考える。例えば、問題解決力、論理的思考力、批判的思考力、文章表現力などの抽象的・一般的な「力」を観点として掲げて、その認識や行動の特徴を説明したところで、それを初学者が理解するのは難しい。一例として、大学版 PISA といわれた OECD-AHELO（OECD, 2012）のパフォーマンス課題（文書ライブラリに挙げられたさまざまな種類の資料を用いて問いに答える論述問題）のためのルーブリックを挙げよう（表 5-4）。

　どうだろうか。専門家が使う評価基準としては、それなりの明瞭さをもって

第 5 章　ルーブリックを飼いならす

表 5-4　OECD-AHELO におけるパフォーマンス課題の評価基準

	分析的推論と評価	問題解決	効果的な文章作成
0	・測定不能。学生は質問に答えようとしていないため、評価できない。	・分析的推論と評価が0の場合は、問題解決も0となる。	・分析的推論と評価が0の場合は、効果的な文章作成も0となる。
1	・文書ライブラリで掲示されている立論（もしくは分類すべき対象すべてについての重要な特徴）を支持または反駁する事実やアイデアを、全く認識していない。分析のエビデンスを示していない。 ・重要な情報を無視、もしくはひどく誤って解釈している。 ・エビデンスの質についての主張は全く示されておらず、解答は不確かな情報に基づいている。	・明解な決定や、決定に至るまでの妥当な根拠が示せていない。 ＊該当する場合： ・結論から論理的に導かれる手順を示していない。 ・追加調査の必要性を認識していない、あるいは、未解決の問題を扱う調査を提案していない。	・説得力のある議論を展開できていない。文章は整っておらず、不明確である。 ・事実やアイデアについての詳述は行われていない。
6	・文書ライブラリで掲示されるすべての主要な立論（もしくは分類すべき対象すべてについての重要な特徴）を支持または反駁する事実やアイデアを、ほぼすべて認識している。明白でないことがらについても分析を進めている。 ・文書ライブラリから得た大部分の情報について正確に理解している。 ・情報の質について数個の正確な主張を行っている。	・決定と確固とした根拠が示せており、それらは複数の情報源から導き出された信用できるエビデンスに裏打ちされている。他の選択肢も考慮した上で、入手できるエビデンスから最善の決定を提示している。 ＊該当する場合： ・結論から論理的に導かれる手順を示している。その意味するところも検討されている。 ・追加調査の必要性を認識し、未解決の問題の大半を扱うための具体的な調査が提案されている。	・論理的に一貫性のあるやり方で解答を構成することにより、書き手の立論を非常にわかりやすくしている。 ・それぞれの立論に関連する事実やアイデアを妥当な形で包括的に詳述している。情報源が明記されている。

出典：OECD（2012, pp. 234-236）より作成。レベル 2 ～ 5 は省略。

記述されている。だが、初学者である学生がこれを使って自分やピア（仲間）のパフォーマンス（成果物）を評価するのは困難だろう。それは、記述語の背後にある理論や枠組みが理解できていないために、記述語の中の個々の用語や

第II部　アカデミック・ライティング

フレーズ（「立論（argument）」「反駁」「エビデンス」「論理的に一貫性のある
やり方」など）の意味が立ち上がってこないからである。

　では、こうした記述語の意味が理解できるようにするにはどうすればよいの
だろうか。ルーブリックづくりに学生を参加させるという試みもある（例えば
スティーブンス・レビ, 2014, 第4章）。だが、それで解決が図れるとは考えに
くい。ルーブリックは共同体の評価知を表現するべきものであり、妥当性をも
ったルーブリックを作成するのは容易なことではないからである。記述語の背
後にある理論や枠組みを理解できるようにするために、私は対話型論証という
活動を提案したい。

4.　論証の評価、論証としての評価

（1）対話型論証によるライティング指導

　私は、対話型論証という活動を、京都大学の初年次セミナー（「学力・学校・
社会」）、新潟大学歯学部の「大学学習法」（大学1・2年生対象）、大阪の私立
高槻高校の「総合的な探究の時間」（高校1・2年生対象）などで実践してきた
（松下, 2021; 小野・松下, 2016; 松下・前田・田中, 2022）。

　対話型論証とは、「ある問題に対して、他者と対話しながら、根拠をもって
主張を組み立て、結論を導く活動」のことである。この活動自体はとくに目新
しいものではない。独自性があるとすれば、活動の構成要素やそれらの相互関
係がわかりやすくなるよう「対話型論証モデル」を開発した点である（図
5-2）。この対話型論証モデルは、トゥールミン・モデルを土台にしている。と
くにヨコの軸の左側の部分〈事実・データ−論拠−主張〉は「三角ロジック」
としてよく知られている。対話型論証モデルの独自性は、さらに、右側の部分
〈対立意見−反駁−主張〉を明示し、〈問題−主張−結論〉というタテの軸を加
えたことによって、対話的に思考を深めていくためのモデルとして使えるよう
にした点にある。他者との関係は「対立」だけでない。対立意見に反駁を加え
て自分の主張を正当化するだけでなく、対立意見（異なる主張）の一部を自分
の主張の中に取り入れて両者を「調停」あるいは「統合」するような結論・提
案にいたることもある。この活動の中には、「問題解決」「論理的思考」「批判

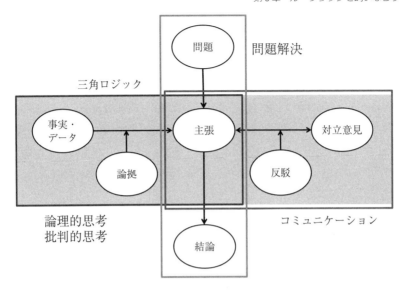

図5-2 対話型論証モデルと能力の関係
出典：松下（2021, p.5）を一部改変。

的思考」「コミュニケーション」などが含まれている。

　対話型論証は、とりわけアカデミック・ライティングと相性がよい。アカデミック・ライティングの典型は論文だが、「論文とは、読者に自分の主張を述べ、それを論証し、説得する型式」（小熊, 2022, p.24）だからである。

(2) 論証の評価―論証としてのライティングを評価する―

　論文を上のように定義する小熊（2022）は、レポートの評価基準について次のように述べる。

> ［レポートの］評価の基準は、①主題が明確に提起されており、②主題を論証するために必要な根拠が的確に調べられており、③調べた根拠を論理的に使って論証が行われていて、④主題が論証されたことが説得的に示されているか、ということです。（小熊, 2022, p.39）

　私たちが作成したライティング・ルーブリックの規準も、対話型論証の構造

第Ⅱ部　アカデミック・ライティング

から導かれる。もともと、私が対話型論証の研究に取り組むようになったのは、新潟大学歯学部の「大学学習法」におけるレポート評価のルーブリックについて相談を受けたことがきっかけだった。

事前に新潟大学のチームで作成されていたルーブリックは、「知識・理解」「問題発見」「情報検索」「論理的思考と問題解決」「文章表現」という5つの観点からなっていた。しかし、把握したい問題解決力や論理的思考力などの能力とルーブリックの観点との関連が不明確だった。また、「論理的思考と問題解決」はカテゴリーが大き過ぎて意味が曖昧であり、評価結果を指導に結びつけられないという難点を抱えていた（小野・松下, 2016）。

私たちは、「背景と問題」「主張と結論」「根拠・情報」「対立意見の検討」「全体構成」「表現ルール」の6つの観点とし、「背景と問題」「主張と結論」は問題解決、「主張と結論」「根拠・情報」「対立意見の検討」「全体構成」は論理的思考、「全体構成」「表現ルール」は文章表現というように、能力と観点の対応がわかるように作成した。このルーブリックをもとに、毎年、見直しを行い、現在のライティング・ルーブリック（表5-5）にいたっている[6]。

一方、パフォーマンス課題として出されたのは、表5-6のような課題である。大きなテーマは与えるが、自分で問題を設定し、ライティング・ルーブリックを参考にして論理的に記述する。

学生はまず対話型論証モデルを使っていくつかの論文を分析し、その上で1年次に書いたレポートを、ルーブリックを使って自己評価したり学生同士でピア評価したりすることで、評価の練習をする。そうやってルーブリックの理解を深めてから、対話型論証モデルを使ってレポートの構想を練り、その上で執筆に入る。このように対話型論証モデルやそれを土台とするライティング・ルーブリックはライティング指導の中に組み込まれているので、学生がルーブリックの意味内容を理解できないということはない。

実際、対話型論証モデルとライティング・ルーブリックを使った指導の結果、2年次のレポートは、1年次に比べて、各観点ともルーブリック得点が大きく

---

6)　前にあげたミネルバのルーブリックと照らし合わせると、#rightproblem は「背景と問題」の観点、#sourcequality は「表現ルール」の観点に対応することがわかる。逆にいえば、ミネルバのルーブリックは、マトリックスの複数の観点を切り離して、より可搬性を高めたものといえる。

第5章　ルーブリックを飼いならす

表5-5　ライティング・ルーブリック

観点	問題解決		論理的思考			文章表現
	背景と問題	主張と結論	論拠と事実・データ	対立意見の検討	全体構成	表現ルール
観点の説明	与えられたテーマから自分で問題を設定する。	設定した問題に対し展開してきた自分の主張を関連づけながら、結論を導く。	自分の主張を支える論拠を述べ、論拠の真実性を立証する事実・データを明らかにする。	自分の主張と対立する（異なる）意見を取り上げ、それに対して論駁（問題点の指摘）を行う。	問題の設定から結論にいたる過程を論理的に組み立て、表現する。	研究レポートとしてのルール・規範を守り、適した文章と言い回しを用いてレポートを作成する。
レベル3	与えられたテーマから問題を設定し、論ずる意義も含めその問題を取り上げた理由や背景について述べている。	設定した問題に対し、展開してきた自分の主張を関連づけながら、結論を導いている。結論は一般論にとどまらず、独自性を有している。	自分の主張の論拠が述べられており、かつ論拠の真実性を立証する信頼できる複数の事実・データが示されている。	自分の主張と対立する（異なる）いくつかの意見を取り上げ、それらすべてに対して論駁（問題点の指摘）を行っている。	問題の設定から結論にいたる論理的な組み立て、記述の順序、パラグラフの接続が整っている。概要は本文の内容を的確に要約している。	・研究レポートとして適した文章と言い回しを用いてレポートを書いている。 ・引用部分と自分の文章の区別を明示し、引用部分については、レポートの最後に出所を確認できる形で参考文献を記載している。 ・概要、本文ともに字数制限が守られている。 〈3つの条件をすべて満たす場合は「レベル3」、2つの場合は「レベル2」、1つの場合は「レベル1」とする。〉
レベル2	与えられたテーマから問題を設定し、その問題を取り上げた理由や背景について述べている。	設定した問題に対し展開してきた自分の主張を関連づけながら、結論を導いている。	自分の主張の論拠が述べられており、かつ論拠の真実性を立証する信頼できる事実・データが少なくとも一つ示されている。	自分の主張と対立する（異なる）少なくとも一つの意見を取り上げ、それに対して論駁（問題点の指摘）を行っている。	問題の設定から結論にいたる論理的な組み立て、記述の順序、パラグラフの接続がおおむね整っている。	
レベル1	与えられたテーマから問題を設定しているが、その問題を取り上げた理由や背景の内容が不十分である。	結論は述べられているが、展開してきた自分の主張と関連づけが不十分である。	自分の主張の論拠は述べられているが、論拠の真実性を立証する信頼できる事実・データが明らかにされていない。	自分の主張と対立する（異なる）意見を取り上げているが、それに対して論駁（問題点の指摘）がなされていない。	問題の設定から結論にいたるアウトラインはたどれるが、記述の順序やパラグラフの接続に難点のある箇所が散見される。	
レベル0	レベル1を満たさない場合はゼロを割り当てること。					

出典：小野・松下（2016, pp. 32-33）より抜粋。

上昇し（4段階で約0.5〜1.5の伸び）、教員の評価と学生の自己評価のギャップも小さくなった（松下, 2021, 第6章）。これは単にライティング能力が向上しただけでなく、学生の評価知も高まったことを表している。ある学生は、授業後の感想をこう綴っている。

　　今まで文章を書くときは、とりあえず書きたいことを書く、読み手のことを考えていない文章であったと思います。論証モデルを学んで、読み手のことを考えた、伝わりやすい文章構成が分かってからは、文の組みたて、

第Ⅱ部　アカデミック・ライティング

表5-6　パフォーマンス課題（レポート課題）

　医療や科学の進歩にはめざましいものがあります。少し前までは治療することが難しかった病気にも対処できるようになりました。また、便利な道具も世の中に溢れており、日々、私たちは恩恵を受けて暮らしています。しかしその一方で、進歩がもたらしたさまざまな問題も抱え込んでしまいました。皆さんもテレビや新聞で見聞きしていることでしょう。その解決のために、多くの議論がなされていますが、どの問題もしかるべき解決策が示されていないのが現状ではないでしょうか。

　そこで、与えられたテーマ「医療や科学の進歩がもたらした諸問題」から具体的な問題を設定し、主体的に調査・学習を行い、自分の考えをレポートにして提出してください。

- レポートは、概要400〜600字、本文2800〜3200字としてください。
- なぜこの問題を選んだのか、また時代的・社会的背景など、わかりやすく記述してください。
- どのような調査結果を得たか、またそれらの事実やさまざまな意見から、どのような結論にいたったかを、配布したライティング・ルーブリックを参考にして、論理的に記述してください。
- 必要に応じて図表などを挿入してもかまいません（図表は字数に含めません）。
- 雑誌や書籍、ウェブサイトから引用した箇所には、著者名と文献の発表年を記載し、レポートの最後に文献表を載せてください（文献表は字数に含めません）。

　　文章作りが、とても書きやすくなりました。1年生の時の文章を論証モデルにあてはめた時は、ボロボロすぎておそろしかったです……。今回のレポートは学んだことを活かして書けていると思います。

　もっとも、対話型論証モデルが有効なのは、ルーブリックの観点の設定のみであり、レベルは対話型論証からは導かれない。表5-5のライティング・ルーブリックでは、レベルはおおむね以下のように設定されている。

- ・レベル3：ライティングを構成する各要素の記述が多角的に、あるいは独自性をもってなされている
- ・レベル2：ライティングを構成する各要素の記述が十分なされている
- ・レベル1：不十分ではあるが、ライティングを構成する各要素の記述がなされている
- ・レベル0：評価の根拠になる材料が示されていない

合格基準は各観点が最低でもレベル1に達することとし、望ましくはレベル

130

2 に達することをめざして指導が行われている。観点とは異なり、レベルは、目の前の学生の成果物をもとにある程度、帰納的に設定せざるをえない。そのため、評価者間のキャリブレーション（評価基準合わせ）やモデレーション（評価結果の調整）が不可欠である。ただし、教員集団で評価知が共有されていくので、こうした作業は次第に不要になっていく。

(3) 論証としての評価─評価自体が論証としての性格をもつ─

ここまで、アカデミック・ライティングを論証として捉え、レポートをどう評価するかを論じてきた。

だが、論証と評価の関係はこれにとどまらない。実は、評価という行為自体が論証としての性格をもつからである。それはこういうことだ。私たちが鑑識眼を用いてライティング評価を行いそれを他者に説明するときは、部分的な判断を組み立てていくというよりも、往々にして、まず直観的に総合的な評価判断が下され（＝主張）、その根拠となるライティングの中の記述を指摘し（＝事実・データ）、それを解釈するための評価基準を示す（＝論拠）。それは、まさに論証のプロセスに他ならない。論拠は、ルーブリックのような「既存の基準の適用」で行われる場合もあるが、既存の基準の中に適した記述がなければ「新しい基準の創成」が必要になる。石田（第 4 章）のいう「創成クライテリア」とはこの後者の例である（図 5-3）。

このような論証としての評価の性格が前面に出ているのが、ミネルバの評価方法である。ミネルバの教員は、特定の知識・スキル（HCs や LOs）が発揮されている部分について、ルーブリック得点とコメントを書き込んで学生にフィードバックする。私たちのグループがミネルバ生にグループインタビューを行った際、学生たちは次のように語った[7]。

> 具体的なフィードバックを 1 つの場所にタグ付けしてもらうこと、とくに、そのことで自分のやったこと、使った方法、主張、コミュニケーションの取り方などの長所や改善点について強調してもらえることは有益です。

---

7) このインタビュー記録は、石田（2024, pp. 87-88）にも採録されている。

第Ⅱ部　アカデミック・ライティング

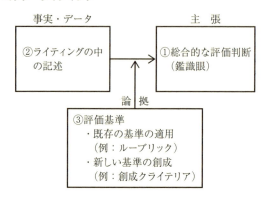

図5-3　論証としての評価
出典：筆者作成。

（学生P）
　フィードバックがあることで、個人的にはどうでもいいような単なる数字ではなく、なぜこの成績なのか、この種のツールの一般的な優れた使い方は何なのかを考えることができます。4点であったとしても、どうすれば改善できるのか、丁寧なフィードバックがある場合があります。数字は誤解を招きやすく、その分野の専門家が何かを教えてくれるよりも役に立ちません。（学生R）

　私たちは、20名のミネルバ生にインタビューしたが、ルーブリック得点以上に具体的なコメントが有益だという点で、彼らの意見はほぼ一致していた。コメントには、評価判断の論拠やそれにもとづく改善のアドバイスが書かれている。論拠には、既存の基準以外の観点が含まれていることもあるだろう。これは「ルーブリックの破れ」である。「ルーブリックを飼いならす」というとき、こうした「ルーブリックの破れ」を許容することは不可欠である。しかし、だからと言って、ルーブリックが不要ということにはならない。ルーブリックがあってこそ、「ルーブリックの破れ」がよりよく可視化されるからだ。
　これは学会誌の査読のやり方に似ている。例えば、私の所属する学会では、5観点×4水準で査読の基準を公開しているが[8]、査読結果で重要なのは個別的なコメントの方である。査読者間で意見が分かれることもあり、そのときに

は、まさに対話型論証さながらに、各査読者が自分の評価判断についての論証を行い、査読結果をめぐって対話し、それらを統合して結論が下される。

　もちろん、数十名、ときには数百名の学生のレポートと投稿論文とは、パフォーマンスの質の高さにおいても、評価判断・フィードバックへの時間のかけ方においても、同列には扱えない。とはいえ、一般的基準と個別のコメントの組合せによって評価が示されるという点は同じである。

おわりに─どうルーブリックを飼いならすか─

　本章では、「ルーブリックを飼いならす」というアプローチの可能性を追求してきた。

　現在の日本の大学では、学習成果の質を量に変換するというルーブリックの機能が重視され、成績評価の「客観性」「厳格性」や「透明性」を担保し「説明責任」を果たすために使われている。また、制度上の違いから、アメリカの大学で挙げられてきたルーブリックのメリットは薄れている。

　では、専門家の鑑識眼を共有し、また、学習期間の終了時の学習成果のイメージを示すツールとしてルーブリックを再生させることは可能だろうか。本章では、対話型論証という考え方をライティング指導に取り入れることで、ルーブリックの背後にある理論や枠組みが学生にも理解されうることを示した（＝論証の評価）。

　また、個々のライティング作品がルーブリックだけでは評価しきれないことを認め（＝ルーブリックの破れ）、ルーブリックとコメントの組合せで評価を行うべきであることを論じた（＝論証としての評価）。これは、数値化とは別の形での評価の「厳格さ」を具体化するものでもある。

　ルーブリックが示すのは、学習期間の終了時にどんな学習成果を生み出してほしいかの基本的内容であり、そこからはみ出て学びが広がり、深まっていくことを何ら妨げるものではない。教員は、ルーブリックの事前提示が学生の学

---

8)　大学教育学会「査読についての内規」参照（https://jacue.org/article/about_jacue/regulation/rules5a_2）（2024 年 5 月 1 日閲覧）。

第Ⅱ部　アカデミック・ライティング

習を「浅い学習」にとどめないよう「はみ出る」ことを奨励し、また、はみ出た部分についてコメントを返すことが求められる。

　ここであらためて問われるのは、実行可能性の問題である。教員の評価負担がルーブリックによって大きく軽減されることがないとすれば、評価負担をどう分散させるかが課題になる。少なくとも3つの方法がありうる。

　1つめは、ツールの併用である。私の初年次セミナーのレポート課題では、レポートとともに対話型論証モデルを提出してもらう。そうすると学生のレポートの論理的構造を理解しやすくなる。これはコピペや生成AIによるレポート産出の抑制にもなる。

　2つめは、他者への分散、よく行われているのはピア評価である。ただ、学生の評価知の不十分さに加えて、ピア評価は学生間で率直に議論できる関係が構築されていないところではうまく機能しない。一方、TAについては、日米の違いに言及したが、2022年9月の大学設置基準の改正により、「指導補助者」に授業の一部を分担させることができるようになったことから、今後、TAの活用がより高度化し、採点業務に携わるTAが増える可能性もある。

　最後に、プロセスへの分散である。ライティング実践・研究で知られるエルボウ（Elbow, P.）は、アカデミック・ライティングの評価におけるルーブリックの使用を肯定的に捉えた上で、「ほどよい評価（good enough evaluation）」という概念を打ち出した（Elbow, 2012）[9]。これは、「ほどよい母親（good enough mother）」——完璧な母親による完璧な育児ではなく、不完全な母親による不完全な育児こそが乳幼児の成長を促すという考え方——に着想を得たものである。エルボウは、「教師の評価は完全に信頼できるものではないかもしれないが、非常に有用である」とし、ほどよい評価の方法として、質の評価と努力評価を切り分けることを提案する。具体的には、課題の提出と教師のフィードバックへの応答を行っていればBを保障することとし、さらにAになることを望む学生のみ最終レポートを提出して質の評価を受けるというものである。これは、学習成果だけでなく学習プロセスを考慮に入れ、それによって評価負担

――――――――――

9)　森本和寿（2020）「表現を起点とするライティングとその評価—Good Enough な評価のために—」日本カリキュラム学会第33回大会自主企画セッション発表資料。

を分散させる方法ということができよう[10]。

　本章の内容が、「ルーブリックを飼いならす」ことの具体的イメージをもたらし、ポスト・ルーブリックの評価方法の選択肢になれば幸いである。

参考文献

Council of Europe (2018). *Reference framework of competences for democratic culture, Vol. 2: Descriptors of competences for democratic culture.* (https://rm.coe.int/prems-008418-gbr-2508-reference-framework-of-competences-vol-2-8573-co/16807bc66d) (2024 年 4 月 29 日閲覧).

大学改革支援・学位授与機構 (2021)『高等教育に関する質保証関係用語集 (第 5 版)』.

Elbow, P. (2012). Good enough evaluation: When is it feasible and when is evaluation not worth having? In N. Elliot & L. Perelman (Eds.), *Writing assessment in the 21st century: Essays in honor of Edward M. White* (pp. 303-325). Hampton Press.

半田智久 (2011)「GPA 制度に関する国際調査研究」『高等教育研究』第 14 巻, 287-230.

半田智久 (2012)「GPA 算法の比較検証―従前の GPA から functional GPA への移行とその最適互換性をめぐって―」『高等教育と学生支援』第 2 号, 22-30.

本所恵 (2010)「スウェーデンの場合―数学のグループ・ディスカッションを評価する―」松下佳代編『〈新しい能力〉は教育を変えるか―学力・リテラシー・コンピテンシー ―』ミネルヴァ書房, 228-250.

石田智敬 (2024)「学習評価」松下佳代編『ミネルバ大学を解剖する』東信堂, 71-106.

Jankowski, N. A., Timmer, J. D., Kinzie, J., & Kuh, G. D. (2018, January). *Assessment that matters: Trending toward practices that document authentic student learning.* University of Illinois and Indiana University, National Institute for Learning Outcomes Assessment (NILOA).

Kosslyn, S. M., & Nelson, B. (Eds.). (2017). *Building the intentional university: Minerva and the future of higher education.* The MIT Press. コスリン, S. M.・ネルソン, B. 編 (2024)『ミネルバ大学の設計書』(松下佳代監訳) 東信堂.

---

10)　私自身は、初年次セミナーで課題の提出とプレゼンテーションの実施で B (75-84 点) を保障し、最終レポートで A (85 〜 95 点) 以上を与えるかどうかを評価してきた。これは、100 点満点の素点による成績評価を求められる際に、25 点の幅の中で最終レポートの質の評価を行う上で有用である。なお、ルーブリックは、授業中の形成的評価に用い、総括的評価はルーブリックを意識しつつも総合的判断で行ってきた。私なりの「ほどよい評価」である。

第Ⅱ部　アカデミック・ライティング

松下佳代（2007）『パフォーマンス評価』日本標準.

松下佳代（2021）『対話型論証による学びのデザイン―学校で身につけてほしいたった一つのこと―』勁草書房.

松下佳代編（2024）『ミネルバ大学を解剖する』東信堂.

松下佳代（2025）『測りすぎの時代の学習評価論』勁草書房.

松下佳代・前田秀樹・田中孝平（2022）『対話型論証ですすめる探究ワーク』勁草書房.

松下佳代・小野和宏・高橋雄介（2013）「レポート評価におけるルーブリックの開発とその信頼性の検討」『大学教育学会誌』第 35 巻第 1 号, 107-115.

文部科学省（2024）「令和 4 年度の大学における教育内容等の改革状況について」（https://www.mext.go.jp/content/20241011-mxt_daigakuc01-000038093_1.pdf）（2024 年 12 月 26 日閲覧）.

OECD（2012）. *AHELO feasibility study report, Vol. 1.* OECD Publishing.

小熊英二（2022）『基礎からわかる論文の書き方』講談社現代新書.

小野和宏・松下佳代（2016）「初年次教育におけるレポート評価」松下佳代・石井英真編『アクティブラーニングの評価』東信堂, 26-43.

Stevens, D. D., & Levi, A. J.（2012）. *Introduction to rubrics: An assessment tool to save grading time, convey effective feedback, and promote student learning*（2nd ed.）. Routledge. スティーブンス, D.・レビ, A.（2014）『大学教員のためのルーブリック評価入門』（佐藤浩章監訳）玉川大学出版部.

■ 座談会 1

「書ける」を問う
―書くことを教える現場から―

寒竹 泉美・森本 和寿・石田 智敬

■ 文章を教える技術：型で教えるか否か

石田：本日の座談会は、大阪教育大学の森本和寿さんと小説家・ライターの寒竹泉美さんにお越しいただき、書くことの指導をどのように行うのかということで、特に高校生や大学生を念頭に話し合っていきたいと思います。森本さんは大阪教育大学でライティング教育の研究を行い、特にパーソナル・ライティングの研究にフォーカスしていますね。寒竹さんは小説家として文芸の文章を教えるだけでなく、予備校で受験生に理系小論文の指導をしたり、大学の初年次教育でレポートの書き方なども教えたりされています。

森本：私も予備校や塾で小論文を教えていました。その経験から感じるのは、高校生や大学初年次の人たちが、「書く」という経験をほとんどしてきていないということです。LINE や SNS などで友人に向けてメッセージを書くことはあっても、顔を見たことがない他者に向けて文章を書くという経験がない。そういう人たちに、どうやって書くことを教えていくかというのが今日の対談の一つの論点になるかなと思っています。

　たとえば私自身が研究対象としているアメリカのライティング教育では、「段落とはこういうもので、その段落の一文目にトピックになるセンテンスを書きなさい。そして、その段落各段落冒頭だけ取れば、要旨要約になるようにしなさい」というところまで教えるんです。このように型を用意してその中に入れるという方法は、文章を書く上で大事な発想なのですが、その書き方で本当に学生たちは書くことができているのかっていう問いは実は私の研究テーマでもあります。このような方法で指導した結果として、用意された箱には入れ

第Ⅱ部　アカデミック・ライティング

られているんだけども内容がないとか、意味に対する考え方がすごく弱いことがあるという点が指摘されています。

寒竹：私は自分が指導するときは、型から教えることを避けて、まず材料を作るための方法を指導します。なぜそうするかというと、生徒や学生さんたちがみんな、中身のない文章を書いてくるからなんです。受験生は小論文の「あなたの意見を書きなさい」という設問の要求に応えられない。与えられた課題文に対して「賛成」「反対」と述べることが意見だと思っていて、それ以外何も、感想すら出てこないのです。本来小論文を書くには、課題文やテーマから気付きを得て、自分で問いを立てて考察するプロセスが必要です。そのうえで初めて文章に記すことができます。最初から自分の意見をしっかり持てる生徒ばかりなら、あとはそれを型にあてはめて分かりやすく開示する方法を教えるだけでいいかもしれません。しかし、受験生や大学生や、社会人の指導も含めて、なかなかそういう人はいないんです。

石田：それはむしろ、形式を知らないから書けないんだということも考えられないでしょうか。僕は大学の学部時代にイギリスに留学していてアカデミック・ライティングの授業を受けたのですが、まずは徹底して形式を教えられました。型のようなものを徹底的に身につけることで、自分の言いたいことが言えるようになるということ側面もあると思います。

■「書ける」とはどういうことかという問題

森本：それは大変興味深いテーマで話すと長くなっちゃいそうですが、ただ一つ言えるのは、「書けるとはどういうことか」問題だと思います。まず前提として、書けないんだから型をきちんと教えて形式面を徹底することによって書けるようになるという考えは、私も賛成します。しかし同時に、高校生とか学部の初期の段階のときの文章を見ていると、寒竹さんがおっしゃることもものすごくわかります。「書けるとはどういうことか」問題というのは、型を教えて、その型どおりに書けたとして、それをどの程度「書けた」とみなすかという問題です。もちろん、この議論を行うためには何をどこまで型とみなすかという論点も必要です。「型」という一語から想起するものは、人によって異なるからです。

この型批判は、アカデミック・ライティングをテクニカル・ライティングに限定する風潮に対する対抗言説として提起しておきたいなと思っています。もちろんテクニカル・ライティングもきわめて重要なことは重々承知したうえですが、それだけが唯一の道ではないということです。

寒竹：型がないから書けないということを日本の状況で考えると、読んでないから書けないということは言えるかなとは思います。小論文やアカデミック・ライティングのような文章をこれまでまったく読んだことがなければ、書くことは不可能ですし、そのように論理的に考えることも難しいかもしれません。小説も、小説は読んだことないけど小説家になりたいという人がいっぱいいるのですが（笑）、彼らは小説以外のメディアで物語というものを体験しているので物語をつむぐことはできます。もし、世の中のいろいろなことについて問いを立てて口頭で議論するような文化があれば、中身は作れるのかもしれません。しかし、現状日本にはそれもありません。

■ 技術を教え、書く場をつくる

石田：書くことをどうやって教えるかという観点からは、型がないから書くことを教えにくいということもありますよね。

森本：型のようにテクニカルなものをきちんと構築して指導していこうというのも、発想としてはそんなに悪くはないと思います。そういうものがオフィシャルなカリキュラムの中に入ってくのもありです。このような議論の前提のためにも、受験対策という文脈での小論文指導を超えて、小論文という文章形式に関する学術・学問的な検討がより盛んに行われるといいですね。一方、それだけに終わらず、一緒に書き合うような場や共同体とのようなものがあるといいのではないかと考えています。技術的に書き方を教える講義ではなく、書く機会や体験が保障されている共同体のようなものです。

■ 自分の頭で考えるなと言われる大学生

森本：私を含め、大学で教えている人たちは、学生に対して自分の頭で考えてほしいという要求がないわけではありません。しかし同時に自分の頭では考えるなということを結構はっきり言う人もたくさんいます。これはおそらく大学

第Ⅱ部　アカデミック・ライティング

生が自分の頭でたくさん考えた結果として、すでに明らかにされてるものを参照せずに軽率に答えを出してしまうとか、無意識に刷り込まれた危うい結論を出してしまうということがあるからでしょうね。でも、自分の頭で考えることと自分の頭で考えるなということは、棲み分けの問題であって、両立すると思うのです。

　私は自分で考えるっていうことを、比較的大事にしてる側の人間です。アメリカのライティング教育も実は、全部調べて書きなさいとか、調べた内容を文献ベースで書きなさいというわけでもないのです。

寒竹：アカデミックなライティングにおいても、何をどの角度から調べるかとか、どこを深堀りしていくかに関しては、自分の頭で考える必要があります。大学の先生たちにとってはそのプロセスが当たり前すぎて、考えているという感じがしないので、「考えるな」と言ってしまうことに繋がっているのかなという気がします。

森本：本当の意味で自分の頭で全く考えるなってことを言いたいわけではないんだなっていうところは真意として理解しつつ、やはり言葉だけが独り歩きする面もあるので、自分の頭で考えるとか、自分で思考するとはどういうことかについては、批判的に検討していく必要あると思います。

■ パーソナル・ライティングの価値

寒竹：大学でパーソナル・ライティングに取り組む意義はどのようなところにあるのでしょうか。意義はあることは十分わかっていますが、もし、「そんなことを大学で教える必要があるのか」と問われたときに、どのように答えているのか気になりました。

森本：一つ、俗だけど分かりやすい答えは就職活動のときのエントリーシートですね。エントリーシートでは自分について説明する必要があります。そこで書かなくてはならない文章はアカデミックな文体のように根拠を並べてゴリゴリ書いていってもうまくいかない。自分のことを他者に受け入れられる形で表現しなくてはいけない。教える側としてはそんなの自分でやりなさい、大学はそういう場所ではないからと切り捨てることもできるかもしれませんが、あまりに邪険な扱いだと、学ぶ側としてはアカデミックなものに対する無用だとい

140

座談会1 「書ける」を問う

う思いを強めるだろうなと思います。大学で頑張って勉強して身につけたもの
が、自分のキャリアという人生に関わる部分には役に立たない文章術だったわ
けですから。

大学の教員の中には感想文という言葉に対して、非常に強い嫌悪感を持たれ
ている方が結構います。それはおそらく、各授業の最後のレポートに感想文を
出してくる学生がたくさんいるからだと思います。ただ、それだけでなく、今
の社会自体が、感想文や自分を語ることを嫌う時代だなということも感じてい
ます。「隙あらば自分語り」という自虐的・冷笑的なネットミームがあるのも、
個人が感想を語ることへの忌避感情の現れでしょう。

寒竹：私もそう思います。そして、そのことにすごく危機感を覚えています。
何かを考えたり自分の意見を持ったりするためには、自分の気持ちや感想が起
点になるのに、それを否定してしまう。自分の感想がなければ、誰かが用意し
た正解を探してしまう。そうすると、情報を寄せ集めて再構成した ChatGPT
のような文章しか量産されなくなってしまいます。

■ やりたいことを言語化できない学生たち

森本：大学でパーソナル・ライティングをするもう一つの意義は、"Write to
Learn" です。一種の学習言語として、自分の言葉で学習対象を表現すること
は、その対象の理解に役立ちます。パーソナル・ライティングは自分について
書くだけにとどまらず、自分の言葉で何かしらの対象を書くこともありますか
ら。エントリーシートに限らず、初学者がレポートを一本書くときや研究に入
門するとき、初発の問題意識をもつ主体としての個人という起点は必要です。
今の時代のように自分というものを抑圧して表現しないことが良いことである
という風潮が社会で共有され、かつアカデミックな場で強要されていくと、
「やりたいことがない」という人たちが増えてきます。自分がやりたいことを
言葉にできるというのはすごく大事だと思いますが、そこはアカデミックな世
界では意外と見落とされているのではないでしょうか。高校の探究学習などで
も当てはまる場合があります。何やらアカデミックな感じでそれらしくまとめ
られた発表やレポートが、あと一歩踏み出すためのきっかけの一つとして、パ
ーソナル・ライティングが活用できます。

141

第Ⅱ部　アカデミック・ライティング

寒竹：書くことによって自問自答できるし、思考を深めていける。実は書くことは考えることとイコールなんだというようなことを小林秀雄が言っていましたが、もっと早くこのことを教育の場で伝えたらいいのにと、いつももどかしく思います。書くことも、考えることも、本当は人間の存在の根幹にかかわる重要なことなのに、言葉として見くびられているというか、すごく不当に扱われていて、その結果、自分の頭で考えるなと言ってしまうことに繋がるのではないかと思いました。

■ パーソナル・ライティングとアカデミック・ライティングの関連性

石田：この本では、アカデミック・ライティングとパーソナル・ライティングを架橋するということが一つのテーマとして掲げられています。それに関して、お二人はどう考えていますか？

森本：架橋と言ってはいるんですが、まず大前提として、両者は「混ぜるな危険」なんですよね。

寒竹：そうですね。レポートを提出しなくちゃいけないのに、自分の経験談をもとにしたエッセイを書いてはいけない。逆もしかり。

森本：「混ぜるな危険」とどう付き合うか、ですね。混ぜると危険だからとにかく近づけないように遠いところに両者を置ければいいのかといえば、少なくとも教育という文脈においては、そんなことはありません。学習者は一人の自己として学習対象に向き合うわけですから。問題は、「混ぜるな危険」といかに上手に付き合うか、そのために混ぜ方をどうするかという点です。

　たとえば、論文を書くときに随筆のように書いたら失敗してしまうし、随筆を書くときに論文のように書いても失敗します。でも、論文を書くときにも自己が必要で、随筆を書くときにも読者意識が必要です。書き手自身の中で両方のモードを持っておかないといけない。このモードを両方持って使い分けられるというのが、「混ぜるな危険」に対する対抗策ではないでしょうか。現在のライティング教育では、この点の指導が弱いように思います。

寒竹：確かにそんなことは誰も教えてくれませんね。エッセイを教える人と、論文を教える人は別の人の場合が多いですし。

森本：これはカリキュラムの話でもあります。カリキュラムを考えるときはス

コープ（学習の範囲）とシーケンス（学習の順序）という2つの観点がありますが、「混ぜるな危険」問題は、学習内容をどの順番でやるかというシーケンスの問題に該当するでしょう。高校生に小論文の書き方を指導するときに、型を教えたら型は守っているけれど全然意味がわからない文章を書いてくるという問題も、型を教えてはいけないということではなく、どの順番で教えるかをよく考えなければならないということです。よって、「混ぜるな危険」問題に対しては、2つ以上のモードを持つということと、どの順番にそのモードを習得していくかという学習のプロセスを考えていく必要があります。

■ 自己と向き合って飲み込まれる過程も必要

森本：パーソナル・ライティングについて、自己というパンドラの箱を開けるきっかけになるということも申し添えておきたいです。自己と向き合うのは面倒くさいので、できれば開けたくない箱だし、教員も触れたくない。でも、個人的には、それはとても豊かな体験で、大学生の間ぐらい自分というブラックホールに飲み込まれていいのではないかと思ったりします。

　自分探しをするためにインドまで行って帰ってきたら意外と地元にあったみたいな経験も、そのプロセスが大事なのであって、だから地元から出なくていいよって話にはならない。自己に向き合って何がしたいのかを考えたりとか、自分のことを他者に向けて語ることなんかが、当人の人生においてすごく価値があることだと思うんです。ほとんど意味がないように見えるプロセスをきちんと踏んでいく体験を保障していくことが、今の時代には大事なのではないかと。

　寒竹さんがChatGPTの話題を出してくれましたが、書き手自身の体験というのはChatGPTを利用して書くことからは最も遠いものですよね。生成AIが書いてくれるから自分の体験は一切なくていいよと言ったとしても、人が自分の生きる意味を必要としなくなるわけではないし、生きることについて言語化する意味がなくなるわけでもありません。そう考えたときに、別に上手な文章で書けなくても構わないから、「私」が体験したことから「私」という自己を作るために、ある種の自分語りを含むパーソナル・ライティングの価値はあるだろうと思います。

第Ⅱ部　アカデミック・ライティング

■ 書くことのアートを教えることは可能か

石田：寒竹さんは小説を書くことも教えていますが、そういった、よりパーソナルな文章を教えるのは難しそうだなと感じます。どうやって教えているのでしょうか。

寒竹：わたしも含めて、小説を書いている人のほとんどは、大量に小説を読むことによって自然に何かを習得して書けるようになっていると思います。だから、それを教えるということになったときはかなり悩みました。自分がどうやって書いているかを分析して言語化して、わかりやすく伝えようと試行錯誤します。ただ、わたしが教えられるのは技術であって、何を書くかという部分は教えられないと考えています。受講者さんの書きたいことや想いを、小説として伝わる形にしていくアドバイスはできるけれど、根本のところは触れられない。

森本：あるアメリカの修辞学者が、書くことのテクニックは教えられるけども、書くことのアートは教えられないということを言っています。だから、寒竹さんがおっしゃることはすごく理解できます。でも同時に、実はアートも教えられるのではないか、とも思っています。すなわち、何が書きたいかは自分で考えておいてよと突き放すのではなく、ある意味でそのアートの部分とかあるいは創発的な知をつくる部分をうまく言語化していく方法も教育の俎上に載せてみたいですね。

　その助けになるかもしれないと思うのが、先ほど述べた一緒に書き合うような共同体です。その共同体の中でお互いを受け入れて交流して書いていく。もう一つは、アートもテクニックにしてしまおうという道もあると思います。たとえば、何を書きたいかを発想する方法を一つのテクニックにしてしまう。たとえばKJ法も発想法の技術化の一例と言えますよね。

　寒竹さんがたくさん小説を読んでいるうちに書けるようになるという話をされましたが、読んでいるうちに書けるようになるというのは、ある意味で、アートとテクニックの中間項というか、暗黙知の明示知化なのかもしれません。

寒竹：森本さんの話を聞いて、アートの部分も教えようとしているというのは、まさにその通りだと思いました。言われてみれば、わたしもアートの部分を教

えることを諦めていないです。基本的には、テクニックは教えられるがアート
は教えられないと思っているけれど、教えられないはずのアートの部分を、ち
ょっとずつでも何とか伝えようとして努力しているわけです。そのためには、
まず自分自身がどうやって書いているのか、暗黙知のところを明示知化してい
かなくてはなりません。それを諦めて、たとえばこの型さえあれば誰にでも書
けるとテクニックだけを教えるようになっては、講師としての存在意義もあま
りなくて、ChatGPT に授業してもらえばいいということになってしまうかも
しれません。

森本：アートの部分も伝えるためには、書き手を鼓舞することが必要だと私は
思っています。自分のことを書いてもいいんだよというエンパワメント。そう
いう部分が増えると、もっと豊かな文章指導になるのかなと思いました。

第Ⅲ部　パーソナル・ライティング

　第Ⅲ部では、3つの章・2つのコラム・1つの座談会を通じて、パーソナル・ライティングに類する理論・実践の諸相に迫る。アメリカ・フランス・カナダ・日本の理論・指導の実際と作品事例を通じて、パーソナル・ライティングの多様さを実感することができるだろう。そしてその多様さが、それぞれの国・地域の歴史的文化的背景、教育的要求から生まれていることに気づくだろう。各国の高等教育でのライティング指導を中心に、日本についてはプロの作家による社会人への指導と初等教育も含んでいる。

　本部では、書くことの目的やその目的が達成された状況について、何度も問い返される。書くことの目的は、よい作品を生むことなのか。ではそのよさとは何か。書いた本人にとってのよさか、読者にとってのよさか。書くことを通じた作者の成長も重視されるが、では、どうなれば成長していると言えるのか。

　生成 AI による「それらしい」文章産出が可能な時代に、なぜ私（たち）は書くのか、書かせるのか。本部を通じていくつもの仮説が得られるだろう。

第6章

米国におけるパーソナル・ライティング教育
―「自己表現」という厄介者と付き合う―

森本 和寿

はじめに

　日本人にとって「米国のライティング（教育）」と聞けば、何かロジカルなものが思い浮かぶのが一般的ではないだろうか。たとえば、抽象から具体へと展開される文章構成、主題文（トピック・センテンス）と支持文で構成する段落内構成、その練習に当たる5段落作文等である（詳しくは第2章を参照）。しかし、比較研究において特定の国の特徴が多面的に描き出されるように、米国のライティング教育もまた、一般的に認知されているような「ロジカル」や「アカデミック」な像に限定されるわけではなく、これらとは異なる論理による文章像も存在する。それが「パーソナル・ライティング」である。

　本章では、米国におけるパーソナル・ライティングについて紹介する。しかし、パーソナル・ライティングを直接的に論じるのは容易ではない。それは「パーソナル」という語がもつ曖昧性ゆえである。「何がパーソナルなものであるかは、現在の学問的規範や西洋文化的規範（その規範が内包しているのと同じくらい何かを排除している規範）によって定義され、制限されている」と言われるように（Brant et al., 2001, p. 55）、何がパーソナルであるかは何がパーソナルであると認識されるかという社会文化的規範に依存する。本章はこの問題には深入りしないが、米国のライティング教育研究において「パーソナル」なものと認識されてきた立場である「表現主義」について検討することで、パ

149

第Ⅲ部　パーソナル・ライティング

ーソナル・ライティングの輪郭を浮かび上がらせることを試みる。なお、本章
では、一部中等教育を含みつつ、主として高等教育を主たる対象として論じる。

1. 米国における「表現」の歴史

(1) 従来のライティング教育

「自己表現」への注目に先駆けて、米国における伝統的なライティング教育
について確認しておきたい。詳しくは第2章に譲るが、「表現」なるものへの
注目が生じた文脈を説明しておくことは必要であろう。米国における伝統的な
ライティング教育は「現代伝統修辞学（current-traditional rhetoric）」と呼ば
れてきた。このような現代伝統修辞学の特徴は、修辞学・作文研究者のロバー
ト・コナーズ（Robert J. Connors）による次の言葉によく表れている。「英語
の作文は、大学の科目としてのその歴史の大半を通して、ほとんどの人にとっ
てただ一つのことを意味してきた。すなわち、作文における機械的かつ文法的
な正確さをひたすら強制されるということである」（Connors, 1997, p. 112）。
このような考え方は、よい文章（美文）の特徴を要素分解し、その要素が表れ
ている文章を書くことを意味している。

　では、米国のライティング教育では、どのような文章が「美文」とされたの
か。コナーズの言葉が示唆する教育的実際への言及にも見られるように、米国
のライティング教育では機械的・文法的正確性に重きが置かれた。それゆえ、
綴りや文法に誤りがない文章が、少なくとも文章指導という文脈においては
「美文」とされた。このような文章観は文章の細かなルールの遵守と形式的完
成を志向する指導へとつながった。その結果、書かれた文章の正しさについて
解説する要素分解的な教授法が中心となったため、どうすれば書けるようにな
るかというライティング・プロセスについては教えられなかった。このような
教授法は、作文の採点を通して強化され、分解された要素のうち、教師が採点
しやすい、教師の目につきやすい文法上の誤りや文章ルール、形式面に関する
指摘が、大半を占めるようになった。

　そのため、教師は「発想［書くべきアイデアの見つけ方：引用者註］や、ど
のように始めるか、途中で何をするか、途中で振り出しに戻ったときには何を

150

第6章 米国におけるパーソナル・ライティング教育

したらいいのか等については何も言わない」、すなわち「文章を書くプロセスについてほとんど説明しなかった」とされている（Tobin, 1994, pp. 2-3）。学生は、教師から作文のテーマを口頭で示され、1週間ほどでエッセイを書き上げなければならない。示されるテーマは、たとえば、「学校に来て初めての日」、「任意の哲学的な問題」、「歴史上の人物について、いくつかのアンソロジーに基づいて、その人物が『偉大であった』または『偉大でなかった』と主張する」等である（Fulkerson, 2001, p. 95）。教師は、提出されたエッセイを採点し、評点と簡単なコメントを返す。この評点とコメントが形式面に偏していた点については、すでに述べたとおりである。1990年代に現代伝統修辞学について研究したシャロン・クロウリー（Sharon Crowley）は、「現代伝統主義の教授法はライティングの指導ではない。［現代伝統修辞学という：引用者註］一作文理論の指導である。この2つはまったく異なるものである」と述べている（Crowley, 1990, p. 148）。

　つまり、米国の伝統的なライティング教育において中心的であった問題意識は、「学生はどのように書いているのか」、「なぜそのように書くのか」という事実論ではなく、「いかに書くべきか」という規範論であった。さらに言えば、このような規範論が、「書かれた文章に瑕疵はないか」という文法等の文章ルールの遵守という点に偏っていた。なぜこのテーマで書かなければならないのか、どのようにすれば書けるようになるのかがわからないまま、ひたすら文章を書かされ、形式的誤りについて赤入れされて減点されるというのが、学生が実際に経験するライティング教育の主流であったということである。それゆえに、従来型の米国の大学における初年次ライティングの授業は、学生にとって「残酷な経験」と形容され（Clark, 2003, p. 3）、最も嫌われる科目の一つであった。

　このように、米国の伝統的なライティング教育は、優れた作品の形式上の特徴集とその詰め込みとなることで、まだ書けない者が書ける過程をいかにデザインするかという教授学的に最も重要な点への無関心を生んだ。結果的に、ライティング教育は「学ぶ」という文脈から長らく疎外されてきたのである。

(2) 20年代における「自己表現」への着目

　米国のライティング教育において、生徒・学生の表現が注目され始めたのは、

151

第Ⅲ部　パーソナル・ライティング

1920 年代とされている。2 つの世界大戦の間に位置するこの「戦間期」は、米国において進歩主義教育が台頭した時期であった。同時期には、産業の発展や社会構造の変化に伴って、ライティング教育に限らず、教育一般のあり方が問いなおされた。学校進学者数が増加し、教育の大衆化が進むとともに、学校・大学における教授法研究においては、教師が知識をどのように伝達するかだけでなく、学習者が何を考え、どのように知識を習得するかに関心がもたれるようになった。このような学習者中心的な考え方は、ライティング教育において、書く主体としての生徒・学生という存在に光を当てた。

　この時期に注目された生徒・学生の表現の道が、クリエイティブ・ライティング（創作）であった。クリエイティブ・ライティングは、小説や物語、詩の創作を意味する語である。1874 年にハーバード大学が作文試験を課すようになり、他の大学がこれに追随して以来、米国におけるライティングの主問題は、入試で出題されるようなアカデミックな作文をいかにして書かせられるようにするかであった。このような作文においては、生徒・学生が何を書きたいかということは問題にはされず、書くべきとされている文章を書ける者を育てることが重視された。クリエイティブ・ライティングは、このような小論文的なエッセイ・ライティングに対するカウンターとして注目を集めたのである。説明文や論証文と比べると、クリエイティブ・ライティングの方が生徒・学生の個人的な思いや感情を表現しやすく、また生徒・学生の食いつきもよかった。

　このようにクリエイティブ・ライティングが普及した背景には、当時の米国における進歩主義教育の影響のほかに、フロイトの深層心理学と美的表現主義の影響が指摘されている[1]。第 1 章で M・H・エイブラムスを引用して述べたとおり、人間は外界の自然を反射するだけの「鏡」ではなく、内面世界から光を放つ「ランプ」と認識されるようになった。人間の内面の深い部分を理解するという近代的試みは、「個人」への注目を促し、個人の内面世界に何かしらの価値あるものを見出そうとする。このような価値のうちの一つが創造性であった。教育においていつの時代も強調される模倣の価値に対して、個人の内面世界の表現こそが創造性をもつという考え方は、ライティング教育にも強い影響を与えた。生徒・学生が自由に「ありのまま」を書けば、それ自体に創造性が宿るという文章指導観は、クリエイティブ・ライティングの普及を後押しし

152

第6章　米国におけるパーソナル・ライティング教育

た。このような教育思想を背景にもつライティング教育の立場を、修辞学・作文史学者ジェームズ・バーリン（James Berlin）は「表現主義（expressionism）」あるいは「表現主義修辞学（expressionistic rhetoric）」と呼んだ。したがって、米国パーソナル・ライティングにおいて用いられる「表現（expression）」という語には個別特殊な文脈がある。「外」に「押し出す」という語感をもつ"ex-press"には外に押し出すだけの価値が内面世界にはあるという認識が前提とされている。

　一方、生徒・学生に自由に書かせよという思潮は、何もポジティブな理由からのみ進展したのではない。そこには、従来の教授法ではライティング教育が立ち行かなくなったという教育現実がある。教育の大衆化に伴い、高校・大学への進学者が増加すると、従来は高校や大学に進学してこなかった層の生徒・学生が学び始めることになる。すると、「書けない生徒・学生」が入学してくる。少数の者しか進学しない従来のエリート主義的な学校・大学においては、「書けない生徒・学生」は「才なき者」としてふるいにかけられてきたので、教授法を見なおそうという問題提起にはつながらなかった。しかし、教育の大衆化によって「書けない生徒・学生」の数が増え始めると、このような生徒・

---

1)　バーリンは、1920年代の表現主義修辞学の特徴を「家父長的なロマン主義、美的表現主義、家畜化されたフロイト主義」と形容している。

　　　家父長的なロマン主義、美的表現主義、そして家畜化されたフロイト主義という、ありそうもない結びつきが、アメリカの学校とカレッジに、表現主義的修辞学と、ライティング教室における創造性の価値を新たに強調することを促す、芸術としてのライティング観をもたらした。（Berlin, 1987, p. 74）

　　　さらに、バーリンは、教育史学者ローレンス・クレミン（Lawrence A. Cremin）を引用しながら、1920年代から1930年代の教育世相がライティング教育に与えた影響を考察している。「教師は無意識を、自分自身と生徒の動機づけと行動の真の源泉として認識するよう促された。教育の本質的な仕事は、子どもの抑圧された感情を社会的に有用な経路へと昇華させることだと考えられた」（Cremin, 1961, p. 209）。同時期は、大衆化されたフロイト主義によって、学習者を抑圧から解放するという当時のリベラルな教育文化が形成された時代であった。都市化が進む米国の社会情勢のなかにあって、都市の中で抑圧されている人間性の解放が強調された。

　　　しかし、バーリンは、「抑圧［からの解放：引用者註］への固執は、権威の否定、感情への執着、合理性の否定となった」というクレミンの指摘を引きながら（Cremin, 1961, p. 210）、抑圧の放棄が自由放任主義に陥ってしまうことがあまりに多かった点を批判している。ネオマルキストであるバーリンは、「美的表現主義者とフロイト主義者の両者にとっての教育の目的は、社会的変化ではなく、個人の変容である」と述べ（Berlin, 1987, p. 74）、表現主義が思想的背景として個人主義を深く内面化している点を論難したのである。

153

第Ⅲ部　パーソナル・ライティング

学生をいかに教育するかということが喫緊の課題となった。

　このような「書けない生徒・学生」の登場により、従来の教養主義的なライティング教育だけでは立ち行かなくなった。日本などでも、文章修行の原則として「三多の法」、すなわち多読・多作・多商量が説かれる。多く読むこと、多く書くこと、多く推敲することを奨励するこの原則は、文章執筆の鉄則である。しかしながら、少しでも文章指導をしたことのある者ならば首肯されるように、「書けない生徒・学生」にとって、この「三多」は甚だ難しい。「三多」とは、端的に言えば、まずは多読を通して書くべきことを自分の中に貯め込むことから始めよという考え方である。書くべき知の貯蓄、すなわち教養の蓄積は、西洋においても伝統的な考え方であり続けてきたことは、古典修辞学におけるトポス論に表れている。「多読し、多作し、多商量せよ」という原則は正論ではある。しかし、教育の大衆化による学生数の増加によって、従来ほど教養に明るい学生だけを教育対象とするわけにいかない状況となった。このような状況下にあって、「書けない」と嘆く学生に対して三多を説いても題目や説教以上のものとはならず、その指導の効果や実行可能性が必ずしも十分ではないとされる時代が到来したということである。

　高等教育への進学者に対して、入学時点で学術的・社会的に共有された知をすでに有していることや初年次教育において多読によってこれを獲得することを期待するのが難しく、しかし、何かしらを書かせなければならないという教育的状況は、学生にとって身近で十分理解できている——十分理解できているということになっている——個人的・日常的な事柄を書くというパーソナル・ライティングの台頭を促した。

(3) 60年代における表現主義の台頭
①プロセス・ライティングの登場

　自己表現を重視するライティングが本格的に台頭したのは、60年代以降である。この時期に「表現」の重要性を強調する立場は、「表現主義（expressivism）」と呼ばれた。この用語は、バーリンが用いた「表現主義（expressionism）」という語の影響を受けているとされているものの、"expressionism" と "expressivism" で表記が異なる点には注意が必要である。バーリンが用い始めた "expressionism" という語が、いつからか（しかし、かなり早い時期から）"expressivism" という語として定着した経緯については定かではない[2]。本章では、20年代の "expressionism" と 60年代の "expressivism" は、その背景となる教育思想において一定の連続性が認められるものであると同時に、非連続な部分が多々あるという前提に立って、以下、60年代の表現主義について述べる[3]。

　1960年代は、表現主義に限らず、米国ライティング教育にとって大きな転換期であった。1949年に、全米英語教師学会（National Council of Teachers of English：NCTE）から独立する形で成立したカレッジ作文コミュニケーション学会（Conference on College Composition and Communication：CCCC）は、ライティング教師の専門化・専門職化を進めた。その追い風となったのが、1957年のスプートニク・ショックである。宇宙開発競争が激化するなか、ソ連が先んじて世界初の人工衛星打ち上げを成功させたことで、米国内では自国の教育を批判的に見直す機運が高まり、積極的な財政支援を伴う教育改革が急速に推し進め始められた。1958年の国家防衛教育法（National Defense Education Act）の成立による教育改革、同年のフォード財団による高校英語教育を

---

2)　バーリンと直接論争し、"expressionist" として批判された当事者であるエルボウは、「バーリンが直接的にこの言葉［"expressivism"：引用者註］を使ったかどうかは不確かである」と述べているようである（Maceria, 2022, p. 38）。

3)　バーリンは、米国ライティング教育における20年代、30年代の表現主義的潮流を評する際に「美的表現主義（aesthetic expressionism）」という語を用いることによって、20世紀初頭にドイツで生まれた芸術運動としての表現主義との連続性を強調した。バーリンが名指したライティング教育における「表現主義（expressionism）」は、このような美的表現主義に加えて、フロイトの深層心理学と米国の進歩主義の影響を受けた複合的な教育思想および教授法である。
　　では、このような20年代の "expressionism" が、60年代以降の "expressivism" とまったくの別物かというと、そうではない。両者の類似性は、近年の表現主義研究でも指摘されている。たとえば、米国ライティング教育における "expressivism" について論じたサーシャ・マセイラ（Sasha A. Maceira）は、バーリンの "expressionism" に関する説明を引用したうえで、「これ［バーリンの "expressionism" に関する説明：引用者註］はもちろん、私が知っている60年代後半から70年代の表現主義、さらにはある程度、私が今日思い描く新表現主義に酷似している」と述べている（Maceria, 2022, p. 38）。
　　しかし、バーリンが60年代以降の "expressivism" を、20年代の "expressionism" と同一視して論難した点については誤解に基づくものである、あるいは必ずしも断定できるものではなく論争的であるという点が諸研究において批判されている（たとえば、Gradin, 1995; Elbow, 2015）。両者は、米国の進歩主義的教育観からの影響を色濃く受けたものである点で共通の磁場の下に語りえるものではあるものの、完全な継承関係にあるわけではない点には留意を要する。

155

第Ⅲ部　パーソナル・ライティング

検討するための「基本問題」会議への資金提供、1959年の大学入試委員会による英語委員会の設立を通して、ライティング教育には人員と資金が投入され、大きな躍進を遂げた。学生数の増加によって、より多くのライティング教師が必要になるなか、これらの動きが追い風となり、米国のライティング教師たちは大学院での来るべき時代のライティング教師の養成・研修を推し進めた。1975年頃まで修辞学・作文の大学院課程が形成されたことで、ライティング教育研究は一つの学問分野として一定の地位を獲得するに至った。

　このように社会的・制度的背景が整備された60年代のライティング教育を語るうえで避けて通れないキーワードが「プロセス」である。前段落で紹介した一連の教育改革において、ライティング教育に多大な影響を及ぼしたのが、ハーバード大学の認知心理学者ジェローム・ブルーナー（Jerome Bruner）であった。氏の研究は、学習プロセスやその中での発見、創造性への注目を促し、書き手がどのようなプロセスを経て、文章を生み出しているのかについて検討するライティング研究を活発にした。こうして、書いている過程、すなわちプロセスを重視するライティング教育（プロセス・ライティング）が登場した。プロセス・ライティングにおいては、生徒・学生が最終的に提出する成果物としての文章（プロダクト）よりも、書く過程をどのような形で経験するか、その質が重要とされた。自分の書き方を発見する学習としてのライティング教育が強調されたことで、ライティング教師には、生徒・学生が自らの執筆プロセスに対する認識を深めるための場を提供することが期待された。

②表現主義の担い手たち

　執筆プロセスにおける発見や創造性の強調は、書くべきテーマや書くべき方法を形式化する現代伝統修辞学の教条主義的な教授法ではなく、生徒・学生が表現することを奨励する教授法を歓迎する土壌を形成した。こうして生み出されたのが、60年代の表現主義である。同時期の表現主義において理論的・実践的支柱となったのが、ドナルド・マレー（Donald Murray）、ケン・マクロリー（Ken Macrorie）、ピーター・エルボウ（Peter Elbow）であった。彼らはいずれも、現代伝統修辞学という従来のライティング教育に対して批判的な問題意識を有し、プロセス・ライティングの重要性を強調した。また、大学に

おけるライティング教育を自ら実践し、その実践に基づいて理論を提唱するという実践的研究者（practitioner-researcher）であった。いずれも一癖も二癖もある個性派ぞろいの三者であるが、表現主義を理解するために、氏らの主張を理解することは避けて通れない。以下、一人ずつを簡単に紹介していこう。

　一人目はドナルド・マレーである。マレーのライティング教育の特徴は、研究者ではなく、ライターが文章を指導するという点にある。マレー自身、ジャーナリスト出身の大学教員であった。氏は、1948年にニューハンプシャー大学を卒業後、ボストン・ヘラルド紙、ボストン・グローブ紙、タイム紙に多数において記事や社説、コラムを担当したほか、フリーのライターとしても活躍し、1954年にはピューリッツァー賞（編集部門）を受賞している。1963年に母校ニューハンプシャー大学の教員となり、以後26年間教鞭をとった。同大学では英語学科長や新入生英語プログラムのディレクターを務めたほか、ジャーナリズム・プログラムや作文研究の大学院プログラムの発足・開発に尽力した。

　マレーの代表的著作『ライターが執筆を教える（Writer Teaches Writing)』において、マレーは、伝統的なライティング教育が直線的・単線的な執筆過程を基本としていたことを批判している。氏は「プロセスは直線的ではなく再帰的である」こと、また、プロセスは単線ではなく複線であるため、「書き手のパーソナリティや認知スタイル、書き手の経験、書く課題の性質によって異なる」ことを強調した（Murray, 2004, p. 4)。このようなプロセス・ライティングは、マレー自身のジャーナリストとしての執筆経験に基づいている。そのため、氏は、何を書くかというアイデアの発想に十分な時間をとること、文章を何度も書きなおすこと、書きなおす過程でアイデアを磨き上げていくことを奨励している。

　実際にライターを経験したマレーが教えるライティング教育は、一種の「真正性」をもつ教育として受容された。従来のライティング教育では、ライティング教師、すなわち初年次教育においてライティング科目を担当する教員は、文学で学位をとった研究者であったが、必ずしも作文の書き方を、特に5段落エッセイのような小論文の論述を教えられるわけではなかった。実際のところ、従来、一般的にライティング教師はなりたくてなる職業ではなく、大学で文学

第Ⅲ部　パーソナル・ライティング

研究者になれなかった者、小説家として芽が出なかった者、特に時代状況ゆえに大学に職を得られなかった女性がパートタイマーとして担当する仕事とされていた。加えて、60年代の大学はビジネスや政府で必要とされる新しい専門家の養成センターとしての機能を担うことで規模拡大に成功していたため、マレー自身が実学志向であったわけではないが[4]、マレーのような実践家によるライティング教育が受容されやすい風潮があった。

　二人目はケン・マクロリーである。マクロリーはオーバリン・カレッジ、カーネギー工科大学で学んだ後、1948年からミシガン州立大学で教員となった。その後、ウィスコンシン大学博士課程入学、コロンビア大学博士課程に転籍した。1955年にコロンビア大学で博士号を取得したが、コロンビアでの「ほとんどの授業はティーチャーズ・カレッジで履修していた」と言われている（Lindemann, 1982, p. 360）。博士課程では報道について、特に「新聞やテレビのレポーターが仕事を得てから、その報道が世に出るまでのケースヒストリー」について研究していた（Macrorie, 1974, p. 94）。博士号取得後は、ミシガン州立大学、サンフランシスコ州立大学、ウェスタンミシガン大学で教鞭をとった。

　マクロリーの教育思想は、反知性主義的な側面をもつ。氏は博士課程において報道に関する研究に従事したことで、「ある出来事に対する人間の認識は、過去の経験によって色づけされていることがわかった。科学者、医師、大学教授もそうだ。しかし、優秀な人たちは、しばしば自分の偏見に打ち勝つと同時に、それに屈服することもあった」という考え方をもつようになった（Macrorie, 1974, p. 94）。また、当時の大学教育に対する批判的な姿勢も示している。「教

---

4)　表現主義は、実務志向だったというわけではない。個人の内面世界における豊かさをいかに開拓するかに注力していたという点では、むしろ逆である。実務志向のライティングの立場としては、リンダ・フラワー（Linda Flower）やジョン・ヘイズ（John Hayes）らが牽引した認知心理学ベースのライティング教育の立場（認知主義）がこれに当たる。フラワーらの研究は、ライティングを思考力の発露として捉え、これを認知心理学に基づいて解き明かそうとした点に特徴がある。フラワーらはライティングの本質を問題解決とみなし、ライティングを形式陶冶として探究した。伝統的なライティング教育が文学研究に軸足を置き、優れた文章を文学的卓越性の中に見出すことが多かったのに対して、認知主義と呼ばれるこのオルタナティブ立場は、ビジネスにおける企画書やコンサルティング・レポートを優れた文章の典型とした。それゆえに、ライティングを通して文学的な知識に精通したり文学的性向を涵養したりするのではなく、より汎用的な問題解決の手続きや論証構造を習得することをライティング教育の目的として据えたのである。

158

えることの最高レベルでは、大人たちが博士号や修士号の取得を目指して勉強しているが、学生たちは卑しめられ、そこで他人を卑下する術を学ぶ」(Macrorie, 1970, p. 139)。既存の知的権威に対する懐疑的、反抗的なマクロリーの考え方は、公民権運動や学生運動のような60年代のカウンターカルチャーと呼応しながら、当時のライティング教育をラディカルに問いなおすものとしての役割を担った。

　マクロリーの表現主義におけるキーワードは、氏が問題視した「イングフィッシュ(Engfish)」と、それに対する対抗策としての「フリーライティング(freewriting)」である。マクロリーは、ある学生が氏のところに持ってきたジェームズ・ジョイス風の文章において、大学教員が書かせる英語を皮肉って"Engfish"と記していたのを見て、「肥大化した気取った言葉遣い」や衒学趣味の難解な用語を「イングフィッシュ」と呼んで批判した。このような言葉は、「何も感じない、何も言わない、ラテン語のように死んだ、現代的な会話のリズムを欠いた言葉。エマソンが言ったように、言葉が『物にくっつく』ことがほとんどない方言である」とマクロリーは言う (Macrorie, 1970, p. 18)。よくわからない難解な言葉を散りばめて作文することを良しとする従来のライティング教育は、ろくに理解していない言葉でもって中身のない論述に終始することを学生に推奨してしまう。このような学生の文章をチェックすることに嫌気が差したマクロリーは、日常に取材したことを自由に書く「フリーライティング」という手法によって、文章執筆に対する学生の意識を変えることを試みた（フリーライティングの詳細は後述）。

　三人目はピーター・エルボウである。エルボウは、1953年にウィリアムズ・カレッジに入学し、1957年にオックスフォード大学へ進学した。オックスフォード大学では、英国ロマン主義の大詩人ウィリアム・ワーズワース (William Wordsworth) の大大大甥に当たるジョナサン・ワーズワース (Jonathon Wordsworth) がチューターになったが、ワーズワースの皮肉に満ちた冷笑的な指導によって、ほどなくしてエッセイ課題を書けなくなってしまった[5]。オックスフォードの2年目にチューターを変えたものの、試験が近づくと薬を大量に服用する等、精神的に参ってしまい、なんとか学位は得たものの、失意のうちに帰国する。1959年に帰国後、ハーバード大学の英語学の博士号取得を目指し

第Ⅲ部　パーソナル・ライティング

たが、ゼミ論文がすべてを左右する米国の大学院において最初のセメスターで論文を書けなくなり、1年目の第2学期に自主退学した。エルボウは自伝的エッセイにおいて、自らの学校経験を、英語や英文学を教える教師への憧れと、教師に褒めてもらおうとする学校優等生の挫折で構成されたものと総括している（Elbow, 2000）。

　ハーバードでの挫折から、エルボウは、本や学問の世界とは二度と関わりたくないと思っていたが、短期の仕事を転々とした後、1960年に恩師を通じてマサチューセッツ工科大学（MIT）の臨時講師として、初年次学生向けの科目を担当することになった。この教師経験は、エルボウにライティング教師としての可能性を示した。MITで3年間教鞭をとった後、1963年に、オックスフォード時代の友人を通じて、ニューハンプシャー州に創設された実験的な大学であるフランコニア・カレッジの創立メンバーとして、学際的な一般教育コースの構想と指導を担当した。学生として書くということから解放されたエルボウは、「相手が教師ではなく同僚や学生である限りは」（Elbow, 1998, p. xiv）書くことを再び楽しめるようになっている自分を再発見した。フランコニアで2年間教えた後、1965年に、エルボウは再び博士課程に挑戦し、ブランダイス大学で英語学の博士号を取得した。

　自分自身の「書けなさ」をライティングの原体験としてもつエルボウは、マクロリー同様[6]、フリーライティングを実践に取り入れ、書くことの障壁を下げることを試みている。フリーライティングの他にエルボウの実践を特徴づけるキーワードは「教師のいないライティング（writing without teachers）」である。エルボウは、評価者である教師に向けて文章を書くことで生徒や学生が萎縮して文章を書かなければならない状況を問題視し、少なくとも初学者にと

---

5)　チューターであったジョナサン・ワーズワースの慇懃無礼な態度に関して、エルボウは以下のような具体例を挙げたうえで、ジョナサンに対する怒りを表明している。
　　　あるチュートリアルでは、私が自身のエッセイを読み聞かせている間に、彼はライフルの手入れをしていた。［中略］私が詩のタイトルを広母音のアメリカ訛りで「On a Drohp of Doo」と発音すると、彼は「On a Drup of Djyew」というオックスフォード訛りで割って入ってきて、「だから君は詩を理解していないんだろう、エルボウ。君はそれがどんな風に聞こえるのか知らないんだよ」と言った。（Elbow, 2000, p. 6）
6)　エルボウは、マクロリーから直接指導を受けたわけではないものの、マクロリーを私淑しており、知的恩義のある人物として第一に名前を挙げている（Elbow, 1998, p. xxviii）。

160

ってこの問題は致命的であると考えた。「教師がいない」というやや挑発的な語の意味するところは、無教師の推奨や教職の否定ではなく、教師が絶対的・優越的評価者としてではなく、一人の読者としてレスポンスやフィードバックをする教室文化を形成する必要性を説いたものである。教師にはそのような場をつくるファシリテーターとしての役割が期待された。

　教師のいないライティング教室は、少数でのゼミナール形式が原則とされ、書いてきたものをお互い声に出して読み合い、聞き合うことが重視された。声に出して読むというのは、教室における身体的な取り組みであると同時に、文章の中に書き手の「声」、すなわちその人らしい語り口や文体が表れることを重視したからである。このような教室文化のなかで、フリーライティングから始まり、徐々にこれを随筆や論説、小論文やレポート、そして論文の形にしていくという段階的なプロセスを経て、学生は文章執筆に習熟していくことが期待された。比較的ゆるやかな教授法ではあるが、米国の大学教育一般と同様、毎週一定の量の文章を書いてくることは強く推奨される。

　以上、表現主義の代表的な論者であるマレー、マクロリー、エルボウを紹介する形で、表現主義の特徴とその問題意識を整理した。次節では、より具体的な実践について確認しよう。

2. 表現主義の実践例

　ここでは表現主義の実践として、先に挙げたフリーライティングをまず紹介し、次に表現主義を取り入れた学部の入門科目の例を紹介する。

(1) フリーライティング

　フリーライティングは、その名のとおり、思いついたことを自由に書き出すことである。多くの場合、文章を書くプロセスの最初に行われ、アイデアの発想や書くことの心理的ハードルを下げることを目的としている。

　本書第2章で述べたように、米国のライティング教育は直線性と定型性を重視する。たとえば「健康になるべきである」や「本を読むべきである」というような「主張」をゴールとして、そのゴールから逆算して、そこに至る論理を

第Ⅲ部　パーソナル・ライティング

直線的に構築するように文章を書かせる。このような文章訓練は、5段落エッセイやパラグラフ・ライティングという型の遵守によって遂行される。

　文章執筆において直線的な型に則ることは確かに有用である。アカデミック・ライティングに限らず、文章執筆とは、畢竟、目的に向かって一定の志向性をもって、社会的に共有された型を遵守して書くことに尽きるとさえ言える。米国のライティング教育は、このような大原則に基づいて設計されているのである。このようにして米国の学生は「書ける」ように教育されるが、そこには問題もあった。自己にとっての意味の剥落、レリバンスの欠如である。次の引用は、ある米国ライティング教師の言葉である。

> 私の［中略］仕事は、学生たちに書くべきことがあると説得することだった。6年生以上のライティングを学ぶ生徒の多くがそうであるように、この学生たちも「自分には何も言うことがない」と信じていた。正確に言えば、そう思い込んでいたのである。「南北戦争の主な原因を分析しなさい」という課題が与えられれば、教科書的な知識に基づいてなんとかやり遂げることはできるが、「あなたにとって重要なことを書きなさい」と言われても、自分には無理だと感じていたのである。(Judy, 1980, p. 43)

　直線的、定型的な文章訓練を通して「書ける」ようになったとされる学生が、しかし「自分には何も言うことがない」という心境に立たされてしまう。フリーライティングは、このような「書けてしまう」問題、切実性はないが期待されたプロダクトは生成できてしまう問題に対する一種の学びほぐし（unlearn）としての役割を有している。

　フリーライティングの方法に一つの固定的なものはないが、最も原初的なものとして、マクロリーは、「家に帰って、思いついたことを何でも書きなさい。10分で、1ページが埋まるまで書きなさい」(Macrorie, 1970, p. 20) というフリーライティング課題を出している。このようにテーマのないものもあれば、クラスやワークショップのグループにおいて「私たちの共通点は何か」というテーマが出されるフリーライティングのある (Elbow, 1989, p. 54)。

　次の文章は、マクロリーが担当したライティング・クラスにおいて、フリー

ライティングとして学生が提出した文章である。このフリーライティングは10分間で実施されたもので、マクロリーがフリーライティングの指導をし始めた初期に書かれたものである。

　　赤いボールを買った。
　　セラピー。でも効果はない。足の毛はまだ伸び続けている。官能的な丸い雲、直立不動で整列し、点検を待っている。幸せで軽やか、若々しい気分にしてくれる。自然がそうしてくれる。新鮮で生き生きとした気分にしてくれる。森や湖にいるときは決してタバコを吸わない。美しさを損なうから。お金が欲しい。お金持ちになった気分を味わって、無とはどんなものかを知りたい。ギブランを思い出す。彼は、悲しみと喜びは相対的なものだと言う。喜びを知るためには悲しみを理解しなければならない。私は彼を信じている。かつては多くのことを信じていた。
　　私は、愛について人々に助言しようと決めた。キスをしても世界は目を閉じない。誰かが私の声を聞いてくれることを願っている。腐って捨てられてしまったものをあまりにも多く見てきた。自分の考え通りに動けたらいいのに。頭ではわかっているのに、体がついていかない。そうなのか。デトロイトの少女たちが路地で他の少女を襲い、安全ピンで頬と足を刺した。なぜか大笑いしてしまった。息が臭い。きっとミルクのせいだ。みんなミルクは体にいいと思っている。でも、ミルクは肌を荒れさせ、太りやすく、動脈硬化の原因になる。動脈が硬くなったら、もうダメだ。(Macrorie, 1970, p. 20)

　この文章は、まったくのナンセンスな、あるいはランダム・ウォークするものに見える。実際、読者である私たちにとってはそのとおりである。では、この文章の価値はどこにあるのか。
　一つは、書き手自身が書くことへの心理的ハードルを下げることができる点にある。書くことへの心理的ハードルが高まったせいで、これまで書けていたのに書けなくなってしまうということを「ライターズ・ブロック（writer's block）」と呼ぶ（Rose, 1984）。たとえば、「うまく、正しく、適切に書かなく

第Ⅲ部　パーソナル・ライティング

てはならない」というプレッシャーによって筆が止まるのが、これである。フリーライティングは、文章執筆過程における拙さ、汚さ、不完全さを歓迎することで、このような心理的ブロックから脱することを促す。

　もう一つは、書き手が無意識のうちに自分が興味を抱いているものが不完全ながら言語化されることで、これを対象化して見ることが可能になる点である。たとえば、上の文章の書き手は、人間精神と自然の関係性、あるいは愛、あるいは少年少女の貧困と暴力に興味を抱いていると気づくことができるかもしれない。フリーライティングは、意味ある言葉を紡がなければならないという心理的プレッシャーを脱ぎ去り、自分の中の潜在意識を撹拌することを通して、書き手自身が考えてみたい、書いてみたいと思うアイデアを探すことに適している。

　初学者がライティングにおいてつまずくのは、何も書き方を知らないからだけではない。書くという行為に対する自己効力感の欠如もまた、ライティングを停滞させる。もちろん、この問題は初学者だけの問題ではない。あるいは、いわゆる「学力」に困難を抱える者だけの問題でもない。十分な知的能力を有する熟達した書き手においてもまた生じうる問題である。書くことはケアや癒しとしての側面をもつとも言われるが、フリーライティングは書くことがもつこのような機能を実践するための具体的な方法でもある。

　なお、フリーライティングとして書いたものを他者に公開するかどうかは、書いた本人に選ぶ権利がある。フリーライティングは自己のための文章という側面が強いため、場合によっては他者に公開するのに適さないプライベートな内容が含まれる。フリーライティングが自己開示の強要にならないように、開示の決定権が個人にあるという点は、フリーライティングを用いる指導において極めて重要な点である。

(2) 学部入門科目における表現主義を取り入れた実践

　次の例は学部入門科目として実施された表現主義を取り入れた実践の紹介である。この実践は、1989 年の秋学期と春学期にノースカロライナ大学シャーロット校のスティーブン・フィッシュマン（Stephen Fishman）が担当した「哲学入門（Introduction to Philosophy）」で行われたものである。両学期のコ

第6章　米国におけるパーソナル・ライティング教育

ースにはそれぞれ 25 人の学生が在籍し、同大学の学部全課程に開かれたものであったため、さまざまな専攻の学生が参加した。この実践研究は、哲学を専門とするフィッシュマンとライティング教育を専門とするルシール・マッカーシー（Lucille McCarthy）の共同研究としてまとめられており、実践記録を通して、学生がどのような学習体験をしているかを描き出している。研究方法として、観察、インタビュー、作文発話プロトコル[7]、テキスト分析の 4 つの研究方法が採用されている（McCarthy & Fishman, 1991）。

　この実践研究の前提となる問題意識は、それまでに表現主義に加えられた批判の検証である。自己表現を重視する表現主義は、高等教育におけるライティング教室を、個人が閉ざされた主観的な世界にとどまることを推奨する場にしてしまい、学問の世界へとアクセスすることを妨げていると批判されてきた。この批判は、社会構築主義の流れを汲むライティング研究者らのグループである「社会認識論修辞学（social-epistemic rhetoric）」と呼ばれる立場から提起された。ライティング教育における自己表現の称揚は、学術的な言葉を学ぶ機会や学術的言説共同体（academic discourse community）への参加の可能性を失わせることになるという批判である（詳しくは、森本（2020）を参照）。

　フィッシュマンとマッカーシーの実践研究は、このような批判に対する応答になっている。両氏は、この実践を分析した「表現主義は死んだのか（Is Expressivism Dead）」と題する論文において、「表現主義者の目標は、学生が自分の経験を理解する能力を成長させることであり、学問的な言語を学ぶことと矛盾しているわけではない」（Fishman & McCarthy, 1992, p. 654）と述べ、社会認識論者が求める学術的言説共同体へ学生をいざなうという目標を達成するうえで、表現主義的教授法が有効であること示している。フィッシュマンとマッカーシーの研究では、「哲学入門」コースで学んだ学生の様子や書いたものが提示されている。ここでは、表現主義の教授法がどのようなものであるかを知るのに効果的であろうと思われるものを、以下 2 つ紹介する。ページ番号のみ記している引用は、すべて Fishman & McCarthy（1992）からの引用である。

7）　作文発話プロトコル（composing-aloud protocols）とは、書き手が作文過程中に考えていることを声に出して発話してもらい、これを記録する手法である。

165

第Ⅲ部　パーソナル・ライティング

①自分の意見を述べるために信頼できる環境が必要である場合

　一つ目は、ミシガン州出身の 22 歳の英語専攻上級生であるケリー・リッター（Kerri Ritter）のケースである。リッターはこの「哲学入門」コースについて以下のように書いている。

　　　このクラスでは、本に書かれていることを鵜呑みにするのではなく、お互いに学び合っている。私たちは輪になって座り、スティーブは「失敗するとは何か」「なぜ大学に行くのか」「理想の結婚とは何か」「どうやって何かを知るようになるのか」などの大きな問い（big question）から授業を始める。10 分間フリーライティングをして、ディスカッションが始まると、みんなで自分の感じたことや意見を話す。みんなで一つの中心に向かって貢献しているような感じで、盛り上がる。他のクラスでは、その場しのぎになってしまって、あとでニヤリとしてしまうこともあるが、このクラスでは、相手の話を聞かなければならない。

　　　［中略］誰かが意見を言ったとき、私たちはそれを理解できるかどうかを確認し、その人の意見を発展させる手助けをする。それから、私たちはその意見に挑戦する。私たちは尋ねる。なぜそう思うのか。どのようにしてそれを知ったのか。その考えはどこから来ているのか。(p. 655)

　マッカーシーは、本実践を通して見られたリッターの姿を、発話者のパーソナルな表現や問題意識に対する受容的な傾聴と、それに対する分析的な言語を用いた応答として特徴づけている。そこにフィッシュマンが目指した「パーソナルな言語と哲学的な言語の間の相互作用」(p. 655) が表れていると読み解いている。

　　　ケリーが他の学生の話を聞くとき、彼女は彼らと親しくなり、彼らを理解し、彼らの視点を明確にするのを助けるために、彼らの言葉を試していた。彼女が彼らに質問するとき、彼女は彼らから離れて、哲学のより分析的な言語を使って、明確化、証拠、議論について問うていた。(p. 655)

第6章　米国におけるパーソナル・ライティング教育

　マッカーシーは、一連の観察やインタビュー調査から、リッターのケースで見られるように、学生が学術的言説共同体に参加するためには、自分の意見を述べるために信頼できる環境が必要な場合があると述べている。単に分析的な手法が教授されればそれが効果的に習得されるわけではなく、表現主義的教授法によってパーソナルな言葉で語り、これを傾聴する場づくりが行われることで、初学者をより深い思考へといざなうことができるということである。

②自分の意見に疑問を抱くために信頼できる環境が必要である場合

　二つ目は、ノースカロライナ州出身の26歳の美術専攻3年生ローリー・ウィルソン（Laurie Wilson）のケースである。マッカーシーの記述によると、ウィルソンは信念の強い学生であり、自分の考えを押し通すものの、オルタナティブな意見を自分から出すわけでもなければ、他者から出された意見に耳を貸すわけでもない傾向が見られた。フィッシュマンの授業においてウィルソンが探究心を発揮したパーソナルな問題関心は、「犯罪者が矯正施設でどのように扱われているか」であった。ウィルソンは、最高警備の刑務所で看守をしていた父親から得た見解に基づいて、犯罪者にはあまりにも多くの贅沢と権利が与えられすぎていると考えていた。以下は、フィッシュマンが、このコースの最初に学生に書かせた個人的な経験のナラティブ、その初稿において、ローリーが刑務所を訪れたときのことを語っている記述である。

　　外には、カミソリの刃を砕いたワイヤーでできた二重フェンスで囲まれた広大なエリアがあった。私はとても怖気づいた。しかし、中に入ってみた。フェンスの内側にある刑務所は、まるでホリデイ・インのようだった。設備の整ったジム、図書館、病院、キッチン、学校等、さまざまな施設があった。独房棟には、私がこれまでに見たなかで最も大きなテレビが備え付けられていた。兄は、自分が大人になったら、あそこで暮らすのも悪くないとさえ言っていた。母はショックを受けた。母は息子に対して、刑務所ではいつ何を食べるか、いつ寝るか、いつ運動するか誰かに指示されるのだから、刑務所には行きたくないだろうと言った。すると息子は、家でも母が同じことを言っていると答えた（p. 656）。

167

第Ⅲ部　パーソナル・ライティング

　もちろん社会が囚人たちにこうした施設を提供することには囚人の更生や社会復帰という点で意義があるのだが、ウィルソンは受刑者たちが犯罪に対する罰を受ける必要があると続けた。このようなウィルソンの主張の背景には、氏の父が受刑者たちに襲撃され、その後受刑者から訴えられたことが何度かあったこと、ウィルソンは父と非常に親しく父の身を案じていたことも影響していたようである。フィッシュマンは、このような氏の感情的な利害関係が、期待すべき修辞的状況を生じさせ、哲学的な探究を行うためのエネルギーとコミットメントを生み出すと考えていた。

　フィッシュマンは、ウィルソンの初稿に対する応答において、このナラティブの根底には重要な価値観の対立があること、すなわち、刑罰に対する2つの見解（応報的なものと更生的なもの）の対立があることを伝えたうえで、文章をブラッシュアップするために、次の3つに取り組むように促した。第一に、聖書の「目には目を」という考え方に似たウィルソンの見解と、更生を強調したオルタナティブな見解の両方を明確にする。第二に、両論の論拠を述べる。第三に、この2つの刑罰観を、2つの異なる人間性の観と結びつけて分析する。

　学期当初には意見を主張する際に横車を押すような傾向にあったウィルソンだったが、学期が進み、12月初旬に最終草稿を書いているとき、ウィルソンは、他者の立場や言葉を引き受けることとその労苦に向き合うことを試みていた。氏は、自分の論と異なる立場である更生推進派が犯罪者の更生がもつ経済的側面について主張する可能性に気づいた。一方、この論に対して想定されうる反論として、更生推進派が受刑者の社会復帰を十分に支援していない可能性を指摘しうることにも気づいた。自分と異なる立場からの主張や論拠への応答可能性に開かれ始めたウィルソンは、最終的に、すべての囚人が処罰されるべきだという見解から、囚人の処遇は囚人の態度や犯罪の内容によって決まるべきだという見解へと意見を修正し、最終稿をまとめた。このコースの最後における氏の結論は「原則として犯罪者は更生を目指して収監される必要がある。ただし、更生できない犯罪者もいる」というものであった。

　フィッシュマンの表現主義的教授法を取り入れた実践は、ウィルソンにとっては、自分の意見に疑問を抱くために信頼できる環境が必要であったことを示している。最終的にウィルソンが導き出した結論が「正解」というわけではな

いが、フィッシュマンの実践を通して、ウィルソンは他者の主張や論拠を探ることで、自らの臆見を顧み、その立場を修正するきっかけを得た。後日談として、コース終了から4ヶ月後、ウィルソンはマッカーシーに対して、「父親の仕事についてのコメントをより注意深く聞き、父と現在刑事司法の学生である兄との会話をより批判的に評価するようになった」と話している（p. 659）。マッカーシーはこれを「父から学んだ言説を哲学的に探究することで、彼女は言説との関係の中で自分自身を再配置するようになった」と振り返っている（p. 659）。

　ここに示した2つのケースから何が言えるだろうか。フィッシュマンのクラスを観察したマッカーシーは、氏のクラスを「表現主義的な環境の中で社会構築主義的な目標を達成するために、哲学的方法の習得と学生の声の発達の両方にコミットしているクラス」と形容している（p. 647）。両氏はこの研究から、「個人的な言語と学問的な言語の相互作用を促進するような方法」は、「学問的言説の学習を妨げるのではなく、個人的な言語と哲学的な言語を織り交ぜることによって、その両方の発達を促す」と結論づけている（p. 659）。
　このような省察のスタート地点となったのが、自らの経験を動員しながら自分の考えを表現するというパーソナル・ライティングである。自分の考えを表現するという作文行為は、自分の考えが明示的に外化され、その論理展開が（不完全さも含めて）対象化される契機となると同時に、そうして表現された自己意識を後から振り返ることを可能にする。「社会構築主義者は、学生が学問的言語を習得するためには、個人の言語を脇に置かなければならないと主張してきた」（p. 659）が、表現主義の知見を踏まえるならば、学術的言説共同体への入門は、個人と学術・学問の間にある言説領界を行き来しながら、両者の距離感を把握することであると言える。

おわりに

　表現主義がライティング教育に与えた影響を端的にまとめるならば、生徒・学生という主体の捉えなおしが図られたという点に集約される。米国のライテ

第Ⅲ部　パーソナル・ライティング

ィング教育が伝統的にプロダクト重視であったのに対して、表現主義は生徒・学生という存在、あるいはその執筆プロセスに注目した。生徒・学生は、個人として、学習者として、書き手として文章執筆に取り組む。それゆえに、このような主体が「なぜ書くか」「実際に何を考え、どのように書いているか」が関心の対象となり、書く主体のパーソナルな側面が前景化されたのである。

　従来、米国では生徒・学生が「なぜ書くか」は長らく問題にされてこなかった。この状況は、表現主義の登場を経て多少の変化を見せつつも、現在まで連綿と受け継がれている。米国の高等教育における予算削減、クラス規模の拡大、標準化された量的評価への要求の高まりは、ライティング指導に関する専門的・理論的な理解にばかり目が向けられる状況を生み出しているため、学習者のレリバンスへの無関心は以前よりも拡大しているとさえ言える。

　学習者のレリバンスへの無関心の背景には、学問というものの性質（あるいは、その変化）が関係している。学問は自己を横に置くことによって大きな成果をあげる。表現主義者も——最も過激な一部の者を除けば——この点には同意している。しかしながら、学問という、さながら知的権威としてそびえ立つ壁の前に、足がすくみ、あるいは疎外された学生の存在を前に、学問へのいざないとして、伝統的な教授法以外にも複数の道を模索する余地は残されている。伝統的なライティング教育が形式的完成に重きを置いてきたことを踏まえて、そのオルタナティブが必要であると考えたのが表現主義者であった。イーライ・ゴールドブラット（Eli Goldblatt）は、「表現主義と呼ばないで（Don't Call It Expressivism）」と題する論文において、「学生にはより親密で説得力のある情報源からもたらされる書く理由が必要である。個人的なものとして感じられる緊急性がなければ、書き手は常に教師、上司、裁定者に、始めるための許可とやめるための承認の両方を求めることになる」と述べている（Goldblatt, 2017, p. 461）。学校・大学が大衆化する社会的状況にあって、表現主義者は、学問という大きな壁の前で立ちすくむ学生のエンパワメントに関心を寄せてきた。

　やや議論の射程が拡散してしまうが、本章で示した米国における表現主義の歴史と実践を踏まえて、日本の状況について考えてみよう。アカデミック・ライティングでは「あなたの考えは必要ない」と言われる。これは、大学でのレ

ポート課題に「感想文」を書いてくる学生に対する大学教員の常套句でもある。日本の場合、感想文は「学校教育において『万能の書き物』、『基本となる書き方』となっている」（渡邉, 2023, p. 194）。感想文大国・日本にあって、アカデミック・ライティングと感想文の区別を強調してしすぎるということはない。アカデミック・ライティングの最終成果物に個人の感想が必要ないのは事実である。

　このような状況ゆえに、日本においても米国同様、学生がレポートや卒業論文を「なぜ書くのか」という問いについて、学生自身の立場からの議論は必ずしも熱心になされてきたわけではない。単位取得のために書くべきものであって、書かない選択肢などありえないと考える。あるいは、レポートや卒論のようなアカデミック・ライティングは自明に価値あるものだから、四の五の言わず、とにかく取り組みなさいと指導する。あるいは、学術訓練を通した人格陶冶の価値を説く。いずれの場合も、学生が主語になって何を考えているかは見落とされがちである。アカデミーの中にあって、「なぜ書くのか」は、なかなか問題になりづらい。

　しかし、自分がどの学問分野や専門領域に進みたいか、どのようなテーマを選ぶのか、あるいはなぜそのようなテーマを選んだのかということは、特に初学者においては切実な問いである。この問いに対して学習者自身が暫定的にでも何かしらの回答ができること、あるいはその回答までのプロセスにおける言語化を通して思考することは、学習者にとって教育的に価値ある経験である。パーソナル・ライティングと呼ばれるものは、アカデミック・ライティングに直接的につながるわけではない非線形なライティング学習プロセスを通して、この部分を担ってきたのである。

参考文献

Berlin, J. A. (1987). *Rhetoric and reality: Writing instruction in American colleges, 1900-1985*. Southern Illinois University Press.

Brandt, D., Cushman, E., Gere, A., Herrington, A. Miller, R., Villanueva, V., Lu, M., & Kirsch, G. (2001). The politics of the personal: Storying our lives against the grain. *College. English*, 64(1), 41-62.

Clark, I. (2003). Process. In I. Clark (Ed.), *Concepts in composition: Theory and*

第Ⅲ部　パーソナル・ライティング

practice in the teaching of writing (pp. 1-69). Lawrence Erlbaum Associates.

Connors, R. (1997). *Composition-rhetoric: Backgrounds, theory, and pedagogy.* University of Pittsburgh Press.

Cremin, L. A. (1961). *The transformation of the school: Progressivism in American education, 1876-1957.* Random House.

Crowley, S. (1990). *The methodical memory: Invention in current-traditional rhetoric.* Southern Illinois University Press.

Elbow, P. (1989). Toward a phenomenology of freewriting, *Journal of basic writing*, 8(2), 42-71.

Elbow, P. (1998). *Writing without teachers*, Oxford University Press (first published in 1973). (邦訳：ピーター・エルボウ著, 岩谷聡徳, 月谷真紀訳 (2024)『自分の「声」で書く技術』英治出版)

Elbow, P. (2000). Illiteracy at Oxford and Harvard: Reflections on the inability to write. In P. Elbow, *Everyone can write: Essays toward a hopeful theory of writing and teaching writing* (pp. 5-27), Oxford University Press.

Elbow, P. (2015). "Personal writing" and "Expressivism" as problem terms. In T. Roeder, and R. Gatto (Eds.), *Critical expressivism: Theory and Practice the Composition Classroom* (pp. 15-32), Parlor Press.

Fishman, S., and McCarthy, L. (1992). Is Expressivism dead?: Reconsidering its Romantic roots and its relation to social constructionism, *College English*, 54(6), 647-661.

Fulkerson, R. (2001). Of pre- and post-process: Reviews and ruminations. *Composition studies*, 29(2), 93-119.

Gradin, S. (1995). *Romancing rhetorics: Social Expressivist perspectives on the teaching of writing*, Boynton/Cook.

Goldblatt, E. (2017). Don't call It Expressivism: Legacies of a "tacit tradition," *College composition and communication*, 68(3), 438-465.

Judy, S. (1980). The experiential approach: Inner worlds to outer worlds. In T. Donovan, & B. McClelland (Eds.), *Eight approaches to teaching composition* (pp. 37-51). National Council of Teachers of English.

Lindemann, E. (1982). Ken Macrorie: A review essay, *College English*, 44(4), 358-367.

Maceira, S. (2022). Expressivism and its (dis) contents: Tracing theory and practice from history to here and now, Dissertations, City University of New York.

Macrorie, K. (1970). *Uptaught*, Hayden Book Company.

Macrorie, K. (1974). *A vulnerable teacher*, Hayden Book Company.

McCarthy, L., and Fishman, S. (1991). Boundary conversations: Conflicting ways of knowing in philosophy and interdisciplinary research, *Research in the teaching of English*, 25(4), 419-468.

森本和寿 (2020)「米国大学初年次における表現主義に基づくライティング教育」『教育方法学研究』第 45 巻, 37-47.

Murray, D. (2004). A writer teaches writing (revised 2nd edition). Thomson/Heinle (first published in 1968).

Rose, M. (1984). *Writer's block: The cognitive dimension.* Southern Illinois University Press.

Tobin, L. (1994). How the writing process was born--and other conversion narratives. In T. Newkirk & L. Tobin (Eds.), *Taking stock: The writing process movement in the 90s* (pp. 1-16). Boynton/Cook.

渡邉雅子 (2023)『「論理的思考」の文化的基盤:4つの思考表現スタイル』岩波書店.

第7章

フランスの大学における
「日誌（Journal de bord)」の実践
―社会・文化的格差を意識した初年次教育―

田川 千尋

はじめに

　フランスの教育におけるライティングについては、思考の「型」であるディセルタシオンが近年日本でも精力的に研究され、紹介されているところである（坂本, 2022；渡邉, 2021 など）。書く型でありまた同時に思考の型であるこのディセルタシオンをどの程度の水準で操ることができるかは社会的選抜の鍵となり、言語資本として機能する（第3章参照）。

　本章では、同じフランスで行われている異なる趣向のライティングに目を向けたい。大学における自己について書く実践である。形式や、それが実践されている授業の枠組みは異なるが、これらは、学生の多くが庶民階層出身者である大学において、学生に「なる」こと（Coulon, 1997）を目的とした初年次教育としての意味を持っている。

1. フランスの大学教育

(1) 中退の多いフランスの大学

　フランスの大学は中退率が高い。中退後に進路変更を行い再度入学するケースも多く、ある学部・専攻の中退者が必ずしも高等教育機関を完全に離れているとは言えないのだが、いずれにせよ初回入学者における大学の学士課程の修

第Ⅲ部　パーソナル・ライティング

了率は低い[1]。これは、高等教育機関の中でも大学がバカロレア資格（中等教育修了資格）を取得していれば誰でも登録ができる開かれた場であることが大きく関係している。Parcoursup（パルクールシュプ）と呼ばれる進路志望の事前登録システムの導入後は、多少の入学者ふるい分けは行われるようになったものの、依然として大学には入学者選抜がないに等しい。

　これはフランス共和国憲法の前文で、全国民に平等な教育機会を保障することとあわせて、すべての教育段階で無償かつライック（非宗教的）な公教育を提供することが国の義務と定められているからである。すなわち大学教育は国の公役務であり、大学進学は本人にとってのみならず社会にとって益のあることだと考えられている。大学はそのほとんどが国立であり、比較的少額の登録料（例えば学士課程は年間170ユーロ＝約2万7千円）を払えば誰もが学ぶことができる、準無償で中等教育修了資格さえあれば無選抜に近い高等教育機関である。そして、このような大学の社会的位置づけは、初年次教育のあり方に重要な影響を与えている。

(2) 初年次教育・高大接続策の特徴

　このように開かれた場である大学では、バカロレアの取得者であるという一定の条件はあるとはいえ多様な学生を受け入れている。バカロレアは1967年に技術バカロレアが創設され2種になったのち（これにより従来のバカロレアは普通バカロレアとなる）、1980年代に取得率を一世代あたり80％に到達することを目指す政策が置かれたことで新たに職業バカロレアが創設され、3種になった。いずれのバカロレアも高等教育へ志願することは可能であるが、実際にはそのどれもが大学での学習に適しているわけではない。普通バカロレア取得が大学での学業にはもっとも望ましいとされているが、技術バカロレア・職業バカロレアという高校での学業が職業系の専攻への進学および就職を念頭においた教育課程を修了した学生も入学してくる。欧州全体で高等教育修了率の向上が目指されていることも、これらの政策を後押ししている。

---

[1]　詳しくは田川（2020）参照。なお、25-34歳における高等教育免状（短期高等教育修了免状を含む）取得率は50.4％（OECD平均47.2％）である（OECD, 2023）。

第 7 章　フランスの大学における「日誌（Journal de bord）」の実践

このような状況のもと、初年次教育の一環で中退希望者には進路変更指導が重点的に行われているのがフランスの大学における学生支援の特徴である（田川, 2018）[2]。学習への準備支援では、学生が自律的な学び手となることが意識された支援が行われている（田川, 2022）。

2. 「大学生になる」こと―パリ第 8 大学における「書くこと」を通した初年次教育実践の系譜―

(1) パリ第 8 大学の置かれた地域性

パリ第 8 大学は、パリ郊外、サン＝ドニ市に設置されている。サン＝ドニ市が位置する 93 県は 1970 年代以降、移民労働者が集住している地域で、現在全国でも最貧困地域であり、教育分野でも優先地域政策の対象となっている学区を多く抱えている。このような地域性から、パリ第 8 大学の学部生は庶民階層出身者の割合が非常に大きい。これは、技術・職業バカロレアを持った学生の比率が高い（教育学部では約半数）ことにつながっている[3]。彼らはまた高等教育アクセスの第一世代であることが多い。社会・文化的に大学文化に遠い学生たちの学業困難とその結果としての留年や中退はフランスの抱える全国的な問題であるが、学生の構成からパリ第 8 大学はこの中でももっとも困難に面した大学だと言える。

(2) アラン・クロンによる日誌を用いた初年次教育

日誌は社会学・人類学において重要な研究記録の手法であるが、これを大学の授業に取り入れ、初年次教育として位置づけたことで知られるのがアラン・クロン（Alain Coulon）による 1990 年代のパリ第 8 大学における取り組みである（Coulon, 1997, 2005, 2017）。クロンは、自らの所属する教育学部における初年

---

2) Parcoursup も進路の不一致を解消することを目的とした改革である。進路選択・変更指導に比較的他の支援よりも重点が置かれていることからは、進路が一致すれば学習への意欲は増す、というロジックや自律的な（であるべき）学生像が見える（田川, 2022）。

3) フランスの学校教育システムでは進路分化は階層化している（ブランシャール＆カユエット＝ランブリエール, 2020）。すなわち取得バカロレアの種類と出身社会階層は相関がある。

177

第Ⅲ部　パーソナル・ライティング

次学生に向けた授業の中で、学生に日誌をつけることを課題とし、学生たちに
自分が大学生に「なる」過程を客観視させ、この課題が学生の大学における社
会化の支援ツールになることを目指した。

　学生による提出物の分析を通し、クロンは学生の大学での社会化の過程には
3つの時期があるとした（異化、習得、参入）。そして、最終的に知的参入（affilia-
tion intellectuelle）できている状態が大学の学習では重要だと結論づけた。知
的参入ができている状態とは、知的エンゲージメントができている状態であり、
それは大学にいるのか休日でそれ以外の場所にいるのかにかかわらず、大学の
課題や授業での問いについて考え続けてしまうような、自律的な学びへの関わ
りであるとした。これをクロンは「学生のメチエ」と呼んだ[4]。

　初年次を大学への社会化の段階として観察し、大学生に「なる」こと、すな
わち「参入」という状態を同定した研究はフランスの学生支援において2000
年代以降大きなインパクトを持っており、その後の実践の基礎を成している。

3.　スティグマを取り除く─「自己の社会学的分析」実践─

(1)「自己の社会学的分析」実践

　「自己の社会学的分析」は、クロンの実践を踏まえ、このような社会的背景
の中に置かれたパリ第8大学で、教育学部の初年次入学生を対象とした「大学
の学生になる（Devenir étudiant à l'université）」という方法論の授業でセヴリ
ーヌ・カクポ（Séverine Kakpo）とクレール・ルメットル（Claire Lemêtre）に
より行われた授業実践である。授業は40EC（欧州共通単位制度による40時間
の授業）からなる必修科目である。

　授業の目的は、大学という世界での文化習得を学生がよりよくできるよう、
自己を社会学的に分析することである。このことは、「ノートの取り方、文章
を科学的に読むこと、大学での時間管理、文献調査の方法など、初年次に学生
たちが教わることを把握できるようにするには必要不可欠な前提である」（ル
メットル）。

---

4)　メチエとは、職業や職務のことである。

178

授業では、学生は自分の学業のあゆみを中心に自己の振り返りを行い、最終的にはこれらは提出物としてA4で15ページ程度にまとめられる。学生はまず、両親の社会的背景、教育レベル、職業的状況、つまりは自らの社会的軌跡をたどることで、自身・家族の社会的背景を正確に把握する。そして次に、家族が利用可能な資本は何であるのか、あるいは家庭の持つ資本が学業に対して役に立つのか立たないのかを理解する。これによって、一般に教育社会学で必ず学習する学校と家庭に関する理論を、自らの状況に当てはめて理解する。最後に、学生は社会化の観点から自己の分析を行う。授業で学習したことを踏まえ、家庭における社会化の環境の主な特徴を特定し、学校世界との親和性あるいは距離について把握することが目指される。

(2) 授業実践の初年次教育としての意義—クロンとブルデューの影響

カクポとルメットルによる実践の特徴は、教育学部で学ぶ社会学的な理論を学生が自己に当てはめ、自己を社会的に理解しようとすることを初年次教育として実施していることにある。社会的に恵まれない地域であるサン＝ドニで、大学における社会化を助けるツールとしての自己を社会的に理解する作業について、ルメットルは以下のように述べている。「社会分析をすることで、社会的決定論を理解することができる。これはP・ブルデューが示唆したような「自己」について取り組む可能性を開くことができるということでもある」。ブルデューら（Bourdieu & Wacquant, 1992）によれば、社会的決定論を理解することは、合理的な意志と努力によって自分の気質を「抑制」または「鎮圧」しようとすることからなる、可能な「自己への働きかけ」への道を開く。ルメットルらは、これこそが学生に促したい「自己変容」であるという。すなわち、このようにして行われる社会分析によって、「生まれながらにして学生であるわけではない」こと、そして大学への期待や必要は社会的に位置づけられたものであることに気づいて欲しいということである。これはクロンが学生に「なる」過程を分析的に描いたことも踏まえつつ、「なる」ために必要なものは何か特定して授業実践に用いていると言える。

ブルデューによれば、「脱運命化」、すなわち行為主体（エージェント）が自らの実践、ハビトゥス、そして自由に使える資本の量を理解するよう導くこと

第Ⅲ部　パーソナル・ライティング

は、社会学者の責任だという。ルメットルはこのことを踏まえ、自己についての学生の取り組みについてこう述べる。社会的・学業的に恵まれない学生が「私は読書が好きではない」と考えるところから「私は読書を楽しむことができるようなある種の読書能力をこれまで身につけてこなかった」というように、大学で直面する講読という試練に対して、これまでとは異なる態度で取り組む可能性に賭けているのだ、と。そして。「呪い」や「避けられないもの」とみなすのではなく、理性的な方法で、自分の性向を徐々に変えていくような体系的な訓練を受ける機会として捉えるのだ、と。自らも社会学者であるカクポとルメットルは、「郊外出身」というスティグマを持つ学生に対し、授業実践を通してブルデューのいう社会学者の責任を果たそうとしている。つまり、彼らが運命論に翻弄されることなく大学生に「なれ」るよう手助けしているのだといえる。

(3) 課題の取り組み状況

　実際に学生はどのように自己分析をしているのだろうか。形式は多様で、家族の資本構造の詳細な分析を目録のように書く学生もいれば、家庭環境が持つ社会化機能的特徴や、それが学業水準とどのように関係しているかについての詳細な分析をする学生もいるという。ここではエロディのケースを引用して紹介する（Kakpo et Lemetre, 2019)。

　　私の両親は 372c と 421b のカテゴリー［社会職業カテゴリー[5)]］に属している。人事担当の父は、CAP（職業適格証）、BEP（職業教育免状）、BAC Pro（職業バカロレア免状)[6)]の「事務・IT エージェント、会計オプション」を持っている。彼は「人事チームを率いる」ディプロマを取得するために学校に戻った。［中略］母は学校の教師であり、研修担当者でもある。彼女は 4 年間の高等教育を受け、以下の資格を持っている。［中略］たくさんの本が入った本棚が 3 つ、楽器（ギター 2 本とピアノ 1 台）、メ

---

5)　社会職業カテゴリー（Professions et Cagégories socio-professionnelles, CSP）（INSEE, 国立統計経済研究所）の分類。372c は人事・採用専門管理職、421b は初等教育教員である。
6)　いずれも中等教育レベルの職業教育を修了で取得する免状。

第7章　フランスの大学における「日誌（Journal de bord）」の実践

ダル（妹や私が優勝したスポーツやチェスの大会のもの）、父が参加した
ランニングレースのゼッケン。妹はセーヌ＝サン＝ドニ市議会から文学賞
をもらったこともある。新聞のコレクション、そのうち一つは少なくとも
100年前のもの。50年以上前の懐中時計や70年以上前のイヤリングなど、
父か大叔母から母に贈られた宝飾品（エロディ、バカロレアL[7]、父：企
業の人事・採用専門管理職、母：教職・教育高等学院の教員）

家庭環境が持つ社会化機能について分析できている学生もいる。

　私は社会学者の分析方法を学び、取り入れ始めている。もちろん、社会学
者にはまだほど遠いけれど、少しずつ周りの人たちの社会化、そして自分
自身の社会化を違う方法で分析している。［中略］私はよく母とゲーム、
特にスクラブルで遊んだ。ダニエル・タン（Daniel Thin）が、労働者階級
の家族はリラックスするため、楽しむために子供とゲームをするのであっ
て、必ずしも家庭で勉強を続けるためではないと言っていたのを思い出し
た。確かに、スクラブルは中流階級や上流階級の家庭でよく見られるゲー
ムだ。（ポーリーン、バカロレアS、父：パン屋の研修担当、母：事務秘
書）

　次の二人の例を、カクポとルメットルは、学歴を再文脈化することに成功し
ており、社会的に構築された「自発的」学生だと分析している（Kakpo et
Lemetre, 2019）。

　私の両親は、自分たちには学校的価値観がなかったにもかかわらず、私に
は学校的価値観を植え付けた。どういうことかというと、自分がタバコを
吸っているのに、どうして子供に「タバコを止めなさい」と言えるのか？
非論理的に思えるが、私の両親はそのことに成功した。［中略］現在、父

---

7)　普通バカロレアには、2018年改革以前、S（理系）、L（文系）、ES（経済・社会系）の3つの系
　　があり、一般に、グランゼコール準備級のような選抜性の高い高等教育への進学にはSが必要
　　とされ、学力の高い学生が選択する傾向があった。

第Ⅲ部　パーソナル・ライティング

は自分の仕事があまり好きではない。私のモチベーションの源はそこにあると思う。私が話せるようになって、人の言うことが理解できるようになってから、少なくとも私が覚えている限りでは、父はいつも私にこう言っていた。「学校は大事だよ。本当に好きでもない仕事のために朝起きるのがどれほど大変か、想像できないだろう」。（マージョリー、STMG バカロレア[8]、父：ネットワーク・マネージャー、母：主婦）

私の両親は、私や妹の学業に常に深くかかわってくれた。宿題を手伝ってくれたり、できる限りいろいろなことを教えてくれたりしたおかげで、私は他の生徒よりも早く上達することができた。小学生のときは、宿題を手伝ってくれたり、一日にあったことを話してと言ってきたりした。（モード、バカロレア S、父：建設業、母：秘書）

　自らの授業実践を批判的に検討する中でルメットルは、結局この演習の目標を果たせた学生は、学校的・文化的資源に乏しい家庭出身者にはいなかったと振り返っている。彼らは分析には至らず、例えば両親に資格がないこと、フランス語の筆記能力が低いことを記し、両親の文化的慣習については分析せず、家族が学校世界から遠いことについてもほとんど書いていないという。「要するに、これらの学生たちは、労働者階級の家庭に内在する文化的な「欠損」という考えを解体し、階級社会関係をより「関係的」に理解するために提供された機会を実際にはつかめなかったのである」（ルメットル）。

(4) 教育社会学の文献講読を踏まえた課題の状況

　カクポとルメットルの授業実践では、文献講読を踏まえ、学生が自分の時間の使い方について記すこともしている。課題文献は、ステファン・ボー（Stephane Beaud）『Le temps élastique（弾力的な時間）』（Beaud, 1997）である。この論文は、フランス東部の工業地帯にある公営住宅出身で大学に通うことになった4人の学生（移民労働者の息子）の調査をもとに、教育に対する「支配的な関

---

8)　技術バカロレアの一つ。

182

係」が、経験した時間の弾力性と結びついていることを明らかにしたものである。社会における支配関係について大学生と時間という身近な例から学生に理解させる文献だと言えよう。

　授業は、①大学という制度が構造化しにくい性質を持っていることについて考えるよう促す、②彼ら自身の時間に関する性向と、それがどのように構成されているかについて考えるよう促す、③大学の時間をどのように管理するかについて、方法論的なアドバイスを行う（1週間ごとのスケジュール、6ヵ月ごとの逆算スケジュールなどを作成する）、という順で進められた。

　この課題で、学生たちが書いたものは以下のようなものだった。

　　家に帰るのに1時間30分から2時間かかるのだけど、RER［パリ中心部
　　と郊外を繋ぐ郊外高速列車］の中は臭いし、変な人もいるし、あまり快適
　　ではない。（レティシア、バカロレアS、父：技術者、母：制作アシスタ
　　ント）
　　課題をし、復習をし、勉強する週末を過ごすつもりだったが、その代わり
　　に週末は友人と出かけたり、寝たり、食べたり、ドラマを見たりして過ご
　　した。要するに、課題以外のことは何でもした。最悪なのは、テレビドラ
　　マを見ながら、ポテトチップスを食べながら、今週の日記を書いているこ
　　とです。（ルシア、経営・管理の職業バカロレア、父：地方自治体職員、
　　母：清掃員）

次のメガーヌの例は「比較的成功した例」として挙げられている。

　　夕方、私はテキストを読み、「大学生になる」の授業の先生から出された
　　質問に答えた。テキストは、大学での時間と4人の団地出身の若者との関
　　係について書かれている。彼らのように、家にいると集中できないし、い
　　つも外で、あるいは家で家族と一緒に何かもっと「重要なこと」をしなけ
　　ればならない。家では大学のことはあまり話さない。両親は「今日はどう
　　だった？」はときどき尋ねてくる。両親は私の学業にとても関心があり、
　　私のことをとても誇りに思ってくれていると思う。［後略］（メガーヌ、バ

第Ⅲ部　パーソナル・ライティング

カロレア ES、父：車のセールスマン、母：銀行部門のカスタマー・アドバイザー）

(5) ルメットルによる取り組みへの総括

ルメットルはほとんどの学生が、自らが直面した時間的な試練を語ることに終始し、内省的な視点を構築できていないと分析している。内省的な視点を養うことができた学生は、優秀な高校の成績を持っている学生ばかりだったという。すなわち、授業が意図する、大学での学習に困難を抱えがちな層への社会化支援ツールとしては機能していなかったと言える。

4. 二つの実践の特徴と日本への示唆

以上、パリ第8大学における二つの取り組みを紹介した。二つの取り組みはいずれも、書くことを通して学生が自己を社会に位置づけること、そのために自己を社会的な枠組みの中で理解することが目指されている。そして、そのような社会的な分析作業を、大学生になることと結びつけている。つまり、これらの取り組みは、社会的背景が大学世界と「遠い」社会・文化的背景を持つ学生が多い大学で初年次教育として位置づけて実施されている。初年次教育は大学世界への参入の支援、社会化の支援ととらえており、そのためのツールとして自己について書くことは位置づけられている。

両取り組みは教育学部内で教育社会学者により実践されたものである。これらの取り組みが学生にとって二つの意味を持っていることは興味深い。すなわち、自己（人）を社会的な文脈で捉えることは、学生たちが今後学部で学ぶ学問のアプローチであり、今後他の事象の分析視点を自らについてまず実践してみるという意味で、学習の導入と言える。そして同時に、学生が大学で現在直面している、あるいはこれから想定される困難を、自己について書き、自己を社会的に位置づけることで乗り越えようとさせるものである。

自律的であることは、特にフランスの学校教育現場で現在でももっとも重要な価値観である。大学は民主的な場であり入学が比較的開かれたものであり続けているが、同時にそれが多くの学業「失敗」者を生み出しており、実際には

184

第7章　フランスの大学における「日誌（Journal de bord）」の実践

見かけだけの民主的システムであると時に批判されもしている。しかし実践の現場では、この開いたシステムを維持しつつ、特定の社会的背景をもつ学生の困難に対し、自らこれを乗り越えさせようという試みがいくつも見られる。本章で取り上げた試みも、このような位置づけで実施されている。実践者として否定的な評価がルメットルからはされていたものの、大学世界の中に自己を位置づけていく作業としてのこれらの取り組みは、大学における「支援」全般のあり方と学生の自律性について一考させる興味深いものではないだろうか。

参考文献

Beaud, Stéphane（1997）"Un temps élastique", *Terrain*, 29 1997, pp. 43-58.

ブランシャール＆カユエット＝ランブリエール（2020）『学校の社会学 フランスの教育制度と社会的不平等』明石書店.

Bourdieu Pierre et Wacquant Loïc（1992）, *Réponses. Pour une anthropologie réflexive*, Paris, Seuil.

Coulon, Alain（1997）*Le métier d'étudiant*. PUF.（Nouvelle édition, 2005）

Coulon, Alain（2017）, « Le métier d'étudiant : L'entrée dans la vie universitaire ». *Educação E Pesquisa*, 43(4), pp. 1239-1250.

Kakpo, Séverine et Lemêtre, Claire（2019）, "L'auto-socioanalyse: un outil au service de la démocratisation universitaire?", *Socio-logos* [Online], 14 | 2019.

OECD（2023）OCDE, Regards sur l'éducation.

坂本尚志（2022）『バカロレアの哲学「思考の型」で自ら考え、書く』日本実業出版社.

田川千尋（2018）「進路形成における自立的生徒・学生像：ナント大学区を事例に」園山大祐編『フランスの社会階層と進路選択』勁草書房、13-23.

田川千尋（2020）「大衆化した高等教育における学生受け入れの問題と改善に向けた取り組み」細尾萌子・夏目達也・大場淳編『論述型大学入試に向けて思考力・表現力をどう育むか—バカロレアの国フランスからのヒント』ミネルヴァ書房、195-210.

田川千尋（2021）「高校から高等教育への進路選択システム—高大の接続支援と公平性に関する考察—」園山大祐編『フランスの高等教育改革と進路選択：学歴社会の「勝敗」はどのように生まれるか』明石書店、105-122.

田川千尋（2022）「フランスの大学入試 バカロレア試験と高等教育登録システム」『未来志向の大学入試デザイン論』大阪大学出版、93-103.

渡邉雅子（2021）『「論理的」思考の社会的構築』岩波書店.

第Ⅲ部　パーソナル・ライティング

謝辞

　本章は、公開国際研究会「Actualité de la recherche sur le bac - 3/+3: Quelles inégalités et quels dispositifs sur les campus? 高大接続研究の現在：格差と大学入学後の支援策」（2023 年 7 月 15 日、大阪大学中之島センター）におけるクレール・ルメットル氏発表 « L'auto-socioanalyse : un outil au service de la démocratisation universitaire ? Retour critique sur une expérience pédagogique menée auprès de primo entrants à l'université de Paris 8 （「自己 - 社会分析：大学教育の民主化に繋がるツール？　パリ第 8 大学における初年次学生に対する実践の批判的検討」」 » に依拠している。また、発表は Kakpo et Lemêtre （2019）に大きく依拠したというルメットル氏による断りがあった。カクポ氏とルメットル氏の協力に感謝を申し上げる。なお、この公開研究会の実施を含め、本章は JSPS 科研費 21K02295 の助成を受けたものである。

コラム3

経験や記憶をライフストーリーによって再構築する
―カナダ・ケベック大学の人生を創造する授業から―

谷 美奈

　第8章で紹介するパーソナル・ライティングの教育実践に比較的近い、学生の体験や記憶をテーマに「人間形成」を促す教育として、フランス語圏の「ライフストーリー（Histoires de vie）」という実践研究を紹介しておきたい。

成人教育における自己形成教育

　フランス語圏におけるライフストーリー教育の創始者として、フランス人のガストン・ピノー（Gaston Pineau 1939-）があげられる。ピノーおよびその研究協力者であるマリー・ミッシェルらは、カナダのケベック大学モントリオール校やフランスのトゥール大学において、成人教育の一環としてライフストーリー教育（Histoires de vie en Formation）の開発と実践研究に従事してきた。彼らは、現代の学校教育の行き詰まりを問題視することで、自らの自己形成論やライフストーリーを成人教育に応用することを提唱してきた。

　ピノーらの成人教育論は、従来の学校型教育に象徴されるような、教育における教える者と教えられる者との権威的な関係性に対する問題意識から出立している。成人教育の領域は、知識・技術の伝達やその成果への評価とそれに準ずる資格制度といった学校型教育の制度で成り立っているが、それだけでは成人教育や生涯教育は十分に実現できないと考えられてきた。そして、学校制度に特有な権威的で他律的な「他者教育（hétéro-formation）」とは別に、それに対置あるいは並置する教育として、学習者の自律性を促進・成立させる「自己形成・自己教育（auto-formation）」が必要であると主張してきた。その背景には、フランスの成人教育や生涯教育においては、労働や職業の領域における職業能力の形成が目的であることから、職業能力を養うための知識・技術の伝達は必須であり、その学習成果への評価が資格認定制度に

第Ⅲ部　パーソナル・ライティング

直結するという事情があった。

　ただし、ピノーらは、このような「教える」ことを主軸として制度化された学校型教育（＝他者教育）を否定しているわけではなく、それらの必要性も認めたうえで、それとは対置する／別の極にあると考えられる「自らで変わる」、「自己形成」という新しい教育の在り方を提唱してきたのである。これは文字通り、自分で（auto）自分を形成する（former）ということを意味する。なお、「形成（formation）」は、本来、職業や労働の世界で使われる「訓練」という意味をもっているが、近年では、「自律性」や「形成」「教育」などを意味する用語として使用されており、ピノーらも後者にあげられた意味合いを強く強調している。

　そして、ピノーらがこのような成人教育における新しい教育モデルを探求してきたもうひとつの背景には、教育における行き過ぎた科学主義や規範主義に対する反省的な立場にあったことがあげられる。他者教育という「教える」理論に対する、「自らで形成する」理論あるいは「自らが変わる」ことを提唱する自己教育論は、学生（＝当事者）の内的な変化から教育を説明しようとする立場・理論である。その際、現象学的なアプローチがよく用いられる。と同時に、「教える」ことに伴いがちな権力性や学びの狭さを批判するものでもある。

ライフストーリー

　このような批判的な立場から提唱された研究・実践方法としての「ライフストーリー（Histoires de vie）」は、従来の学校制度に特化した他者教育に対して、制度化の手が及ばない独学を含む成人教育を念頭に開発・実践されてきたものであり、とりわけ、学生が自らのライフストーリーを物語るなかで得られる「意識の変化」について注目してきた。学生らは自らの人生について書き、語り、仲間（クラスメート）や教員（研究者）がその語りに関わり合い、話し合いをするなかで、人生の過程に存在する「意味」を共同で発見し構築しようと試みる。このように学生が自分の人生を自らで振り返り、区切りとなるさまざまな「出来事」を見出しながら、その中に、ひとつのつながりや意味を見出すことが「自己を形成する」ことであるとピノーらは考

えている。

　こうしたライフストーリーの教育実践は、他者教育が客観的な知識を通して得られる科学的で体系的な理解であるのに対して、生活世界がもつ意味を理解していくことを学びの主軸に置いている。その試みは、客観的な知識から世界を理解するというのではなく、一人称で語られる生活世界、すなわち実践的な世界を理解するもので、学生らはそれらを書き、語るプロセスのなかで自分の体験を振り返り、その意味づけを行っていくのである。

　ピノーらは、人間は自らで体験したことをなんとなくの記憶として蓄積していくものであるが、それらの意味について明確に知ろうとする機会はあまり持たないと述べている。これらの記憶をライフストーリーによって言語化することで、より意識化された実践の知が再確認または再構築される。こうした「意味の再構築」こそが、「学び」であるとピノーらは主張している。

実践の現場と教育マイノリティーへの応用

　このような成人教育に対するライフストーリーの考え方や実践方法は、大学における成人教育の領域だけでなく（ケベック大学の入学者の半数以上は社会人経験者である）、企業や職業紹介所などの実践の現場にも持ち込まれ、教育的支援に応用されている。また、「教育に関する問題を抱えるマイノリティー」問題への教育実践にも可能性があると述べている。その可能性を説明する上で、貧しい移民の家庭に生まれた若者たちの学習意欲に関する研究報告が紹介されている。本来、大学進学を予定されていない技術系リセの生徒の中に、バカロレアに合格し大学に進学する者が少数ではあるが存在する。その現象に着目し、彼らがどのような形で知識と関わりを持ったのか、彼らの学習要求はどこからきているのか、といったことを調査した。結果、知識との関わりや学習欲求は、たんに知的な分野からきているのではなく、職業観や人生観、美的な世界といった幅広いものから発現されており、それらの知識を得る場所や相手も、家族や友達、街といった生活世界から得えられており、必ずしも学校や教師に限られていないことが分かった。これらの報告からも、とりわけ教育に関する問題を抱えるマイノリティーには、他者教育だけではなく、ライフストーリーのような自己教育論が有効でありうること

は想像に難くないだろう。

このように、自己教育論は、従来の他者教育における視点を転換させることで新しい教育のあり方を提案するものである。たとえば、成人教育の現場において、人生のやり直しを行いたい者や、失業者や求職者といったいわば社会的な弱者に対して、自ら人生を振り返り、人生を捉え直ししながら、新しい人生や仕事に向かう「自律的な根拠」を自らの内に構築または再構築したりする機会を提供する。自己教育論は、他者教育としての学校に対して、もうひとつの極・学びの場を標榜するものである。

人生を創造するワークショップ

ここで、筆者が実際に経験したライフストーリーのワークショップの一部を紹介しよう。このワークショップは、ガストン・ピノーの弟子にあたるケベック大学リムスキー校のパスカル・ガルヴァーニュ（Pascal Galvani）教授とケベック大学モントリオール校のダニエル・デマレ（Desmarais Danielle）准教授が主催したものである。この時のワークショップのテーマは「読書／書くことに関する人生経験から自分をつくる」というものだった。ワークショップは5つの段階を経て行われた。なお、本来のワークショップは数週間にわたって実施されるものだが、筆者は一日に凝縮させた研修用のワークショップに参加した。

第一段階では、このワークショップにおけるプロセスを理解することから始まる。教室内では、参加者同士が信頼し合える雰囲気づくりが行われるとともに、自らの人生における「読書／書くこと」についての記憶をよみがえらせる。

第二段階では、ワークショップの理論と方法を理解する。ライフストーリーとは何かを理解するとともに、自らのライフストーリーをどのように紡ぎ出すのか／出せるのかを理解していく。

第三段階では、実際に自らのライフストーリーを書いたり、それを語ったりすることで、物語を紡ぎ出す経験をする。具体的には、ライフストーリーをどのように書き、読んでいくかの方法を理解する。つぎに、実際に自らの「読書／書くこと」に関するライフストーリーについて書き、読んでみる。

また、それらを他者と（ペアで）共有し、書かれたテキストに、自らの「読書／書くこと」の経験を重ね、自分の考えや思いを結びつける。その際、自分が書いた経験と、それを読んだ他者が思い出す経験との間にズレが生じても気にしないで済むようなルールがつくられる。かならず、いくつかの文章を読んだ後は沈黙の時間が設けられる。

第四段階では、グループで、夫々が書いた物語を共有し合う。他者の物語を読んだ経験から、気づいたり発見したりしたことを基に、自分のライフストーリーについて自己分析を深める。グループとしての物語を創出し、個人及びグループで分析し、自分一人で作った物語を客観視してみる。ここでは、集団での分析を基にしながら、個人及び集団での振り返りを深める。

第五段階では、これまでのすべてのプロセスを総合する。これまでのワークで得られた知識が何なのかを総括し、それについての理解を自分のものにする。そのうえで、現在気になっている問題や経験などを明確にする。これらを基に、今後の計画や目標を立てる。

筆者が受けたワークショップの第三段階から第四段階にかけたワークシートの一部抜粋・要約を紹介しよう。これは、自らの人生のなかで印象に残る「読書／書く」経験を時系列的に並べて書いたものである。なお、ワークシートは5歳から40歳まで、おおよそ5年ごとに印象に残る経験・出来事が記入できるようデザインされている。

　―5歳の頃

　HBの新しい鉛筆で自分の名前を書く練習をする。鉛筆はよく削られていて柔らかい。まず、"たにみな"の"た"の字のはじめの横線を引っぱる。だが、先がとがりすぎた鉛筆の芯はポキッと折れてしまった。次の筆順である"た"の縦の線は、鉛筆の先が折れたためガタガタな二重線になってしまった。私の心は、この二画目に入り、一画目よりも気合を入れて書けなくなった。ガタガタな線に対し心が折れていた。だが、三画目で、なんとかなる、と気を取り戻した。"たにみな"という名前を書き終えたいと思った。そして、四画目で"た"が完成した。私の一部である"たにみな"の"た"である。つぎに"に"に挑戦する。この頃には鉛筆の芯もいい具

第Ⅲ部　パーソナル・ライティング

> 合に丸まり、私の心も落ち着いてきた。とてもやさしい気持ちで "に" を
> 書く。……

➡第四段階では、これらの語りを分析し、「自分という人間存在を承認し
た経験」と名付けた。

> ──15歳の頃
> 　夏休みに読書感想文が出たが、本の内容よりも本の表紙の絵画に魅了さ
> れた。そして、その絵を中心に本の内容と絡めた感想文を書いた。その時
> は、自分のアイデアを面白いと思ったし、今でもユニークな感想文であっ
> たと思われる。だが、当時の国語の先生はそれを評価しなかった。あくま
> で、本文のみに対する感想文を書かせたかったのだろう。当時、反抗期も
> すこし入っていたのかもしれないが、その先生のことをありきたりな人間
> で面白くない大人だと思った。その頃の私は、もっと違う世界に、もっと
> 豊かで面白い世界に早く旅立ちたい！と教室の窓から空を見上げるたびに
> 思いふけっていた。

➡第四段階では、これらの語りを分析し、「自己の覚醒」と名付けた。

> ──22歳の頃
> 　会社に就職して、上司にタニ君の書く文章は友達に書くみたいだね、と
> 嫌味を言われた。たぶん書こうと思ったら書けるけど、どう書いていいの
> か、見本がないから分からないじゃん、と心の中でひそかに思った。そし
> て、社内の一番年長者（達筆で達文）に教わりに行った。教えの通りに書
> いた文章は、すこし古臭い厳格な言い回し方ではあるが完璧だった。それ
> からは上司も私の文章に文句をつけることは無くなった。心の中で小さく
> ガッツポーズをした。それから、文章を書く仕事は積極的に関わるように
> なった。ほかの上司からもタニ君は文才があると持ち上げられ、お世辞と
> 思いつつも、少し自分に自信を持つことができたのだった。

コラム3 経験や記憶をライフストーリーによって再構築する

➡第四段階では、これらの語りを分析し、「社会で生きるコツの獲得と性格の再認識」と名付けた。

このワークショップでは、自分にとって、意味のある瞬間の思い出に直感的にさかのぼるように求められる。筆者は、身体的で感覚的な記憶を頼りにしながら、過去の忘れかけていた瞬間を思い起こし、その瞬間を生き直すような時間を経験した。このワークショップで重要なことは、その経験そのものにあるように思う。つまり、自分の人生の、生き直しをすること、見直しをすること、感じ直しをすること、聞き直しをすること、である。記憶の中でよみがえる感覚や感触、音、イメージ、感情、身振りや言葉……に意識を集中させた。このような内省的な時間は、自らが実際に経験した事象を表現するために「書くこと」で完成する。言い換えると、「書くこと」に没入することによって、過去の私を生き直し、見直し、感じ直し、聞き直しすることができる。それによって、人生を（再）創造する。そこに、私を書くこと、パーソナルなものを書くことの本質的な意味のひとつがあるように思われる。

参考情報
■ガストン・ピノー、マリー＝ミッシェル『人生を創造する　ライフストーリーによる社会教育教育の理論と実践の探求』末本誠訳、福村出版、2022年
－ピノーらの自己教育論が邦訳で読める。
■パスカル・ガルヴァーニュ（Pascal Galvani）教授
－ケベック大学リムスキー校を退官した今も、ライフストーリーによる自己教育やその理論構築を行っている。
https://www.uqar.ca/universite/a-propos-de-l-uqar/departements/departement-de-psychosociologie-et-travail-social/galvani-pascal
■ダニエル・デマレ（Desmarais Danielle）准教授
－現在、ケベック大学モントリオール校でライフストーリーによる自己教育やその理論構築を行っている。
https://professeurs.uqam.ca/professeur/desmarais.danielle/

第8章

日本の大学における
パーソナル・ライティング教育の現代的な意義

谷　美奈

はじめに

　筆者の主な研究課題の一つは、大学教育における「パーソナル・ライティング」である。読者の中には、「パーソナル・ライティング」という言葉を初めて聞いた人も多いのではないだろうか。一言でいうと、学生が自らの体験やアイデアを掘り下げて、それを自由に表現し省察する文章表現もしくはその教育そのものを指している。いわば大学版生活綴り方とも表現しえるだろう。

　筆者が「パーソナル・ライティング」という概念を知ったのは、15年以上前に遡る。その頃、初年次教育の一環として小論文やレポートの書き方に関する授業を担っていたが、そのなかで、学生たちが真に主体的に考え、書き、表現するような文章表現教育とはどのようなものかを考えていくうちに、のちに「パーソナル・ライティング」と呼ぶことになる、「自己省察のための文章表現（＝エッセー）」という教育方法を開発・実践していった。と同時に、このような自己流の教育実践が学術的にどのような意味を持つものかを明らかにしたいとの思いもあった。ちょうどその頃、米国の表現教育を専門とするタラ・マグワン先生が授業を見学してくれることになった。そのあと、この実践の研究の方向性について相談してみると、「これは、アメリカの大学でいう Personal Writing に値すると思う。アメリカの研究では、Personal Writing は、Academic Writing と並置もしくは対置する概念であると捉えられていると思う。だから、あなた

195

の実践を理論化することは、日本の大学にとっても面白いことになると思う。」
と助言してくれたのだった。

　これがひとつの契機となって私のパーソナル・ライティング研究は本格的に
始動することになった。とはいえ、当初は賛否両論で、「なぜ、パーソナル・
ライティングのようなものが大学で必要なのか分からない。」「学生の個人的な
体験や、学生の情緒的で感情的なものを大学で取り上げて、それを書かせてど
うなるのか。」というような批判的な意見も多く聞かれた。大学での文章表現
といえば、アカデミック・ライティングであり、学術的で論理的なことを学ば
せることこそが大学教育の使命だ、との考え方が支配的にあったからだろう。
むろん、大学教育のメインストリームが学術的で論理的な学びであることに筆
者も異論はない。だが、その一方で、ここ近年は、そのような批判はあまり聞
かれなくなり、変化が訪れているようにも思われる。その要因はいくつか考え
られるが、ひとつは、我が国の大学における文章表現教育の実践とその研究に
関する議論や研究がある程度積み重ねられてきたことと、もうひとつは、学生
の発達論におけるパラダイムシフト（学習者中心主義への転換）が起きている
ことにもあると思われる。

　本章では、これら二つの事象である、大学における文章表現教育の変遷と、
学生の発達論におけるパラダイムシフトについて簡単にふれたあと、筆者がパー
ソナル・ライティングを開発した背景と問題意識、そしてパーソナル・ライ
ティングの具体的な実践方法を中心に、その教育効果の一端を紹介することで、
日本の大学におけるパーソナル・ライティング教育の現代的な意義について考
えてみたい。

1.　日本と米国の大学における文章表現教育の変遷

　我が国の大学における文章表現教育・研究は比較的最近に始まったものであ
る。1980 年代は、アカデミック・ライティング教育の必要性や緊急性はまだ
十分に自覚されていなかった。多くの大学教員は専門学術的な講義を研究者の
立場で行い、学生はその内容とレベルに相応しいレポートを書くこと（書ける
こと）が当然であると認識していた。その一方で、学生の読み書きに対する問

題意識もこの頃に芽生えたとされている。1990年代に入ると、大学のユニバーサル化は進み、一部の大学では文章表現科目の創設が始まったが、その教育方法や指導方法には戸惑いや困惑があった。そして、2000年代に入り初年次教育の一環として文章表現科目が確立し始め、2010年代にはその指導のあり方についての議論が熱心に行われるようになった。ここにきてアカデミック・ライティング以外の文章表現教育のあり方や、そもそも「書く」ことが学生、人間にとって、どのような意味を持つものなのか？といった根源的な問いと向き合いながら、「書く」ことを大学教育に位置づけるべき時期に入ったとも言われている（井下, 2008）。ちょうどその時期に、パーソナル・ライティングについても論じられるようになった。

　一方、米国の大学における文章表現教育の歴史は長く（詳しくは第一章を参照のこと）、その起源は18世紀の英国で支配的であった修辞学に遡る。現在は、この立場をCurrent Traditional Rhetoric（＝CTR）と呼んでいるが、平たくはアカデミック・ライティングの原型であり、日本の大学教育にも、このCTRの考え方が受け継がれている（第2章を参照のこと）。それに対し、Personal Writingとは、1920年頃の米国の大学に起源をもつ。1910年頃まではCTRが主流であったが、1920年頃になると、それとは異なった学生の個人的な体験や感情、思想といったものを創造的に表現することに意義を見出す「表現主義」としての文章表現教育が注目された。その後、Academic Writingと対置または並置する概念としてPersonal Writingとも呼ばれることになる。Personal Writingは、CTRに代わって1940年代頃までの大学における文章表現教育の主流を占めた。1950年以降は、認知主義や行動主義の影響を受けAcademic Writingが主流となるものの、1960年代に入ると再びPersonal Writingは興隆する。当時、米国では学生中心主義のPersonal Writingの教育方法は退けられ学問中心主義のAcademic Writingを推進していたが、その一方で、英国では学生の言語的成長と人間形成に価値をおくPersonal Writingの方法が実践されていたことが浮き彫りとなった。以降、両国の違いを受けて、米国においても知識や技術の伝授だけでなく、学生の体験をより重視した自己表現と創造性を育むPersonal Writingの必要性が認知され普及されることになった。だが、1980年代に入ると、再びPersonal Writingに対する批判の声が少しずつ

第III部　パーソナル・ライティング

聞かれるようになり、1990年代には米国の大学における文章表現教育・研究の歴史のなかでも特に注目されたPersonal Writing vs. Academic Writingと呼ばれる論争が、1989年から1995年にかけて繰り広げられ広く公表されたことでも知られている。この論争によって両者の違いへの疑問や関心を大学教員や研究者たちが新たに投げかけるようになったと同時に、それ以降、Personal Writingは、米国の大学においてひとつの教育カテゴリーとして永続的な広がりと定着性をみせている（第6章を参照のこと）。

　このように、米国の大学における文章表現教育・研究の歴史は長く、Academic WritingだけでなくPersonal Writingを誕生させ盛んに実践した上で、さまざまな議論を展開してきた。一方、日本の大学における文章表現教育・研究の歴史は浅く、実践や議論が米国ほどに十分に重ねられてきたわけではない。しかしながら、2010年代からはアカデミック・ライティングだけではなく、日本の大学におけるパーソナル・ライティングの実践研究についても関心が向けられるようになってきた。そこには、「書く」という問題はもちろんのこと、アカデミック・ライティングの性質とは異なるパーソナル・ライティングの教育的効果のひとつである学生の発達（自己形成／人間形成）にも、その理解や関心が示されてきたと考えられる。そして、このような背景には、学生発達論におけるパラダイムシフトも少なからず影響してきていると思われる。

2.　学生発達論のパラダイムシフト

　1970年代までの学生発達論は、授業学習を通した認知的発達と、授業学習外における学生の人間形成を、あくまでも二つの異なる領域として別々に捉えてきた。しかし、1980年代半ばに入り、米国の高等教育において「学習者中心主義への転換」が起こる。学生が何をどのように学ぼうとしているのか、その構造を明らかにしようと、別々であった二つの領域を統合させた新たな研究課題が誕生したのである。結果、学習は学生の情緒や感情などによっても促進されたり阻害されたりすることが明らかになり、それによって、たとえば、正課教育と正課外教育を融合するような教育プログラムの開発が進められるようになった。さらには、セルフ・オーサーシップ（アイデンティティ、自尊感情

198

などを自身で調整し、自らの人生の物語を形成していく能力）理論で著明なバクスター‐マゴルダ（Marcia B. Baxter Magolda）は、学生へのライフストーリー・インタビューによる長期的な追跡調査の結果、学生にとって自らの体験に人生の意味を見出しうるような正課教育外や学校教育外の活動が、正課教育への学びの促進にも影響を与えていることを明らかにした。

　このような研究成果の蓄積によって学生発達論は、これまでは授業学習外とされてきた学生のさまざまな体験や人間形成と、授業学習を通した認知発達との「統合的な学習成果」を議論の中心に据えるようになってきた。これを学生発達論のパラダイムシフトと呼んでいる。つまり、授業学習を通した知能形成などの認知的発達には、授業学習外の学生の体験や人間形成が重要なカギを握っているということである。そして、学生が自らの体験やアイデアを掘り下げて、それを自由に表現し省察するパーソナル・ライティングの教育が、その重要なカギの要素の一つになりうるのではないかと筆者は考えている。

3. 認識の起点としての〈私〉

　筆者がパーソナル・ライティングを開発しようと考えた当時の大学は、初年次教育が普遍化・拡大化（2007 年度で 97.0％）（山田, 2008）していた頃に当たる。そのなかで実施率の最も高かったものは「文章作法」（2007 年度で 93.8％）であり、学士課程教育としてのレポートや卒業論文作成を前提に専門学術的な知識やスキルを提供するといった、いわゆるアカデミック・ライティングの取り組みが盛んになりだした時期であった。筆者も初年次教育の一環としてアカデミック・ライティング教育を担っていた。だが、大学で学生たちの様子をつぶさに観察していくうちに、レポートや論文の書き方を習得させようと、いきおいテクニカルな文章指導に重点が置かれがちになっているのではないかとの疑問を抱くようになっていた。そもそも、大学生の文章力低下はなにゆえであるのか、大学や教える側の論理ではなく、あくまで学生側に即して考えてみる必要があると思われた。そして、学生の文章力低下は、いうなれば、〈自己〉と〈世界〉にまたがる認識の起点としての〈私〉がうまく機能していないこと、すなわち、学びの主体が形成されていないことに突き当たるのではない

第Ⅲ部　パーソナル・ライティング

か、という考えに行きついた。つまり、「書く」テクニックが無いというより
は、むしろ、意欲的に書く「モチーフ」（主題と動機）が自分のもの（我が事）
になっていないのではないか、ということである。

　この問題を代弁してくれるかのように、イヴァン・イリイチ（Ivan Illich）
は、現代の若い世代に広がりを見せる「コンピューター・リテラシー」という
概念を用い次のような問題を述べている（イリイチ, 1991）。「コンピュータ
ー・リテラシー」の世代ともいうべき現代的な若者の特徴は、言葉が意味や意
図を伝えるものでなく、自己と対話をしながら他者の言葉の意味を理解したり、
相手の言葉の背後にある意図を読み取ろうとしたりしないことである。その現
象を次のような事例で説明している。

　米国フロリダ州のある高校教師が生徒たちに「南サハラにおける旱魃と飢
餓」に関するレポートを課したところ、生徒たちはテーマに関するキーワード
をコンピューターに入力し、そこから得たさまざまな資料から情報を抽出し、
それらをつなぎ合わせてレポートを提出した。その教師は、提出されたレポー
トが無味乾燥であったため、生徒の一人に「南サハラで起こっている旱魃と飢
餓について君自身はどう考えるか？」と尋ねた。するとその生徒は「質問の意
味が分からない」と答えたという（イリイチ, 1991）。

　ここで注目したいのは、生徒たちが実際にコンピューターを使ったかどうか
ということではなく（図書館で文献を調べてもこのような手順でレポート作成
することはありうる）、あるテーマについての論述を行うことを情報操作に還
元してしまうような「精神の態度」である（小柳, 2010）。この高校教師が生徒
たちのレポートに期待したものは、たとえば「絶望的な飢え」という言葉を綴
るときに、そこに何かを感じて、ある状態を言葉によって指し示し、読み手に
訴えることであった。ところが、生徒たちのレポートに書き連ねられたのは、
そのようなこだわりや関心からは隔たっていた。彼らの言葉は主体の認識にも
とづいた意味や意図から切り離された、たんなる情報記号に近いものであり、
〈テキスト〉の作成そのものが形式的なシステムに置き換えられてしまってい
た。

　つまり、この生徒には、考える主体としての「自己」と「社会」に対する起
点となるべき〈私〉がうまく機能しておらず、「書く」ことそのものが、内発

的な学びや動機のきっかけにはなっていない、と言えるだろう。そして、こうした「精神の態度」を変革するには、「主体」としての自らを確立する「精神の態度」をあらためて模索することが求められると筆者は考えた。

4．学びの起点としての〈私〉

　当時の大学教育とりわけ初年次教育における重要課題として、学生の「書く」問題とともに、学生の「主体の未形成」という課題が取り上げられていた。しばしば、学生の「自己認識や社会認識の未確立」という表現でも指摘されていた。文部科学省の調査によれば、初年次教育の実施状況は「文章作法」と「口頭発表の技法」の二つに並んで、「学問や大学教育全般に対する〈動機づけ〉」が重要課題のひとつになっていた（文部科学省, 2010）。背景には、大学進学率の上昇と学生の学力低下、学生の資質の変化などが挙げられていた。そのなかで、多くの大学では新入生への〈動機づけ〉について、いかなるカリキュラム内容で構築されうるべきか、どのような教育が効果的であるのか、といった課題について暗中模索の状況にあった（山田, 2003）。そして、このような学生の特徴を金子元久は4つの型に分類していた（金子, 2007）。

⑴　高同調型：自分への自信を持ち、将来展望が明確。大学教育の意図と学生の将来展望が一致する。
⑵　限定同調型：自己・社会認識は高いが、勉強は程々でサークルやアルバイトに力を入れ、自分のやり方で自己を確立しようとする。
⑶　受容型：自己認識や将来への展望が明らかでなく、とりあえず大学に期待してその要求に従おうとする。自分の要求がどこにあるか具体化できない。
⑷　疎外型：自己・社会認識が未確立で大学教育との適合も低く、授業にも興味が持てない。

　「高同調型」の占める割合は高偏差値の大学においても少なく、さらに「受容型」と「疎外型」、すなわち「自己・社会認識度」の低い学生が着実に拡大

第Ⅲ部　パーソナル・ライティング

する、と金子は分析していた。

　このように多くの大学が、目的意識も不明なまま入学してきた学生への〈動機づけ〉に苦慮する状況において、学生の学びの主体を形成する教育はどのように可能であるか、少なくとも、従来の大学教育の理念である学術専門的志向からの知識やスキルの伝授については、再検討を必要とすると筆者は考えた。

　そして、このような問題意識のなかで、なぜ〈私〉を書くことから始めることが肝要と筆者は考えたのか、についても述べておこう。

　まず、〈私〉を書くことは、どのような人間にも適用されうるということがある。人間は顔や身体がそれぞれ違うように、学生たちは、異なる内面（心）や体験を持ちあわせている。そして、一人一人の性格や感受性、嗜好や関心が異なるという不同性こそが「書く」ことのひとつの根拠となる。大学の授業において「考えること」を拒否する学生でも、友人や恋愛などの悩みを抱えざるをえないという現実がそれを示唆している。あるいは、食べること、音楽を聴くこと、表現物を鑑賞することなど、生活の隅々にも〈私〉なりの、〈私〉だけの、〈私〉しか持ちえない、ある〝こだわり〟が存在するはずである。

　そのような微細な相違を通して、じつは私は〈私〉だけには関心を持たざるをえない。前節にみたフロリダ州の高校生のように、あるテーマについての論述を情報操作に還元する「精神の態度」とは異質な、人間本来の精神のあり方がここには働いている。現実の人間は、他人任せや他律的な情報操作に依存することから隔てられた領域で生きている。社会認識や歴史認識を形成するために不可欠な論理的思考や批判的知性を育むことをめざすならば、まずは〈私〉（パーソナル）を書くことから始めることが踏まれるべき道筋だと筆者は考えた。

5.　パーソナル・ライティングの理念と実践

(1) 教育理念

　以上のような問題意識から、パーソナル・ライティングの教育理念を次のように設定した。

（1） 誰にでもある日常的な出来事や生活体験を題材にする。そのような経験における感覚の感受を掘り下げ、経験の意味をとらえ返すことをめざす。

（2） あらかじめ書き手にとって明確な認識をそのまま記述するのではなく、頭の中や胸の内にわだかまる未定形であいまいな思いに言葉を与える。それにより、書き手は自分がどのような感受性や価値観をもつ人間であるかを確認する。

（3） 確かめられた言葉や表現を他者とのあいだで交換する。「他者へ伝える」ことを意識し、また、他者の言葉や表現を読みとろうと努力する。これが他者に対する関心や、さらには社会・時代への関心にもつながり、専門課程の学びへと接続する。

　パーソナル・ライティングはあくまでも学生の内発的な関心や姿勢を引き出し育むことを主眼とする。それを「書く＝考える」プロセスの反復のうちに漸次的に実現していくことを目指した。

(2) 教育実践

　パーソナル・ライティングの授業は、次のように実践される。まず、半期内に4つのクールが設定される。1クールにつき一つの課題テーマを出し、クール内に一本の作品を完成させる。したがって年間を通して受講した学生は合計8本の作品を書くわけである。各クールの課題テーマの設定で多いのが「私がいた場所／私の居場所」「言葉の経験」「魅力を解剖する」といったテーマである。

```
［前期］                            ［後期］
全体テーマ…「記憶に残っていること」    全体テーマ…「○○と私」
第1クール…私がいた場所／私の居場所    第1クール…言葉の経験
第2クール…こころに残る人             第2クール…魅力を解剖する
第3クール…そのときの感情             第3クール…感覚を伝える
第4クール…私ハコウイウ人間デアル／    第4クール…自由課題
         コウイウ人ニ私ハナリタイ
```

第Ⅲ部　パーソナル・ライティング

　なお、一課題の字数はテーマに応じて設定されるが、1200字から1600字程度となっている。

　前期は、おもに自分の記憶や体験のなかから場所・人物・感情にまつわる素材を探し出して書き、自己認識を深めて「〈私〉の発見」に至ろうという意図が込められている。後期は〈私〉を起点にしつつも、やや遠隔対象の位置にある言葉・魅力・感覚を素材にして、それらと「〈私〉との関係」を書こうとするテーマを配したものである。

　毎週の授業として、学生は講義・実習を受ける。前半の講義ではそのクールの課題テーマに関する解説や目標が提示され、教員や前年度までの学生が同一テーマで書いた作品がサンプルとして紹介される。また、教材を用いて文章表現上の留意点や勘どころについてレクチャーが行われる。また、前クールの講評や佳作の発表も講義授業内で行われる。

　後半の実習では、ワークシートを使って課題テーマに対する各自の題材を考え、メモ作りや下書き、推敲を行う。この［ワークシート作業→メモ作り→下書き→推敲］という4段階のステップが、1クールでの実習の基本形である。実習の作業中に、教員は学生に個別的に声をかけて進捗状況を確かめ、学生からの相談も受け、サジェスチョンを与える。また、前クールの提出作品が教員による添削・コメントを付して実習時に返却される。

　1クールにつき、3〜4週間をかけて作品完成・提出の運びとなるが、実際には作業速度や執筆に要する時間に個人差があるため、授業時間外も含めた作業を行ったうえで提出する学生がほとんどである。授業時間外に訪ねてきて教員に内容や書き方を相談する学生も少なくない。

　このように、パーソナル・ライティングの授業実践は「対話的」な方式を援用しつつ、実習や個人面談、作文添削を実施していることが特色となっている。教員の大切な役割は、学生作品の最初の読み手となることである。一人ひとりの「言いたいこと」がどんなことで、どのような書き方でそれが綴られているかを確かめ、書き手の気持ちに寄り添いながらその文章表現に応答する点にある。また、書き手としての学生は、読み手という〈他者〉に〈私〉のうちにある思いや感情を伝えようと文章を練り、粘り強く推敲して作品を完成させるのだが、その最初の〈他者〉、読み手として教員が示す反応・感想・批評にふれ

ることによって、自作への手応えをつかむことができるとともに、より広汎な読み手へ向けて書くきっかけを与えることを心掛けている。

6. 文章記述の生成プロセス

(1) 題材探し

　講義で課題説明を受けたあと、学生が実習において最初に取り組む作業が「題材（ネタ）さがし」のためのワークシート作業である。

　ここで大切なのは、頭の中だけで考えるのではなく、思い浮かぶことを紙に書きながら考えることである。最初から文章を書くのではなく、単語や短いフレーズを並べ、ときにはチャートや絵を描いたりするのも自由である。また、ワークシートにはできるだけ抽象名詞や一般名詞ではなく固有名詞（学生の記憶から引き出される具体的な名詞）で書くように促している。テーマ対象が場所・人・モノ・コトのいずれであっても、固有名詞や具体的に特定された名辞から出発することが肝要で、その逆ではない。一般名詞や抽象名詞しか挙がらない場合は、抽象的思考や概念的思考がなされているのではなく、経験が浅くて、対象の固有性を意識するところまで印象が分節化されていないからである。

　そのかたわら、教員はワークシート作業を行う学生をサポートする。ネタが見つかりにくい学生に対しては雑談をきっかけとして、ワークシートへすでに記入している学生に対してはその内容をめぐって対話を試みる。話を引きだし傾聴することで学生の性格・生い立ち・悩み・趣味・関心などを把握することができる。学生が話そうとする内容を汲みとることで、課題につながるヒントも浮上する。些細でありふれた、取るに足りない記憶だと学生自身が決めつけていても、見方（視点）や切り取り方次第では取り上げる価値を帯びる場合が多い。「いま話してくれたことを書けるんじゃないの？」と言うと、「あっ、そういうことなのか！」という表情を見せる者も少なくない。

　さらに、教員自身もサンプル的なワークシートを作成し、「自分がどんな人間なのか」ということを開示して提供する。パーソナル・ライティングは〈私〉自身を素材とするため、ときにはプライバシーに踏み込むこともある。この点には慎重な配慮が必要であるが、対話的な相互関係のなかで学生・教員間の信

第Ⅲ部　パーソナル・ライティング

頼関係を構築することがなにより大切である。

(2) メモ作りから下書き、そして「復路」としての推敲

　ワークシートを使って題材を決めると、次に「メモ作り」、さらに「下書き」へと作業を進めることになる。メモ作りとは、決めたネタについてとりあえずどんなことを書こうとしているか、書けるのかを備忘録風に、あるいは箇条書き的に、構成を無視してメモする作業である。また、下書きはメモ作りによって見え始めた構想に従ってとりあえずの文章を書く、いわば「草稿」「初稿」ともいうべき文章化である。

　メモ作りと下書きのあと、作品化の最終工程にあたるのが「推敲」である。喩えていえば、マラソンには「往路」と「復路」があるが、ワークシート作業・メモ作り・下書きはスタートから折り返し地点までの「往路」にすぎず、折り返し地点からゴールまでの「復路」にあたるのが推敲である。それぐらいのコストがかかるということを、学生にはイメージさせている。ある意味では、後半戦にこそヤマがあり、本当の試練が訪れる。それが「復路」としての推敲であり、いわゆる誤字や脱字をチェックすることではない。書く営みにとってより本質的な行為である。自作の下書きと向き合い、たとえば、「私が書こうとした経験が読み手に伝わるだろうか？」「私の思いは共感を誘うだろうか？」というように「他者の目」で読み返し、自問自省する作業であり、このプロセスを経なければ文章は「表現＝作品」のレベルに到達できない、というほどの最重要工程である。

　推敲には大別して「大きな推敲」と「小さな推敲」があると学生には説明している。「大きな推敲」とは、テーマや構成などの文章全体の大局的観点からの見直しであり、「小さな推敲」は個々の文章や語句、言い回しの適否などの微細な感覚を要求される見直しである。作業上では両者をあえて分ける必要もないが、推敲という作業を徹底させるために、そのような推敲の階層の存在と時間・労力的なコストがかかることを意識させるのが大切である。

(3) 掘り下げ・とらえ返し

　そして、「大きな推敲」でポイントとなるのが「掘り下げ」と「とらえ返し」

206

である。「掘り下げ」は5W1HのHOW（いかに、どのような）に、「とらえ返し」は同じくWHY（なぜ）に相当する推敲作業上のキーワードである。

「掘り下げ」とは、たとえば「悲しい」や「嬉しい」といった主観語ですましてしまいがちな感情がどのようなニュアンスの感情なのかを、できるだけ分節化して再現することである。また「とらえ返し」とは、たとえばそのときその感情がなぜ自分に起こったのか、あるいは、なぜ今もその思いが記憶の底に残り続けているのかを問い、記憶の意味を今の書き手の立場から考え直そうとする記述である。「掘り下げ」や「とらえ返し」の契機が文中にないと、平板で底の浅い文章のまま終わるが、逆にそれらが具わっている場合には、自己省察的で味わいのある、読み応えを感じさせる文章となる。これらの契機が文章中にあるかないか、また、どの程度盛り込まれていればよいかは、書き手が下書き草稿としっかりと向き合い「大きな推敲」を実践するなかで判断すればよい。

文章表現の最大の特質はもともと、「人の心」という不可視な対象を表現することに適しているという点にある。本来見えないはずのもの、不可視なものの現前性こそが読み手を惹きつけ、共感を誘い、批評を喚起する文章表現の本質的機能である。それは、書き手にとってもあらかじめ自明なものではなく、推敲作業のなかで「掘り下げ」「とらえ返す」ことによって姿を現す。

7. 作品と批評

(1) 評価と添削（＝批評）

推敲後、学生はパーソナル・ライティング専用に準備された原稿用紙に清書をして、期限に間に合うように提出する運びとなる。

評価基準はつぎの三点（3P）、(1) シチュエーション（体験や記憶を読者が追体験できるよう、生きいきと具体的かつ丁寧に書く）(2) コンストラクション（構成的な工夫）(3) 掘り下げ・とらえ返し（前節で詳述のとおり）に絞り、以下のような6つのレベルで評価を行う（表8-1）。

そして、教員は提出作品を添削し、一読者としてのコメント（批評文）を書き込み筆者に返却する。このような添削は、パーソナル・ライティングの大き

第Ⅲ部　パーソナル・ライティング

表 8-1　評価基準のスケール

A	作品の域に届いている。（3P に加えプラスアルファもある）
A⁻	シチュエーション・構成が工夫され掘り下げ・とらえ返しもある。
B⁺	シチュエーションと構成がともに工夫されている。
B	シチュエーションがひととおり書かれている。
B⁻	シチュエーションが十分でない。
C	もっと前向きに取り組め！

な特色のひとつといえる。教員は学生本人の伝えようとすることを大切に受け取り、理解しようと努め、それを他者に分かるように表現する仕方や、本人にも気づいていない展開の可能性を指摘することが基本的なあり方である。コメントをする教員は、学生の動機のあり方や自己・社会認識に関わる内容のアドバイスも授け、人間形成への感化につながるよう心がけている。

(2) 作品発表と批評

通常のクールでは提出作品から佳作を数篇選定する。それらを佳作文集に掲載し、授業において発表する。佳作発表の形態は、おもに筆者による自作朗読である。朗読のあと、オーディエンスの学生からの質問や感想に応答する。佳作の筆者である学生にとっては具体的に手応えをつかむことができ、オーディエンスの学生もまたクラスメートの作品に強い関心を示し、次のクールでの自作のレベルアップに資する何かをつかむこともできる。このように佳作発表をたんなる一方向の場に終わらせず、学生同士の交流の形態をつくりだすことで授業は双方向的な広がりをもつ。学生は教員からの添削・コメントの返却による「縦」の刺激だけでなく、「横」からも相互に刺激を受ける。

また、前期・後期の最終クールでは、佳作だけでなく、クラス全員の提出作品を掲載するクラス文集も発行している。「活字」となり、文集の一部となってクラスメートの作品と並んだ自作と対面することによって、学生は手書きの完成原稿とは違う印象を自作に抱くはずである。自作に無関心な者はほとんどといってよいほどいない。このとき、一人前の文章表現者の萌芽に、教員は立ち会うことになる。

(3) ZINE（班文集）の作成

さらに、グループワークによる ZINE（班文集）を作成する取り組みが行われる。ZINE とは、「magazine」（雑誌）が語源とされており、手軽に自分を表現できる手段として 1960 年代に米国のアートシーンで生まれ、90 年代には西海岸を中心に流行した。自作の文章や絵、写真などをコピー機やプリンターで少量印刷しホッチキスなどでとじた小冊子である。教員の手で編集・作成する佳作文集やクラス文集ではなく、すべて学生のグループワークによる協働作業によって ZINE づくりは行われる。

これまでに提出した作品から、自薦・他薦によって一人一作品を選び、グループで行う作品合評会で班員からもらった作品への批評や意見を参考に、掲載予定作品をさらに完成原稿へと高める。そして、原稿のデータ入力、版下の校正、必要部数の印刷、製本などの各工程作業を協力して進め、完成をめざす。これらすべては学生の自力で行われ、各グループ内で司会（編集長）・入力係・校正係・デザイン係・印刷係・製本係の役割分担が決められる。実習時間内では十分な時間が確保できないため、学生は自発的に昼休みや空き時間を利用して集まり、編集会議を行っていた。

グループワークは、こうして教員の当初の予想以上の手応えとその成果は結実した。班によって強弱はあるが、学生はみな苦労しつつもそれなりに文集作りを楽しんでいたように思われる。普段はたった一人の戦いであった文章表現が、協働作業によって共同性を獲得することになった。自分が書いたこと（＝考えたこと）をグループのメンバーに読んでもらい批評を受けることで、教員との対話とは異質の刺激も得られた。当初はまだ多くの学生にとって腑に落ちなかった「他者を意識して書く」「文章表現＝作品化」というイメージが、ようやく体得されるようになったのではないかと思われる。

(4) 学生作品

学生がどのような作品を執筆していたのか、その一端も紹介しておこう。これは、A さんが第 3 クール（課題テーマ「そのときの感情（きもち）」）で書いた「六回目の試験」という作品である。

第Ⅲ部　パーソナル・ライティング

六回目の試験

A

　僕は憂鬱だった。今日は六回目の仮免許実技試験がある。言わずもがな、既に五回この試験に落ちている。これに受からなければ仮免許の筆記試験は受けられないし、先にも進めない。僕の通っている自動車教習所でもここまで試験に落ちる人は珍しいらしい。今日も担当教官に「またこいつか」などとおもわれているのだろう。

　午前七時。行くのは嫌であるが、行かねばならない。ここで諦めてしまえば、今まで嫌々ながらも行った一八回の実技教習と十回の講習が無駄になってしまう。何よりも自分で教習費を工面したのではなく、親の金で通っているのだ。このままでは親に申し訳が立たない。何故こんな辛い思いをしながら教習所に通っているのだろうと思う。しかし、最初はどうしても取りたいという気持ちで自分で決め、始めたことなのだ。何かひとつ、今の自分でもやり遂げられることを見つけたかった。そのために入学したのではないか。そのようなことを思いながら家を出る。

　二月の朝は寒い。自転車で通うのは苦痛だ。教習所に近づくにつれて腹痛が襲ってくる。不安や緊張が大きくなるといつもこうだ。我ながら情けない。今日も落ちるかもしれない。そんなことも思いながら教習所に到着した。今回、同じ試験を受けるであろう女性グループが談笑している。なぜあんなにも楽しそうなのだろうか。ここまで教習が嫌なのはもしかしたら自分だけなのかもしれない。

　八時になり、今回のコースとメンバーが発表された。メンバーは三つのグループに分かれ、それぞれの車で試験を受ける。張り出された紙を見ると一瞬目を疑った。自分と同じグループに僕よりも生徒番号が若い人がいたのだ。これは僕よりも前にこの学校に入学したということだ。仮免許試験だけで一カ月かかっている僕よりも若い番号の人が試験を受けることはもうないだろうと思っていた。どんな人なのだろうか。

　試験は九時からである。それまでの一時間は空き時間だ。皆、今日のコースを復習している。僕もボロボロになった試験コースの紙を見返す。最も怖いのはクランクと呼ばれる屈折した細い道だ。僕は既にここで四回もミスをしている。普通教習では一度もミスをしたことのない場所だ。しかし、二回目の仮免許試験でタイヤをぶつけて以来、僕の中にこの場所に対しての恐怖心が生まれた。「ぶつけたらおしまいだ」ここを通ろうとするたびにそんな気持ちが襲ってくる。ここ

210

第8章　日本の大学におけるパーソナル・ライティング教育の現代的な意義

だけはコースを見返してもどうしようもない。

　いよいよ九時になり、アナウンスが入る。全員がグループごとにそれぞれの教習車へと向かう。僕の前には同年齢くらいの男性が居る。前にいるということは僕よりも以前に入学した人間だ。話しかけてみたい気もしたが緊張でそれどころではない。

　「自信あります？」

　意外にも向こうの方から話しかけてきた。僕は半笑いになりながら既に五回落ちているということを話す。彼は驚いていたが、僕も彼の話したことに驚いた。なんと半年ぶりに試験を受けるというのだ。しかし、緊張している様子はなく自信さえ窺える。半年のブランクがあるというのに余裕そうな彼が羨ましく思えた。

　「お先に行ってきます」

　教習車が到着し、一番目である彼が乗り込む。彼が戻ってきたら次は自分の番である。いつもなら緊張で手が震えるのだが今回はそれがあまりないのに気づいた。会話をしたからかもしれない。僕は彼に感謝した。

　以前は時間の流れが非常に早かった。一番目の彼が降り、僕が乗る。踏切、S字カーブ、坂道、そしてクランクを越える。体が覚えているので無駄なことは考えなくていい。そしてゴールに到着。ミスがないまま、あっという間に僕の試験は終わった。なぜ今まで五回も落ちたのだろうか。なぜあそこまで重荷に感じていたのか。そう思うほど呆気ないものだった。

　全員の試験が終わり合格の発表がされる。自分の番号も呼ばれる。前の彼も受かったようだ。僕は嬉しいというよりも安心した部分が大きかった。これでようやく先に進める。もう、あの不安に襲われることはないということに安堵した。

　その後の筆記試験、本試験は順調に進むことができた。仮免許であれだけ落ちたのだからもう恐れることはない。そんな気持ちがあったように思う。教習所でのこの体験は辛いものであったが、少しばかり自分を強くした気がする。失敗してもあきらめなければ、いつかは前に進むことが出来る。そんな考えが僕に生まれた。■

　Aさんは当初、自動車学校で実技試験だけをどうしてもクリアできずにいた。「何かひとつ、今の自分でもやり遂げることを見つけたかった」ために通い出したのだが、自信がないからか、プレッシャーのためか、試験当日になると腹痛に襲われる。そんな情けない自分を乗り越えようと原因を分析するが、うまくいかない。そんなとき同じ年頃の受験者の存在に気づいて興味をもつ。ほんの一言会話しただけなのに、不思議とそのあと落ち着いて試験を受けることが

でき見事合格となる、という内容である。

　構成的には時系列にそったシンプルなものであるが、その時々の心の動きが現在の書き手の位置からとらえ直され、感情の原因となる理由が一つひとつ丁寧に探られている。「失敗してもあきらめなければ、いつか前に進むことができる」という自信をもたらすことになった他者との触れ合いが、この作品のモチーフである。

　この作品を、第一クール以来の軌跡の中に置いてみると、Ａさんの変化は鮮やかにとらえられる。本作品の提出時の感想メモでは、テーマである「感情」について、「感情というのは、その場面や状況によりすこしずつ変化していく」、そして「どこか前の二題（第一クールと第二クール）とも繋がっている部分があったように思う」とＡさんは言及している。これまでの作品と今回の作品に通底する何かを感知したことが暗示されている。おそらくそれは「他者との関係」という問題であった。自分の変化や成長を規定してきたものがつねに「他なる者」との関係性のあり方だったことに、彼は相当自覚的になってきている。文章の叙述はあいかわらず淡々としていて書き手の誠実な人柄が表れているが、過去の即自的な自我像を離れて客観的に自己を見つめる筆致に徹するようになった。

　内向的で大人しかったＡさんに、この頃、授業でも変化が見られた。前クールで佳作に選ばれたあと、ほかの学生の発表時に手をあげ意見を述べるようになった。自作への手応えを感じるにつれて、他の人の作品も関心の対象になったようである。後期にグループワークが始まると、班メンバーの作品に積極的に批評を述べるＡさんの姿が見られるようになった。

8. パーソナル・ライティングの教育的効果

(1) セルフ・オーサーシップ

　ここからは、本プログラムを経験した元受講者（当事者）が、自身の自己形成（発達）にパーソナル・ライティングの教育実践がどのような「意味」をもちうるものであったのか、について調査した内容の一部を紹介しよう。

　この調査のモデルとなったのは、学生発達論のパラダイムシフトで触れたバ

クスター‐マゴルダのナラティブによる大学生から社会人への自己形成史研究にある。マゴルダは、大学から社会への移行に注目し、35名の学生が18歳から40歳になるまでの22年間、毎年、彼らに自己の物語（life stories）を語ってもらうライフストーリー・インタビューを実施した。インタビューの主たるテーマは、彼らが何に信頼をおいているか、どのように自分自身を認めているか、どのように他者と関わり合っているか、である。調査の結果、彼らが困難や失敗を克服しながらうまく生きていく（successful）には、授業で学ぶ学問的な概念や方法論よりも、自らの人生に「意味」を与える「自己の物語」がより効果的であることが明らかになった。それは、彼らが、自己の物語により、私の内なる声（inner voice）を発見し、人生への省察（reflect）を促し、自らの価値観とアイデンティティを洞察し、予想外の状況や重要な移行に対応する独立独歩（self-reliance）の感覚が養われるからだと分析した。そして、これらの重要な活動と能力を「セルフ・オーサーシップ（Self-Authorship）」と概念化した（Baxter Magolda, 2009）。

(2) 元受講（当事者）への追跡調査

　筆者は、パーソナル・ライティングの教育実践が、大学教育においてセルフ・オーサーシップを意識的に提供できているのではないか、との仮説を立てた。というのも、パーソナル・ライティングは自己省察的な文章表現であるがゆえに、人生への省察を促し、自らの価値観やアイデンティティを洞察しうる教育実践と考えられるからである。そこで、パーソナル・ライテングの元受講者（当事者）が自らの自己形成（発達）に、パーソナル・ライティングの実践がどのような「意味」をもちうるものなのかの調査を行った。

　なお、本調査は、筆者が初年次生（18〜20歳）に実施したパーソナル・ライティングの授業実践における元受講者15名（調査時は、新社会人または大学院一年生の23〜25歳）を対象に、2015年4月から2016年9月にかけてインタビューを行ったものである。

　インタビューでは、当時のパーソナル・ライティングの作品や添削、ZINE（同人誌）にも目を通してもらい、可能な限り、その後に書いたレポートや卒業論文なども持参してもらった。インタビューは、半構造化インタビューを行

第Ⅲ部　パーソナル・ライティング

い、パーソナル・ライティングによる「書く」経験が「自己形成」にどのような「意味」をもたらしたのかを尋ねた。そして、KJ法（川喜田, 1967）を援用して、137事例へと切片化し、ラベル名とカテゴリー名およびカテゴリー編成の練り直しと修正を重ね、次のような5つの大カテゴリーを生成した。上から順に、大カテゴリーに【　】、中カテゴリーに〖　〗、編成されたラベル群には〔　〕を付して示している。

【自分の居場所】
〖実存的不安〗 ➡ 〖受容〗 ➡ 〖存在論的安心〗
〔自分が受け入れられている場所〕(6) 〔一人の人間として認められる〕(5) 〔人生に意味が与えられる安心感〕(4) 〔他者の作品を読むと孤独でなくなる〕(4) 〔一人一人の個性が尊重される〕(4)

【自己表現】
〖自己内対話〗 ➡ 〖告白・表現〗 ➡ 〖自己了解〗
〔告白と自己了解〕(8) 〔私自身を語る表現と思考、その貴重性〕(8) 〔自分や世界に対する見方を自己表現によって広げられる機会〕(7) 〔自己表現することで新しい自分が創造される場〕(5) 〔自分を表現することでカタルシスを得る〕(4) 〔黒歴史ばかりが出てくるがこれが書くこと表現することの本質〕(4)

【他者の応答】
〖他者との対話〗 ➡ 〖気づき〗 ➡ 〖自己理解と他者理解〗
〔人から客観視される経験とその受容〕(6) 〔心の中の言葉を他者に表現し応答をもらうことで 人生を肯定的に考えられる〕(6) 〔Zineを部屋に飾る〕(4) 〔普段、人生は一人の戦いだが他者と共有されることで、 自分の人生にスポットが当てられる〕(3) 〔人生の意味が見出せる〕(3) 〔朗読発表のコメントが支えになる〕(2) 〔他者の作品を読むと安心する〕(2)

【自己の軌跡】
〚自分のルーツ〛➡〚経験の再構造化〛➡〚自己創造〛
〔自己のルーツにこだわりとアイデンティティを見出す〕（10） 〔家族について再認識し過去と現在の自分を理解する〕（10） 〔育った環境・故郷を見直し、今後の自分の在り方を創造する〕（8） 〔自分の作品を読むと励まされる〕（4）

【自分のモチーフ】
〚主題と動機〛➡〚表現者の自覚〛➡〚対象世界との対話〛
〔自分のテーマの出所が、自分の経験にあるという認識の深化〕（7） 〔自分を見つめることから、自分の主題と動機へ〕（7） 〔自分の興味・関心の出所をきちんと認識できている〕（6）

　以上のカテゴリーとその内実をまとめると次のように表現することができる。
　元学生（当事者）にとってのパーソナル・ライティングの意味とは、まず【自分の居場所】であったということができる。〚実存的な不安〛を抱く学生にとって、自らの存在や人生が尊重され〚受容〛される経験は〚存在論的安心〛へとつながるものである。さらに、そのような〔自分が受け入れられている場所〕と感じられる安心感や〔一人一人の個性が尊重される〕環境が土台となって【自己表現】は実現されていく。それは〚自己内対話〛を促し、自分という人間を〚告白・表現〛することで〚自己了解〛を生み出す活動である。また元来、表現行為は他者を前提にその創造性を発揮することから【自己表現】と【他者の応答】とが対となって往還することで、自己や他者についての〚気づき〛を得て〚自己理解と他者理解〛を深めていくこととなる。そして、このような〚自己理解と他者理解〛の深まりは、自らの〚経験の再構造化〛の活動へと連なっていく。それは〚自分のルーツ〛を探求し【自己の軌跡】を描くことで〚自己創造〛をする活動である。このような環境とプロセスを経験することによって、自らの〚主題と動機〛が発見されると同時に〚表現者の自覚〛が生まれることになる。換言すれば、〚対象世界との対話〛の行為主体として【自分のモチーフ】を実現することになる。

第Ⅲ部　パーソナル・ライティング

(3) 元学生にとってのパーソナル・ライティングの意味

　以上のまとめから、「元学生の自己形成におけるパーソナル・ライティングの意味」について二つの観点から説明することができる。

　一つ目は、パーソナル・ライティングは、元学生（当事者）にとって「学びのモチーフに連繋する自己形成を促進する学び」であった言える。自分自身の生きてきた経験や関心を「自分が何者であるのか」「何を知ろうと欲しているのか」という観点から徹底的に掘り下げ・とらえ返し（＝自己省察）することが、学びに対する【自分のモチーフ】（主題と動機）になることを示していた。同時に、これらのプロセスは自己形成そのものであって、それゆえに、【自分のモチーフ】と大学の学びとが深く結びついていったことが確認される。

　二つ目は、パーソナル・ライティングは、元学生（当事者）にとって「人生のモチーフに連繋する自己形成を促進する学び」であったと言える。「他者とどう関わるのか」「何に価値や信頼をおくのか」といったことを掘り下げ・とらえ返し（＝自己省察）することで、人生に対する【自分のモチーフ】を見出せることを示していた。同時に、このプロセスが自己形成そのものであって、それによって、自分を肯定的に捉え、人生に意味を見出しうることが確認された。

　以上のような結果から、学生にとってパーソナル・ライティングの意味は、「学びのモチーフ（主題と動機）」と「人生のモチーフ（主題と動機）」に連繋する自己形成を促進する学びであったということが確認された。

おわりに

　1970 年代までの学生発達論は、授業学習を通した認知的発達と、授業学習外における学生の人間形成を、二つの異なる領域として別々に捉えてきた。だが、1980 年代半ば、米国の高等教育において二つの領域を統合させた「学習者中心主義への転換」が起きた。そこでは、学習は学生の情緒や感情などによって促進されたり阻害されたりすることが明らかになり、たとえば、正課教育と正課外教育を融合するような教育プログラムの開発が進められるようになった。また、マゴルダは、セルフ・オーサーシップを提示し、学生にとって自らの体験に人生の意味を見出しうるような正課教育外や学校教育外の活動が、正

216

課教育への学びの促進にも影響を与えていることを明らかにした。つまり、授業学習を通した認知的発達には、学生の体験や人間形成が重要なカギを握っているということが認められている。

　そして、パーソナル・ライティングを受講した元学生（当事者）に、パーソナル・ライティングの意味を聞き取ったところ、「学びのモチーフ」と「人生のモチーフ」に連繋する自己形成を促進する学びであったということが明らかになった。このような結果から、パーソナル・ライティングの実践は、現代の大学教育において、人間形成を基としながらも、知能形成や認知的発達にもつながりうる、すなわち現代における学生発達論に寄与しうる教育実践であると筆者は考えるものである。

参考文献

Baxter Magolda, Marcia B.（2009）*Authoring Your Life Developing an INTERNAL VOICE to Navigate Life's Challenges.*

井下千以子（2008）『大学における書く力考える力——認知心理学の知覚をもとに』東信堂.

イリイチ, イヴァン（1991）『生きる思想——反＝教育／技術／生命』藤原書店.

金子元久（2007）『大学の教育力——何を教え、学ぶのか』筑摩書房.

小柳正司（2010）『リテラシーの地平——読み書き能力の教育哲学』大学教育出版.

文部科学省（2010）「大学における教育内容等の改革状況調査」.

山田礼子・杉谷祐美子（2008）「ラウンドテーブル初年次教育の「今」を考える——2001 年調査と 2007 年調査の比較を手がかりに」『大学教育学会誌』30 巻 2 号.

山田礼子（2003）「導入教育の実態——学部長調査の結果から（中間まとめ）」『アルカディア学報』134 号、日本私立大学協会.

付記

・パーソナル・ライティングに関する教育実践研究については、谷美奈『「書く」ことによる学生の自己形成——文章表現「パーソナル・ライティング」を通して』東信堂、2021 年が詳しい。

・パーソナル・ライティングからアカデミック・ライティングへのつながりの問題に関しては、谷美奈「パーソナル・ライティングからアカデミック・ライティングへのジャンル横断的思考変容のプロセスモデル— Personal Writing vs. Academic Writing 論争からの新たな展望に向けて—」『大学教育学会誌』43 巻 1 号、2021 年を参照のこと。

第Ⅲ部　パーソナル・ライティング

コラム4

作家が書くことを教えるということ

寒竹　泉美

　最初に小説のようなものを書いたのは、十歳のときだった。インターネットにアクセスするようになってからは、物語だけでなく、毎日のように日記やコラムや雑談を書いて、人から反応をもらうのが楽しくなった。それだけでは飽き足らず、ノートに思いや悩みを書きなぐったりした。とにかく書くことにまみれて生きてきた。

　そんなある日、書くことは心の成長に良い影響を及ぼすのではないか、と思いついた。わたしは今の自分を結構気に入っているが、これは書くことを続けてきたおかげではないか。書くことは、伝達のための単なる作業ではない。ただ楽しいだけでもない。自己顕示欲を満たすだけのものでもない。ほかにも何かあるはずだと考えた。だが、何があるのかはよくわからないまま、月日は過ぎていった。

　もやもやしていた考えにくっきりと言葉を与えてくれたのは、図書館で借りた小林秀雄の講演CDだった。まるで落語家のような洒脱な喋りをする小林秀雄が、何かの文脈で、「書くことと考えることは同じなんですよ」というようなことを言った。前後を覚えていないが、ここだけは心に刻み込まれた。あまりにも衝撃的だったからだ。

　わたしは「書く」という行為は、考えたことを書き留める作業だと思っていた。そして、自分の考えを店先に並べて「さあ、買った買った！」と声を張り上げるような、そんな行為だとも思っていた。「考えること」をあまりせずに、「書くこと」ばかりしているわたしは、自己顕示欲が強くて口が上手い、ちょっと軽薄な人間だとずっと思っていた。でも、そうではなかった。書くことは考えることそのものだった。

　思い返してみれば、確かにわたしは、何かを書くことで考えることができ

コラム4　作家が書くことを教えるということ

ていた。頭の中で妄想を繰り広げているだけでは、風に散らされる雲のように消えてしまう。だけど、書くことによって形を与えて紙の上に考えを建築していけば、おかしなところを直したり、それを土台にしてさらに考えを積み上げたりすることができる。書くためには問いを立ち上げる必要があるし、自問自答する必要がある。それができないと良い文章にはならない。それって、考えることそのものだ。

　小林秀雄の言葉に、わたしはものすごく励まされた。書くことと考えることが同じなら、わたしは書くことで自分を耕し続けていたことになる。書き続けてよかったじゃないか。書くことが今の自分を作ってきたのではないかという予感は当たっていた。

　この気づきを得たのは、大学院の博士課程も修了して、小説家デビューもして、文章講座をするために書くことについて振り返っていた三十代のときだ。遅すぎる。もっと早く知りたかった。

　もしわたしが人文系の学問を選んでいたら、もっと早く気づいていたかもしれないが、理系の進路に進み、それから小説家になったわたしは、書くことと考えることが同じであることを知らずに長らく生きてきてしまった。他の人はどうなのだろう。わたしと同じように知らずに生きている人もいるのではないか。じゃあ、わたしが一人でも多くの人に伝えよう、と思った。

　これまで、さまざまな人に文章を教えてきた。市民講座で小説やエッセイの書き方、予備校で受験のための小論文の書き方、そして大学の初年次教育でレポートの書き方やプレゼンの方法、といった具合に。

　どうしてこんなにジャンルを問わず教えているのかと言ったら、わたしが「書くこと」に魅了されているからだ。つまり、「推し（＝人に薦めたいほど好感を抱いている対象のこと）」の魅力を語るオタクのように、できるだけいろいろな人に、文章を書くことを薦めたくて語りたいのである。

　運動が健康に良い影響を及ぼすことは、いまでは多くの人に知られた周知の事実だが、もし、まだそのことが大々的に知られてない世界があったとして、そこに散歩が趣味の人が住んでいると想像してみてほしい。その人は純粋に散歩をするのが楽しくて、毎日ぶらぶら近所を歩きまわっている。そんな生活を何年も続けたある日、自分の体が年齢の割には健康で、いつも調子

第Ⅲ部 パーソナル・ライティング

が良いということに、ふと気がつく。もしかして、散歩って体にいいのではないか。いや、絶対そうに違いない。これはものすごい発見だ。楽しくて、おまけに健康になるなんて。もっとみんなも散歩すればいいのに。そうだ、このことをいろいろな人に教えよう。いや、教えなければ！ みんな話を聞いてくれ！……と、大興奮すると思う。

　この話の「散歩」を「書くこと」に置き換えたら、わたしが書くことを教えている理由になる。

　では、どうやって教えているのかという話もしておきたいと思う。

　文章を書くのがあまり得意でない人に教えていて、気がついたことがある。書き慣れている人なら自力でいつの間にか習得しているさまざまな技術が、書くのが苦手な人には備わっていない。

　だからわたしは、自分がどのようにして書いているのか、つまり紙に文字が書きつけられる前に脳内で何が起こっているのかを観察し、そのプロセスを体系化して言語化して、ミニワークに落とし込むこみながら教えるようにした。

　具体的には、考えるために書いたあとに、伝えるために書き直すという二段階で仕上げることを伝授する。慣れた人なら無意識に一気にやっていることだけど、ここを分けることで、途方に暮れて何もできない状態を脱することができるし、こちらもアドバイスしやすくなる。

　書くことが苦手な人は、最初からきれいな文章で書こうとすると、思考が萎縮して何も出てこなくなる。だから、最初の一歩のハードルを出来るだけ低くする。パソコンではなく、できれば手書きがよい。ひとつながりの整った文章ではなく、箇条書きやメモ書きの方がおすすめだ。漢字も間違っていてもいい。罫線に沿って書くのではなく、白紙に自在に使って落書きのように書き散らす。付箋に書いて大きな紙に貼り付けてもいい。とにかく頭の中にあることを書き出す。「何も思いつかない」なら「何も思いつかない」と紙に書いてもらう。自分が書いたことにも、なぜそう思うのかとツッコミを入れる。A4サイズの白紙が全部埋まるまで、とにかく手を止めずに書いてもらう。

　この「考えるために書く」プロセスを目の前で行ってもらうと、「書くの

220

が苦手」の内訳が見えてくる。まったく手が動かない人は、自分自身の独自の考えを出して間違ったりはみだしたりするのが、怖いタイプかもしれない。そういう人には、何を書いてもいいんだと励ます。大きな字で楽しそうにどんどん書いてすぐに紙を埋めてしまう人もいる。そういった人たちの中には発想力はあるけれど、まとめるのが苦手なタイプもいる。次の「伝えるために書く」段階で要観察だ。少し書いただけですぐに行き詰まってしまう人もいる。いろんな角度から考えてみるのが苦手なのだろう。それならば、こんなふうに広げてみたら、と、ヒントをそっと差しだしてみる。

　プロセスの途中を観察することで、できあがりの文章からは見えないことが見えてくる。対面の授業でしかできない指導だ。

　次に、書き散らした文章をどういう順番で伝えていけば伝わりやすいかを考えて、番号を振ってもらう。番号を振るためには、書き散らした文章を塊で捉える必要がある。グループ分けをして、どういう話題が書かれているのかを見極める力がいる。そして順番を決めるためには読者の目線になる必要がある。書き散らすのが生産者モードなら、こちらは仕分けをする販売者モードだ。編集者モードと言ってもいいかもしれない。

　長い文章を複数の塊で捉えて「何が書かれているか」でグループ分けできる目を持てるようになると、「構成」ができるようになる。これは書く力というよりは、読む力が必要だ。自分の考えを書くのが苦手な人も、高校までの国語教育で鍛えられているのか、読み取る力は結構あるようだ。いくつかの文章サンプルを読んでもらってグループ分けの練習をして、自信をつけてもらう。それを自分の文章にも発揮してもらう。「考えるために書く」と「伝えるために書く」のモードの切り替えを身につけてもらう。

　そうして「何を書くか」「どの順番で書くか」をイメージし終わってから、本番を書いてもらう。このときは、全く新しい紙に書いていく。書き散らした文章は「何を書くか」を見つけるための準備運動であって、そこに書いたことをケチケチ再利用したらうまくいかない、一から新たに書く方が実は早い、と説得する。実際その通りだということを経験すると、真っ白な紙を前にいつまでも悩んで書き出せない悶々とした時間を過ごすよりは、二回書く覚悟で何でもいいから書いてみたほうがよいと分かってもらえる。

第Ⅲ部 パーソナル・ライティング

　このように「書く」という行為を、段階的かつ体験的に習得してもらうことで、最初は何も書けなかった人たちが、どんどん書けるようになっていく。書くことが楽しくなってくれた人もたくさんいる。

　誰もが当たり前にやっている呼吸にも、良い呼吸の仕方というものがあるし、体の動かし方も、声の出し方も、それぞれに技術がある。呼吸や体の動かし方を知らずに陸上競技の記録を伸ばしていくことは難しいだろうし、声の出し方の技術を知らなければ、その声に想いを載せて歌うこともできない。紙に線を書くこと自体は誰もができることだけど、「書くこと＝考えること」といった意味での「書くこと」にも、やっぱりベースとなる技術があるとわたしは考えている。

　その基礎的な、肉体的な感覚を、本当の意味で教えられるのは実践者だけだと思う。たとえば、小説を書いたことがない編集者は、できあがった文章を見てアドバイスできても、どのように心と体を使えばどのような物語が生まれていくのかという、プロセスのアドバイスはできない。もちろん編集者が相手にするのはプロの書き手だから、それで全く問題はない。書くプロである作家にとって、読むプロである編集者のアドバイスは、これまで一人で書いてきたときには得られなかった有益なものだ。

　だけど、書くことが苦手な人や書くことを生業にしていない人に教えるときは、話が違ってくる。書くことが苦手な人に教えるときは、書くためのプロセスを伝えて、その知恵をシェアすることを、もっと行ってもいいのではないか。論文だったり、レポートだったり、作文だったり、報告書だったり、ジャンルはいろいろだろうけれど、教えている多くの人は、自分が書いたことのある文章を自身の経験をもとに教えているはずだから、プロセスを教えることは可能なはずだ。それなのに、教えるときには、こういった基礎的なプロセスは省略されてしまう。

　文章を書くのが好きになってどんどん書いたり、好きではないが職業上の要請で書くしかなくて仕方なく書いたりしていれば、書き方は勝手に身についていく。しかし、それを誰かに教えるときには、一度自分の中の書くプロセスを解体して観察して言語化する必要があると、わたしは思う。職人の世界では技を見て盗めと言ったりするけれど、それには大変な根気と時間がか

コラム 4　作家が書くことを教えるということ

かる。見て盗むしか方法がなければ、書くことの面白さにたどりついてくれ
る人は少なくなる。書くことが一部の人にしか必要のない特殊技能ならそれ
でもいいが、そうではない。「書くこと＝考えること」は、どんな人生を歩
むにしても自分らしく生きるために必要な技能だ。アカデミックライティン
グにしろ、パーソナルライティングにしろ、教える人は、崖から這い上がっ
てきた獅子の子だけを育てるのではなく、もとから崖から落ちないようにし
た方がいいのではないだろうか。

　書くことを教える人たちには、ぜひとも、自身がどのようにして書いてい
るのか、そのプロセスを観察し、言語化し、どうやったら伝わるかを試行錯
誤して語ってほしい。それが文章を教える技術につながっていくし、文章を
書くという行為がどういうものなのかを考えるきっかけになる。どんなふう
に書いているのか、いろいろな人のそのプロセスを知りたい、と思うのは、
わたしだけではないはずだ。

第 9 章

生活綴方における書くことの教育
―書くこと・読むこと・話すことを通じた人間形成―

川地 亜弥子

はじめに

(1) 生活綴方とは何か──書くことを通じた人間形成

生活綴方（せいかつつづりかた）は、生活に取材した作品を子どもたちに綴らせ、できた作品をみんなで読み、話し合う過程で、子どもたちの生活の不安や悩み、喜び、悲しみを明らかにし、共有し、そのことによって子どもたちに表現と認識の力を育て、人と信頼関係を築くことを励まし、生き方の指導を行う。書いてお互いに読むことを通じて、自由な人間を育てようとする、学校を中心とした教育実践の一つである。国語科の一科目として「綴方」が設置されていた 1920 代に源流があり、1933 年には雑誌上で生活綴方という言葉を確認することができる[1]。

他の章と比べると、人間形成という大きなテーマが示されており、驚いた読者もいるかもしれないので、最初に説明しておこう。国語科の一科目としての綴方科では、当然のことながら、ひとまとまりの文章を綴る力の育成が目指された。しかし、生活綴方をめぐっては、実践を担った教師たちを中心に、綴方を「人生科」と呼び、認識と表現に限定せず、生き方を含めた総合的な指導を

---

[1] 生活綴方という言葉が公刊物上で初めて使用されたのは、加藤周四郎「生活綴方の現実の問題」『北方教育』第 10 号、1933 年 1 月であり、その翌年には全国誌『綴方生活』でも使用されている。これ以前の実践のどこからを生活綴方と呼ぶかについては、論者によって違いがある。

第Ⅲ部　パーソナル・ライティング

行いうるものであるし、そうでなければならないとの議論が盛んにおこなわれてきた。公立の初等段階の学校が中心的な舞台となったこと、子どもたちの取材（題材選択）の対象として生活全般が位置づけられたこともあり、書くことの指導から生き方の指導までが一つの科目の議論で行われたのである。

　本章のタイトルに人間形成を付したのは、以上のような、文章表現の力以外にまで射程を広げ、子どもがいかに学び育っているかや、その際の意欲のあり方まで議論してきた生活綴方の歴史をふまえてのことである。

(2)　生活綴方を通じて育成する力とは何か

　当然の帰結として、生活綴方において育成する力は、狭義の学力からはみ出してしまう。ここで狭義の学力とは、「学力はモノゴトに処する能力のうち教育的行為によって分かち伝えられ得たる部分である」（中内, 1998, p. 105）、「成果が計測可能なように組織された教育内容を学習して到達した能力」（勝田, 1972, p. 134）と定義されるものを指す。これらの学力の定義に基づけば、文化から身につけさせるべき学力を導き出し、知識や技能の獲得と習熟の度合いを想定して、学力評価を行うことになる。教科の指導内容が明確になり、子どもが十分な学力を獲得できなかった場合には、再指導するという学力保障への道筋が示される。

　これに対して、生活綴方は後天的な学習によって獲得された能力で生活のなかで生きてはたらく力の総体を学力ととらえていると指摘したのが志摩陽伍である（志摩, 1992, pp. 216-217）。これは学校だけではなく家庭・地域を含む全生活の中で伝承・更新されていく文化の学習を通じて獲得される力をすべて学力としてとらえる広義の学力観である。現代では、こうした力は資質・能力と呼ばれる（松下, 2010）。

　生活綴方では、生活を綴らせることを通じてものごとの認識と表現および生き方の問題を含む人格形成を行うことを目指し、そのことによって狭義の学力を問い直してきた。東井義雄における「村を育てる学力」論などは、その代表的なものだ。東井は、子どもたちがもともと持っている生活の論理、いわばパーソナルな論理が、教科の論理というアカデミックな論理を通じていかに「太って」（ゆたかになって）いくか、そうしてゆたかになった論理を共同体のた

めに使う意欲があるかどうかを重視した（川地, 2005；東井, 1957）。パーソナルな論理を軸としつつ、それが豊かになるには教科の論理が不可欠と位置づける点で、本書のテーマである「アカデミックとパーソナルの架橋」という論点にも示唆を与えるものだ。

急いで付言しておくと、綴方が生き方の指導を担うことについて、統一された見解があるわけではない。綴方を重視する教師の中でも、綴方・作文教育はあくまで文章で自分の考えを自由に書けるようにすることが中心課題なのであり、生き方の指導という「重荷を下ろす」べきという主張が行われたこともある（日本作文の会常任委員会 1962 年度活動方針）。もともと草の根の教育運動ということもあり、各教師、各地域で様々な立場が取られた（日本作文の会, 2001；川地, 2021）。

なお、用語に関しては、戦後学校教育において作文の語が中心的に使われるようになって以降、生活綴方・作文教育というように、併記されることもある。1998 年版学習指導要領以降、作文の語は使用されなくなり、代わって国語科の一領域として「書くこと」が位置づけられた。現代の生活綴方は、書くことの指導の一環として実施されることもあれば、他の領域（特別の教科道徳、総合的な学習の時間、行事の合間、朝の会など）の、多様な時間を活用して行われることもある。カリキュラム・オーバーロード、教師の多忙さの問題もあり、生活綴方に意義を感じている教師でも、時間をうまくやりくりしながらでなければ実施が難しい。個人情報保護のために、文集として印刷したり、集団で読んだりすることが難しい場合もある。その困難が繰り返し語られながらも、日本全国に、ありのままの生活を書き、みんなで読むことを重視する生活綴方に取り組む教師たちがいる、というのが 2024 年現在の状況である。

本章では、アカデミックとパーソナルの架橋というテーマについて、特に本書で言及された、書くことへの意欲、指導や評価の指針やその示し方について、生活綴方実践の知見から深めるために、1930 年代の議論を中心に扱い（2～5節）、最後に現代の綴方の取り組みについて紹介する（6節）。戦後の生活綴方の史的展開については、川地（2017a, 2017b）において言及しているので、そちらを参照して頂きたい。

第Ⅲ部　パーソナル・ライティング

1. 認識・表現・生き方の姿勢—意欲と個のリアリティへの注目—

(1) 個性の重視

　生活綴方の始祖と呼ばれた小砂丘忠義（本名笹岡）は、自分でも同人誌を作成し、教師の言いなりになるのではなく、自分なりの表現を重視していた。発行していた文集にも「みんなの文にはみんなの一人一人の心があらわれていなければならんと思ひます。やはり、これは、この人でなければかけぬという様な文がよいのです。字は、これは高橋、これは重、これは紀、これは弘とわかるが文もそこまでいきたいと思います。名前さえかえればだれの文にでもなれるようなのはよくない文です」（文集『蒼空』第8号編集後記、1924年3月25日）と述べている。小砂丘は、生成 AI のつくる文章は評価しないだろう。まさに「名前さえ変えればだれの文にでもなれる」ものを出力しているからである。

(2) 意欲と批判意識

　さて、小砂丘は人間を独立させ自由にするものとして綴方に注目し、子どもの意欲を重視した。子ども自身の自由な思考と表現こそ教育において保障すべきであると考えた小砂丘は、これまでの学校の評価は、暗記による暗記再現力や行動によって子どもに優劣をつけるもので、優等生は「先生その人の小模型」（小砂丘, 1922）になってしまっていると批判した。教科書の文章を「殆ど範文扱までされた国語読本がまず、何の例外なしに完全に死にきった文章」（小砂丘, 1926, p. 105）と否定し、雑誌『少年倶楽部』の優秀作「親の恩」「級友の恩」なども批判した。

　　　　級友の恩　　（札幌、男子）
　　「石田、立て！！」
　　「はっ」私は立った。
　　「貴様はなぜガラスを破ったのか。それからまだ居るだろう」
　　その時山下が立った。次に小山が。川井・宮下・伊東・下田・澤村の順

で全部の生徒が立った。

　怒ると厳罰に処する中田先生の性質を知っている級友五十名は、私を救うために皆立って呉れたのだ。暫らくの間先生はだまっておられたが、やがて

　「お前達はいつまでもその精神でわが大日本帝国の為に働いてくれ」と言われた。

　私はこの級友の恩と中田先生の熱烈なお願いは一生忘れることが出来ない。（小砂丘, 1929, pp. 44-45）

「意欲的」と読めそうな作品だが、小砂丘は、「［先生の訓戒を］正直にうけとって感銘しきっている作者のこの無批判さはなにごとだろう」（小砂丘, 1929, p. 45）と酷評する。彼は、綴方指導について、「自由に筆を駆使することも望ましいことにはちがいないが、それが綴方の目的ではない」（小砂丘, 1929, p. 45）といい、表現技術の獲得よりも、子どもの生活を充実させることが重要だと述べた。「口ではいかに『自由にかけ』『思ったままを』『題がないとは何事だ』と、大声しつ呼していようとも、その実肝心の子供の生活は、国定教科書と先生の頭とで規定されてしまっている。そんな狭い範疇の中におしこんで、枝葉をいかにひねくりまわして見たからとて、所詮物になるはずがない」（小砂丘, 1929, p. 48）という。そして、子どもが子どもらしく自由に活動することがあって、はじめて生き生きとした作品が生まれるという。「出さんにも語らんにも、彼らに生活がなく、出すべき個性が鈍りきっているのでは、恰も縊られた鵜が魚を啣む類である。物を見、物を聞いたとき、はつらつとして動く心、ピチピチと感動する心、それが第一に培われなければならない」（小砂丘, 1929, p. 48）というのである。

　さらに、自分なりの問題意識を有していても、意欲が弱い作品には厳しい批評を行った。たとえば、あかぎれがひどい状態なのに水を使う当番活動を押し付けられている友だちの高木さんについて書いた作品「高木さんのくるしみ」について、以下のように批評している。

　作者の同情というものは、極めて人道的な、原始的なものであって、か

第Ⅲ部　パーソナル・ライティング

　わいそうでならないと思ったことを、格別どうしようということはなしに、思ったまま文にしたものである。[中略] もやもやと薀醸してきたモ˙ロ˙ミ˙がぶつぶつと自然と泡立ってくるような文ではなく、これを学級のために学校のために役立てるという意識をもって努めて書くようになってこそ、文としての体裁がそなわってくるのではないか。世の綴方人が、調査だの研究だのと、せっせと新しい動向を辿りつつあるのは、一つに子供の眼を環境に、集団に、社会に、見開かせんがための努力であると僕は考えている。自分の郷土で米が何俵とれて、藷が何貫とれて、牛が何匹おって鶏が何羽いるという事実を平面的に知るがためではない。(小砂丘, 1932, p. 22)

　つまり、文章を書く上での目的意識、言い換えれば、自分の文章でこれを伝えたい、そのことによって生活を変えたい、という意識と努力を重視している。同時に、この文章について、「いい題材をつかんでいるが書きぶりがよくない」という批評が起きる可能性もあるが、それは誤りであり、「真実にいい題材をつかんだというのは、同時に真実にいい表現ができるのでなければならぬ」「この程度の反応をしか呈しないということに不満を持つ……それはもう、書きぶり云々の問題ではない」(小砂丘, 1932a, p. 23) とも評している。

(3) 批評を受けるべきは子どもではない

　そのうえで、作者がこうした表現や生活しかできないことについて、子ども一人の問題にするのではなく、全教育が批評を受けるべきだと論じている。「地理や修身や国語やの全教科が、校長はじめ各訓導の全教化が、郷土や国家の全感化が、その批評をうくべきである。綴方をかいた場合、その綴方には、全教育の総量が含まれている」(小砂丘, 1932, p. 23) という彼の主張は、子どもの作品は子どもに対してという以上に教育に対する評価になるという、日本における教育評価論の誕生と位置づけられている (中内, 1998)。

　つまり小砂丘は、国定教科書や教師の価値観に無批判に従う従順さや、その結果としての表れる意欲を否定している。自分でつかんだ題であっても、それに対する反応が希薄なものにも批判的である。やや大胆に彼の批評の特徴をまとめると、作者である子ども自身に、自分を指導する教師、自分を取り巻く集

230

第9章　生活綴方における書くことの教育

団に対するラディカルな姿勢を求め、そして作品を通じて子どものそうした姿
勢を評価することで指導者から国家までを批評の対象とすることを提起したの
である。

(4) 個のリアリテの重視

　一方、作者の意欲よりも、「個のリアリテ」を出発点とし、そこからの発展
を重視したのが、佐々木昂（本名太一郎）であった。彼は、秋田で設立された
北方教育社の教師向け研究誌『北方教育』で、以下のように主張している。

> 教育のリアリズムは、個のリアリテを出発点としてあくまで個のリアリテ
> に即し常に個のリアリテにまで帰するのであるが、出発点のリアリテも帰
> したリアリテも共に主体的に純粋でありながら「無」の発展的展開の自己
> 実現として徐々に、主観的なものから普遍的なものにおいて、無価値なも
> のから価値的なものにおいて、個人的なものから社会的なものにおいて、
> リアリテが保たるべきことを要請する。(佐々木, 1934, p. 10)

　佐々木の特徴は、個人の実感をそのままにするのではなく、主観から普遍へ、
無価値なものから価値的なものへ、個人的なものから社会的なものへという発
展を見通しながら、「個のリアリテ」に帰することを要求する点にある。

　佐々木は、この論考で「無」について、内省の対象となる「私」ではなく、
内省する「私」であり、「根元的な意識」「意識以前の意識」「真我」とも称さ
れるものとしている。

2. 調べる綴方と意欲

(1) 興味・関心と継続性

　一方、綴方の科学性を重視する立場からは、観察や調査に基づいて書く「調
べる綴方」が提起されていた。実践していた教師たちは、小砂丘が問題として
いたような意欲の問題をどう考えていたのだろうか。アカデミック・ライティ
ングにおける意欲の問題を考えるために、村山俊太郎に注目してみよう。

第Ⅲ部　パーソナル・ライティング

　彼は、農村の現実を見つめさせることで子どもたちの社会に対する認識を高めようとして、1931 〜 32 年頃に「調べる綴方」の実践に力を入れていた。彼が指導した「天神様のお祭り」（山口・山口・江口, 1931）は、「調べる綴方」実践の代表作としてよく知られている。ここでは、「トマト日記」の一部を挙げておく。

　　児童作品「トマト日記」（村山俊太郎指導、尋 6 女）（抜粋）
　　　三月三十日（月）
　　　朝おきてむしろと障子をあけるのと、夕方それをかけるのが私の役目だ。
　　　芽を見るとどの芽もどの芽もわらびみたいに下むいている。なぜだろうと思って姉さんにきくと「雨などふっても若い芽がぬれたりしないようにだべな」と教えた。夕方水をかけた時ちょっとほってみると、小さな根が白く出ていました。
　　　四月七日（火）
　　　昨日までつぼんでいた葉が、うすいみどり色にひらいていました。よくみると葉は七つ八つぐらいぎざぎざになっている。（勝, 1932）

　毎日の手伝いの中で、トマトについて興味を持ち、観察し、そこで疑問に感じたことを家族に聞き、自分なりの発見を記述している。身の回りの事物に対して興味・関心をもち、継続的な観察によって記述している点で「調べる綴方」の特徴がよく表れた作品といえる。

(2)　調べる綴方の拡張

　1934 年以降になると、村山は通常であれば調べる綴方とは呼ばないような作品「おじいさん」（村山, 1934）、「冬のしたく」（国分一太郎指導作品。村山, 1935 所収）をその例として挙げた。そして、調べる綴方には、この作品に表れているような「生活に対する継続的観察」「表現の具体性」「作者の個性」（村山, 1934）や、「対象に対する能動的意欲性にもとづく客観的具象性」（村山, 1935）などが重要だと述べた。

第9章　生活綴方における書くことの教育

児童作品「おじいさん」（尋4男）（抜粋）

　おじいさんは何だかこの頃、お母さんが病気になってからおかしげになった。それは心配するのが多い。これは去年のことである。お母さんの病気がなおったので、ふかしをしようとしていたが、どうもおじいさんのきげんがよくないので、きげんがなおるまでまっていた。それから四、五日たつと夕方、おじいさんがにこにこ顔で上だんから出てきた。僕は「今日は心持ちよいな」と思つてみていた。するとてぬぐいをかぶっていたのまをふいていたお母さんに「今度ふかしするは」といかにもふかしをさせたいような顔を見せながらいつた。するとお母さんは「したら今日したくして、あしたすろは」といつた。

　その次の朝はいよいよふかしをした。それから僕らもふかしはこびをてつだいした。その夜はほかの人達をよんだ。その時おじいさんが「おらこだな所にいね」といって外にでやうとしたり、「ふかしすんな」といったりしていた。おじいさんはこのように心のかわりやすい人だ。［中略］

　おじいさんはよくなんでも忘れない。そしていつもたいくつな時は「長源寺様がやけた話や、長とろ城がやけた時おれ見ていた。ほんどきのはたある」などといつてはたを出して見せるときもある。よくかたるのはいまごろである。それから旗を出して見せたりするのは夏が多い。

　おじいさんはほんとによくはたらくのでした。僕が三年生まではよくはたらきましたが、四年生になってからはそんなにはたらきません。［後略］

(村山, 1934)

　作者は、家族（とりわけ祖父）の行動の変化について書いている。当時の形骸化した、調べた綴方実践に欠けていた継続的な関心と、祖父の変化について書きたいという子どもの意欲に基づく客観的観察が強く表れている。村山は、計測の結果のみの記述や、考察のない観察結果の記述よりも、このような生活と表現への関心と意欲こそ重視するべきだと考えたのである。

第Ⅲ部　パーソナル・ライティング

3. 表現技術と生活の批評―生活詩における意欲―

　このような立場から、村山は生活詩に注力していった。継続性・意欲性にもとづくリアルな表現を重視するようになり、「生活詩の現実性は、単なるあるがままの描写ではない。生活性によって生活意欲によって貫かれた現実性の謂である。そこには単なるありのままから、『あるべき』現実への飛躍がある」（村山, 1936b, p. 77）と主張した。村山は、生活意欲こそが生活を前進させていく原動力となると考えていたのである。しかも、「綴方批評は文芸主義綴方批評の如く表現技術を中心とする（しかも生活との遊離に於いて）ものであってはいけないし、また一部生活主義綴方論者の如く生活批評のみが正しい批評指導の在り方でもない」（村山, 1936b, p. 26）として、表現技術の批評か生活批評かという二分的な捉え方でなく、この両者を統一的にとらえようとするのである。

　この場合、これらの批評がどのように統一されるかが問題になる。村山は表現技術指導と生活指導の関係について、次のように述べている。

　　単なる表現技術を陶冶するために綴方教育が存在するのではなくて、表現生活をも含む生活行動全体に関心して児童作品を取り扱い、狭義の表現生活だけを問題にしていては表現そのものさえも完き指導をなし得ないという自覚に到達した……。即ち表現ということとその母胎であるべき生活そのものに対する二元的観念性を棄て、よき真実の生活者のみが真実に正しい表現をなし得るという立場に於いて生活と表現の関係を認識し、生活指導を綴方教育の目的と考え、表現指導をそのための技術教育として認識する（村山, 1936a）。

　つまり、村山は、生活をいかに認識したかが作品に表れ、その表現について指導することで生活認識が高まり、「生き方」に影響を及ぼすと考えた。だからこそ、子どもの生活認識を問わないで表現技術だけを問題にするような指導では、表現指導が果たすべき役割を果たすことができないというのである。こ

のように捉えた上で、作品批評は生活批評である、と述べたのだった。これは、例えば大学におけるライティング指導において、「よく書けているが対象への思いや表現への意欲が感じられない」という批評を念頭に置くと、よく理解できる指摘である。

　このような批評においては、子どもが生活をいかに認識しているかの指導に正面から取り組む必要がある。村山は生活指導と表現指導の関係を明らかにするなかで、子どもの認識を高めるために、題材を組織的に系統化し、拡充していくことの重要性を主張した。

　なお、生活綴方において認識の語が何を指すかについては、注意が必要である。例えば、上述の村山における認識について、志摩陽伍は「『生活』と『表現』と、それぞれの意味内容を問いなおすことによって、村山は、その二つを『生き方』の発展の上に再構成するために、『認識』というテーマが背負っている重い意味を、教育研究のなかにとらえかえした」（志摩, 1984, p. 134）と述べている。

　その一方、横須賀薫は、1970年ごろの生活綴方の議論では、認識と表現という枠組みで実践を整理しているものの、認識の語は分析、総合、表象などに限定されていたのではないかと指摘している。本来ならば認識の指導の問題から、教科指導と生活指導へ大きな問題提起をしていくような緊張関係にある実践が必要にもかかわらず、認識のとらえ方が狭くなっているというのである（稲垣他, 1970, p. 16）。村山の認識は志摩が指摘した意味での認識である点に注意しておこう。

4. 教育としての批評と指導を求めて

(1) 文壇的批評と教壇的批評

　このように、生活指導と表現指導の結合を重視した生活綴方に尽力していた教師たちが、当時の国語科の教科書の文章はもとより、文学作家の文章を基準として子どもたちの作品を批評することについて、強い批判意識をもったのは、当然の帰結であった。教科書の批判は小砂丘をはじめ多くの論者が行い、そのために、『赤い鳥』等の、多くの文学者が作品を寄せる子ども向け読み物がさ

第Ⅲ部　パーソナル・ライティング

かんに発表された。生活綴方ではそれだけでなく、こうしたプロの文学の世界
における批評（文壇的批評）も子どもたちに適していないというのである。

　誤解がないように付言すれば、大人が執筆した作品を読み物としたり、文章
を書く前の文話に生かしたりすることは否定しておらず、むしろ重視している。
ここで問題としているのは、学校で行われる生活綴方としての、つまり教室の
すべての子どもたちに対する表現指導と生活指導としての作品批評である。特
に教室で行う批評について、国分一太郎は教壇的批評とよび、以下のように述
べている。

　　　ひとりの子も切り捨ててはならぬ。極端な概念論者の子どもがいたら、
　　まずそれはそれとして肯定せねばならない。そこから概念を砕いてやる方
　　法をみつけるわけだ。……けれどもまた、学級の人々をほんとに感動させ、
　　生活のまことさに組織するような任務を果たす文である限りは、すぐれた
　　形象化のある作品であらねばならぬ点からいっても、平易ながらもわかり
　　のよい文として、すぐれた表現技術も生活の眼と同時に練磨されるだろう。
　　僕たちの教壇的配慮はただ、生活観の高揚が表現技術の高度化となること
　　を、無理せず、あせらず待つのみである（国分, 1936, pp. 155-156）。

　村山も、この主張について、「局部的な作品主義に陥りやすい教室実践、兎
角に文壇的批評になりがちな作品評価の尺度などに批判を加え綴方科の垣根を
越えて児童生活のリアルな表現技術を、生活の眼と同時に開発錬磨しようとす
る」と重視し評価した（村山, 1937, p. 130）。

(2) 指導系統案の特徴と尺度原器の探求

　最後に、戦前の綴方教師たちの指導系統案について簡単に触れておこう。教
科書がなく、指導計画の立案が重要であった綴方では、様々な指導系統案が作
成され、高等師範系の教師たちも発表していた。

　生活綴方を重視する教師たちの系統案として特徴的なものを2つ挙げる。一
つは、山形の国分一太郎が作成した、生活指導と表現指導を統一し、段階別
（学年別ではない）にしたものである。国分は、「従来までは表現技術が下部構

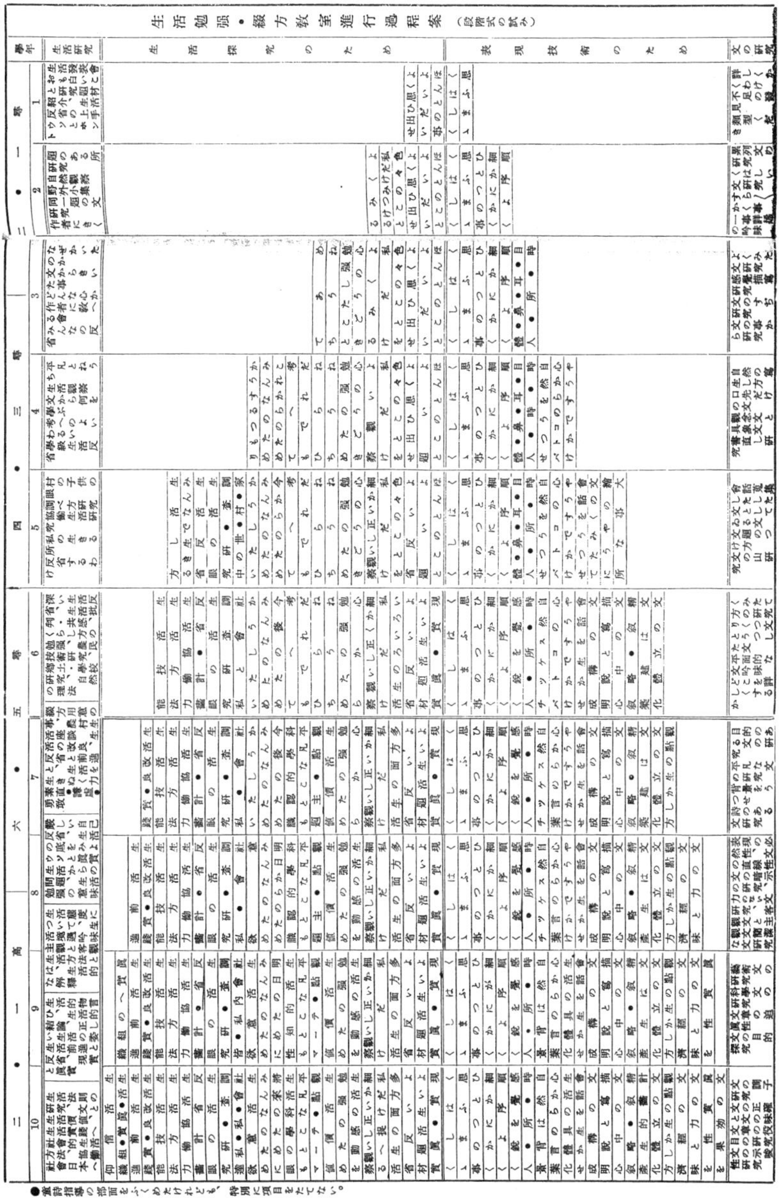

図 9-1 「生活勉強・綴方教室進行過程（段階式の試み）」

出典：国分太一郎（1935）「私の描く綴方指導系統案」『国語教育研究』第 4 巻第 2 号，pp. 36-38。

第Ⅲ部　パーソナル・ライティング

造で、それをたたき上げると上部構造の生活探求はひとりでにできるとした。……[しかし] 事前に生活を追求し、深める指導とそれを表現する事の指導をどこまでも密着させ、しかも生活こそ下部基底であると考えてこの案をつくった」と述べており、あくまで生活探求をベースに考えている。村山も、1938 年になると、指導の系統を生活認識の指導と表現技術の指導とに区分し提示した。彼が、山形市第八小学校プリント「生活の勉強・表わし方の勉強」（村山, 1968, pp. 41-42、梛野栄三氏提供）において示した指導の系統案は、そのことをよく表わしている。この表は、国分一太郎の 1935 年指導系統案をほぼ踏襲しており、国分が示した「生活探求のため」と「表現技術のため」という綴方指導の系統の枠組みと、低学年からの一貫した系統案を村山が支持したことが分かる。

　もう一つは、秋田の佐々木昂が構想し、実現には至らなかった、作品集としての系統案である。その時期の子どもたちにふさわしい読み物を、順番に読めるように配置するものである。佐々木は、地域の生活に根差した作品集を求めており、全国版ではなく東北の地に根差したものを中心に作品を選ぼうとしていた形跡がある。

　表にするのか、事例集にするのかという問題は、第 4 章でも出てきた論点である。生活綴方では、評価のためというよりも指導の系統化のために求められた点で違いはある一方、表として端的にまとめたものと、それとも、作品の内容と形式を分離せず作品そのもので示したものとが追求されている点は第 4 章と共通している。

　なお、このような批評にあたって、文壇にも教科書にもよらない基準を教師が作成する必要が自覚されたのは当然であった。「『教育実践』から出発した学的体系は『そのヂレンマ』を足場としてしか建設することができない」と、佐々木昂宛ての手紙で書いていた国分は（成田, 1999, p. 275、推定 1935 年 7 月 10 日）、指導系統案についても、「旧来」のものは「上からの案――教育哲学・教育科学・表現学・文学理論からの系統案――理論的プラン。すなわち指導の『尺度原器』を神様からもらっていた」（国分, 1935, p. 35）と指摘し、あくまで、「下からの系統案とみなでつくる系統案」を目指した。そこから「私たちの日常実践――最後には理論をも導くまでの――が発見した具体的法則」「生活具

第9章　生活綴方における書くことの教育

体の中に動きながらも一貫性をもつところの、相対的な尺度原器」（国分, 1935, p. 35）を見出そうとするのである。系統案を、誰がどのように作成するのかという論点が示されている。

　さらに、教師自身が評価の対象となるような系統案の必要性も述べている。「教師の指導良心の系統案こそほしい。たとえば『指導良心第一課——綴方を書取練習にしないこと、綴方は必ずよむこと。等々。』系統案がないといって、それにかこつけて怠けている人々への鞭はこれ以外にはない」（国分, 1935, p. 36）といい、指導系統案といえば子どもの学びを測るものさしであり、教師は測る側であるという当時の一般的な認識を逆転させている。教師が「指導良心」をもたないのに、子どもに確かな生活勉強をさせていくことなどできないし、そのできなさを子どものせいにするのは教師として失格だと考えたのだろう。

　村山は、教師に「科学と経済と歴史」の「教養」が不足しており、それを職員室で高め合うことが必要だと主張した（村山, 1940, pp. 34-35）。このような「教養」のとらえ方は、『綴方生活』第2次同人宣言でも述べられていた「社会の生きた問題、子供達の日々の生活事実、それをじっと観察して、生活に生きて働く原則を吾も掴み、子供達にも掴ませる。本当な自治生活の樹立、それこそ生活教育の理想であり又方法である」（「綴方生活」同人, 1930, p. 4）という立場からすれば当然のことだったのかもしれない。

5. 戦後の生活綴方の史的展開と現代の論点

(1) 戦後の生活綴方の史的展開

　以上のような議論を繰り広げていた綴方教師たちの実践は、村山の検挙に端を発する「綴方教師弾圧事件」（1940、41年）によって中断させられたが、1950年7月、日本綴方の会が発足、1951年9月に日本作文の会と改称し、その再興が行われた。現代に至るまで全国的な生活綴方・作文教育の研究・運動を支えている。

　日本作文の会では1962年活動方針において、生活綴方の指導から「重荷を降ろす」（子どもたちの生き方の指導を中心的な課題としない）ことを示し、

第Ⅲ部　パーソナル・ライティング

議論を呼んだ。常任委員を中心に作文教育における系統的な表現指導が模索されたが、子どもの生活は系統からはみ出すものであるという反論がなされ、表現技術重視の立場と生活重視の立場の間で論争が起こった（野名－田宮論争）。その後も、いわゆる自発的表現に即する指導と系統的・体系的指導の区分けについて、生活綴方における指導論の発達論的再構成について、推敲指導について[2]、「ありのまま」について等の論争が起こった（村山, 2007）。

　現在の日本作文の会では、各教師や、各地域の綴方サークルにおける子どもたちの生活に根ざした教育研究を尊重する「多元主義的民主主義」を志向して活動が進められている（日本作文の会, 2011；村山, 2011）。子どもへの指導としても「教師が書かせたい作品から、子どもが自ら書きたいことを自由に表現させる作品へ」、「『表現をどう指導していくか』から『どう共感的に受けとめていくか』への転換」（村山, 2011, p. 17）を行ったという。これは、「子どもたちの書きことばによる表現活動は、あくまでも自由で主体的なものであり、その活動自体の中に子どもの発達の原動力がある」、また、「書き綴る活動の中に、自己を取り戻し抑圧から解放していく働きがあり、外界へのものの見方も変わっていく」（日本作文の会, 2011, p. 156、2007/08 年活動方針）と書くことの意味をとらえたためとされている。

　なお、野名－田宮論争で生活重視派であった野名は、1991 年には、「日常の営為として、自由に、書きたいことを、書きたいときに、書きたいだけ書かせる」（野名龍二、1991 年 4 月、第 2 回近畿作文教育研究大会のパネルディスカッションにおける野名の提案）と主張していた。しかし、のちに、「これだけでは十分でない」として、「書きたいことを、書きたいときに、自由に、自分の言葉、自分の書き方で書かせる」と変更した。子どもたちの文章に、今日的な特徴としての「軽さ」があり、「足が地から離れる危うさ」があり、要注意だという（野名, 2004, p. 46）。そのため、綴方は「子どもの生活と表現に、文章・文体に細心の注意を払いながらの指導」（野名, 2004, p. 46）であり、書く

2）　推敲に関しては、宮村（2013）に論争がまとめられている。特に、推敲は書き終わった後にするものとは限らず、書きながら手を止め、考え、言葉を選ぶプロセスそのものが推敲を含んでいるという内田（1990）の指摘を踏まえた石澤雅雄の主張について、これまでの推敲観を変える論であると指摘している。

過程は「自分の文体を創造する過程」であって、これは「綴方・作文指導の見
落としてはならない積極的で重要な側面」（野名, 2004, p. 52）と述べた。決して
「軽さ」の感じられる作品を否定しているのではないが、そこに織り込まれ
ているものに「細心の注意を払う」ことを主張し、表現の指導の重要性を改め
て提起しているものと理解できる。

（2）子どもの長期の変化をとらえる

　現代の生活綴方において、その取り組み方は様々だが、子どもたちの変化を
比較的長期の展望でとらえていく点は特徴的である。1年間、時にはより長期
にわたる変化をとらえようとする。勝村（2021）では、低学年の時に「おれな
んか、どうせ生まれてこないほうがよかったんや！」と叫んでいたというナツ
の、小学校5年生での作文が掲載されている。

　　　　自分の存在　　小5　ナツ
　　ぼくは、なんでいるんだろうと思ったことがある。でも考えても、わか
　らない。
　　お母さんに聞いてみた。「知らんわ！」と言われた。でも、たまに思う。
　みんなどんな意味があって生まれたのだろうか。だけど、みんなすごい、
　自分は何もないと思う。なかには、けるのが上手い人もいるし、足がはや
　い人もいる。ぼくは、走りはおそいし、頭もよくないし、けるのも上手く
　ない。自分のそんざいってなんだろう。
　　でも自分は好きだ。なぜかは知らないが。（勝村, 2021, p. 112）

　ナツが叫んでも、大人は怒鳴らず落ち着いて関わり、その中でナツが自分の
思い、考えを言葉で言えるように丁寧に働きかけてきた。低学年からの息の長
い取り組みである[3]。

　3）　この他にも、小学校の時に、綴方の指導を含め学校全体で子どもの言葉を育てる指導を受け、自
　　　分が暴れていても先生は決して力で押さえつけずに、自分が伝えたかったことは伝わったのか、
　　　と尋ねる働きかけの中で、自分の生き方が変わったという、成人したタイシの語りも掲載されて
　　　いる。

第Ⅲ部　パーソナル・ライティング

　ナツがいた学校は、全校で生活綴方に取り組んでおり、子どもたちは1か月に1回、作文（綴方）を書き、クラス全体で読んでいた。もちろん、こうした長期の変化が生活綴方の指導だけで起きるわけではなく、学校全体での取り組みが重要である。学校が編成する教育課程や、指導の方針、家庭との連携などの影響も大きい。そうした取り組みの全体が子どもの作品に影響を与える。小砂丘の言葉を借りるならば、「全教育の総量が含まれ」るのである。

(3) 現代の綴方指導

　書くテーマを自由に決められる綴方では、突然「今から書きましょう」と言われても、すぐに書けるものではない。多くの場合、いつ書くかを子どもに早めに（少なくとも2週間前には）伝える。ナツの学校では、子どもたちは書く日までに題を考え（これを「題見つけ」と呼ぶ人もいる）、短冊に書いて掲示板に貼っていく。複数の書きたい題（テーマ）が見つかる子どもも多くおり、その場合は最初のテーマの上に貼っていく。書く当日に、題を変えてもよい。あくまで題を決めるのは作者である子ども自身である。書く時間はできるだけたっぷりとり（少なくとも45分）、落ち着いて書けるようにする。

　読む授業では、クラスの何人かの作品を文学のように読み深める。1年間で1度も取り上げられない子がいないように配慮しながら、読む作品を選んでいく。読む授業の進め方はいろいろあるが、まず作品をしっかりと読み、その子が一番伝えたかったであろうことが深められるよう、丁寧に読んでいくことが基本である。ここではナツの学校で作文指導に関わっていた勝村謙司による読みあいの授業の基本的な流れを紹介しておこう。

①教師が、その日取り上げる作文を、心をこめて音読する。
②「作文を書いた子がいつ、どこで、だれと、何をし、どう思ったか」について教師が子どもたちに質問し、板書しながら整理する。
③書いた子が自ら作文を音読する。
④子どもたちが、作文の中で「いいなあ」「気持ちが表れているなあ」と思うところに線を引く。
⑤子どもたちが線を引いたところを発表し、そこを選んだ理由や感想を話し

第 9 章　生活綴方における書くことの教育

合い、考えを深めていく。

⑥「同じような体験をし、同じように感じたことがありますか」などと教師
　が子どもたちに尋ね、発表してもらう。

(勝村・宮崎, 2018, p. 124。川地一部改変)

　読む子どもたちが作文の内容に集中できるように、丁寧に読む。書いた作者
が「みんなで読んでよかった」と思え、次に書く意欲につながるような授業と
なるように進める。また、レフ・セミョーノヴィチ・ヴィゴツキー（Лев Семёнович
Выго́тский）が精神間機能から精神内機能へと述べているように（ヴィゴツキー,
2008）、他者と共に読んで語り合うことから、書く際に自己の中で他者との対話
ができるようになることも促している。

　この学校では、子どもの作品を、校長が学校通信に掲載し、その拡大コピー
を学校のいたるところに掲示していた。毎月書くことと読むことを継続し、子
どもの作品を文化として学校全体で大事にする取り組みの中で、ナツはこの作
品を書いた。読む授業では、作者名を伏せて印刷した作品を配り、誰が作者か
考えるのだが、この作品を読むとき、作者がナツだとわかると、「ええ、ナツ
が」と驚いた声が挙がり、全員で読み深めていった[4]。

　なお、学校全体で取り組んでいない場合には、子どもに書いてもらうまでに、
もう少し時間をかける方がよい。新年度の当初からいきなり書かせるのではな
く、公刊されている作文集や、以前に担任していた子どもたちの作文の中から、
子どもたちの心に響くようなもの選び、朝の会や少しあいた時間などに読み聞
かせしていく（立派すぎる作品よりも、身近に感じられるものがよい）。子ど
もたちの中で、「おもしろそう」「僕も書きたいことある」という気持ちが高ま
ってから、始めるのである[5]。小学校 1 年生の場合には、「口頭作文」（子ども
が話したこと、つぶやいたことを大人が書き取って作文とする）に取り組むこ
ともある。印刷して、子どもと読み、保護者にも渡すと、書字の不得意な子ど

---

4)　学校全体で生活綴方に取り組んだ新金岡東小学校での実践。この学校の取り組みは、NHK かん
　　さい熱視線で 2022 年 10 月 14 日に放映された。
5)　この取り組みを続けると、1 ～ 2 か月で子どもたちが「僕らも書かないの」ときいてくることが
　　多いという。

第Ⅲ部　パーソナル・ライティング

もであっても自分の言葉が大事に理解される経験を積み重ねることができる。

(3) 教師集団での作品批評

　もう一つ重要な点は、指導する教師たちが、子どもの作品を読み込んで批評する場を定期的に持っていたことである。ナツの学校では授業で取り上げる作品を、管理職や作文指導に専門性のある教員と一緒に読みこみ、どの子どもの作品を授業で取り上げるか、どのように子どもたちと読み深めるか、議論した上で、担任教師が授業をした。

　学校の中だけでなく、地域にも綴方サークル（教員を中心とした有志の研究集団）がある。サークルそれぞれに批評の特徴がある（『作文と教育』2020〜21年の「この作品をどう読むか」に、各地サークルにおける作品批評の実際が掲載されており興味深い）。多くの場合は、指導した教師が、作品の提示と共に、作者がどのような子どもか、どのような生活の中で作品が生まれたのかを説明して、読み深める。

　一方、そうした背景の説明抜きに、また、指導した教師が誰かもわからないようにして、まず作品だけをじっくり読む、というサークルもある（川地,2021）。意見交流した後に、どのような子どもか、どのような生活の中で生まれてきた作品かを指導した教師から説明する。この方法の場合、背景の説明などなしに作品そのものからどのくらい読み深めることができるのか、指導者の読む力量が試される。アカデミック・ライティングの論文の査読に似ているともいえるが、生活綴方では、書かれた内容だけでなく、作者の生き方まで想像して批評することが大きな違いである。

おわりに

　戦前に、国語科の一科目の綴方、というささやかな足場から、子どもとともに実際の生活を探求することを通じて、国家や社会、学校教育、そして教師自身も批評の対象としていく壮大な試みは、現代のライティング教育に対しても示唆深い。そもそも、私たちはなぜ書くのか、書くことの指導をするのかという、大きな問いを突き付けてくる。

第9章　生活綴方における書くことの教育

　自己の解放、文体の創造といった大きなテーマを扱いながら、そして、人間形成について長期スパンでとらえながら、日本の生活綴方は今後どのように展開されていくのだろうか。本章では、主に子どもと教師に注目して分析してきたが、大日方（2008）においては、文集が子どもと教師だけでなく、教師と保護者、保護者同士をつなぐことが指摘されている。作品の批評空間が広がること、つまり、教室の中だけでなく、家庭や地域で読む、味わうことの意味を研究することは現代的な課題の一つである。

　　註：本章では、引用文献・箇所について、当用漢字や現代仮名遣いに改め得るものは改めた。

引用・参考文献

稲垣忠彦・太田昭臣・田宮輝夫・横須賀薫（1970）「生活綴方の原像と現代像」『教育』第20巻第2号，6-33.

勝村謙司・宮崎亮（2018）『こころの作文―綴り、読み合い、育ち合う子どもたち―』かもがわ出版.

勝村謙司（2021）『続　こころの作文―綴り、読み合い、人として生きていくことを励まし合う―』かもがわ出版.

勝田守一（1972）『勝田守一著作集』第4巻，国土社.

勝俊夫（村山俊太郎の筆名）（1932）「生活調査と綴方」『教育・国語教育』第2巻第4号，130-135.

川地亜弥子（2003）「東井義雄の教育評価論の再検討」『関西教育学会研究紀要』第3号，16-32.

川地亜弥子（2005）「東井義雄と『村を育てる学力』」田中耕治編著『時代を拓いた教師たち―戦後教育実践からのメッセージ―』日本標準，75-86

Kawaji, A. (2017) Daily Life Writing in school: Creating alternative textbooks and culture. In Kuno H. and Yamasaki Y. eds. *Educational Progressivism, Cultural Encounters and Reform in Japan.* Routledge, 109-123.

川地亜弥子（2021）「生活綴方・作文教育における作品批評と到達度評価―京都綴方の会を中心に―」『教育目標・評価学会紀要』第31号，19-26.

国分一太郎（1935）「私の描く綴方指導系統案」『国語教育研究』第4巻第2号，34-39.

国分一太郎（1936）「文壇的批評と教壇的批評」『教育・国語教育』第6巻第10号.

松下佳代（2010）『〈新しい能力〉は教育を変えるか―学力・リテラシー・コンピテンシー―』ミネルヴァ書房.

宮村皇史（2013）「作文指導における推敲を問う」『作文と教育』第808号.

245

第Ⅲ部　パーソナル・ライティング

村山俊太郎（1935）「綴方教育に於ける科学性の在り方」『綴方生活』第 7 巻第 3 号，30-38.

村山士郎編集代表（2004）『村山俊太郎　生活綴方と教師の仕事』桐書房.

村山士郎（2007）『現代の子どもと生活綴方実践』新読書社.

村山俊太郎（1934）「調べた綴方の再構築（一）」『実践国語教育』第 1 巻第 7 号，56-60.

村山俊太郎（1936b）『生活童詩の理論と実践』啓文社.

村山俊太郎（1937）「綴方理論の実践的展開」『綴方生活』第 9 巻第 1 号，128-135.

村山俊太郎（1940）「私たちの教養」『教育・国語』第 10 巻第 3 号，34-38.

村山俊太郎著，日本作文の会・村山俊太郎著作集編集委員会編（1968）『村山俊太郎著作集』第 3 巻，百合出版.

村山俊太郎（1936a）「取材角度と綴方の方法」『実践国語教育』第 3 巻第 2 号，13-18.

中内敏夫（1998）『中内敏夫著作集Ⅰ―「教室」をひらく　新・教育原論―』藤原書店.

成田忠久監修，戸田金一，太郎良信，大島光子編著（1999）『手紙で綴る北方教育の歴史』教育資料出版会.

日本作文の会編（2001）『日本の子どもと生活綴方の 50 年』ノエル.

野名龍二（2004）『改訂　現代綴方・作文教育論―野にあって綴方　今を生きる生活を豊かに―』私家版.

大日方真史（2008）「教師・保護者間対話の成立と公共性の再構築―学級通信の事例研究を通じて―」『教育学研究』第 75 巻第 4 号，381-392.

佐々木昴（1934）「リアリズム綴方序論」『北方教育』第 13 号，37-40.

小砂丘忠義（1922）「優等生論」『極北』第 4 号（中内敏夫・内島貞雄・平岡さつき・小野健司編『小砂丘忠義教育論集』上，南の風社，71-76 所収）.

小砂丘忠義（1926）「私の綴り方生活」『教育の世紀』第 4 巻第 9 号，102-114.

小砂丘忠義（1929）「作品に表われたる現代綴方の功罪」『綴方生活』創刊号，44-48.

小砂丘忠義（1932）「全教育合力の上に立つ綴方」『綴方生活』第 4 巻第 8 号，19-23.

志摩陽伍（1992）『生活綴方再入門―自己表現力と認識の形成―』地歴社.

志摩陽伍（1984）『生活綴方と教育』青木書店.

太郎良信（1990）『生活綴方教育史の研究―課題と方法―』教育史料出版会.

東井義雄（1957）『村を育てる学力』明治図書.

「綴方生活」同人（1930）「宣言」『綴方生活』第 2 巻第 10 号，4.

内田伸子（1990）『子どもの文章―書くこと考えること―』東京大学出版会.

ヴィゴツキー，レフ・セミョーノヴィチ著，柴田義松・宮坂琇子訳（2008）「心理システムについて」『ヴィゴツキー心理学論集』学文社，9-37（原著 1930）.

山口まつ・山口ます・江口キク共同作，村山俊太郎指導（1931）「天神様のお祭」『綴方生活』第 2 巻第 8 号，22-27.

246

■ 座談会 2

書くことを通じた人間形成とは

川地 亜弥子・谷 美奈・松下 佳代

松下：まずお互いの論考を読んで、どんな感想を持たれましたか。

川地：谷さんの問題意識が前面に出ていて、とてもよかったです。「私は……」と書き出す部分が多いことも、その表れかなと思いました。それから、パーソナル・ライティング（以下 PW）と生活綴方には共通点だけでなく相違点もたくさんあります。取り上げている学習者の年齢の違いだけではないですね。

谷：とても興味深く読みました。冒頭の「子どもたちの不安や悩み、喜び、悲しみを共有し、生活の指導を」のところで、やはりそういうことを書くよね、と共感できました。PW は生活の指導までするかというと、もう大学生なので、そこには少し触れるくらいです。時代背景のところでは、「人間を育てる」ための生活綴方はまさにライフ・ライティングであるなと感じました。批評の話や、個性重視など、実践者によってやり方や考え方がいろいろ違うところも、面白かったです。私の視点からすれば、PW は全部含んでるという感じがします。

松下：実は義父が南方綴方教師で、先日、戦後まもない頃の中学校の文集を読んだのですが、教師のコメントが小砂丘みたいにすごく手厳しいんです。校長先生が扉に「これからの民主主義国家を作っていくんだ」とも書かれていて、時代の違いを感じました。

■ 生活綴方と PW の関係

松下：以前から谷さんの PW を読んでいて、大学生の生活綴方みたいだと思っていましたが、今回並べて読んでみると生活綴方との違いも感じました。川地さんに、谷さんの PW は大学生の生活綴方と言ってもよいか、伺いたいです。

第Ⅲ部　パーソナル・ライティング

川地：生活綴方は 100 年ほど歴史があり、時代によって違うので、一口には言えないのですが……。PW で、作品をきちんと読んで話し合うこと、教師が応答すること、書く人自身が自分に価値のあるテーマを決めて書くところは、まさに生活綴方ですね。何より、作者の書くことへの真摯な態度を重視している点が似ています。適当に書くことを許さない厳しさがありますね。相違点は、PW では評定をし、推敲を重視するところです。綴方は、戦前ですと国語科の一科目として成績をつけますが、現代の生活綴方は書くかどうかから子どもが選べるようにする先生が多く、成績はつけません。最初は書かない子も、1〜2か月後には書くことが多いようですが、書かない選択をした子が不利益にならないようにして、自由度を大事にします。

　それから、生活綴方では、全員の作品を満遍なく掲載します。読み合いでも全員の作品が取り上げられることを大事にします。1 回の授業では無理なので、1 年の中で 1 回は読む、というくらいなのですが。全ての子どもの作品に読む価値がある、ということを、実践を通じて伝えています。

　題材について自分で決める点は共通していますが、谷さんの PW の場合には「私」について書くという、大きな中心がありますね。一方、生活綴方は自分自身について書かなくてもいいんです。私が好きなもの、などでよいのです。低学年だと「あなた自身について書きましょう」と言われても難しいですし。

松下：生活綴方は、助詞を入れるとすると、生活を綴る、となりますか？

川地：はい、「生活を綴る」ですね。

松下：谷さんの PW は、自分を表現すること、自己表現が重視されていることが「パーソナル」という名称にも表れていて、違いがあると感じました。確かに、自分について書くことは、ある年齢・発達段階以上じゃないと難しいですね。生活綴方では、生活と自分の関わりについて書く中で、生活の認識が問われますよね。生活とか社会とか国家とかを批判的にみるところまで広がっています。谷さんの場合は、掘り下げたらそういう学生も出てくるかもしれないけれど、国家のことまで批判的にみることは基本的に含まれていないようなので、生活綴方と PW の違いかなと思いました。あと、生活綴方は何の時間にやっているんですか？

川地：いろいろです。現代では、国語だけでなく、総合、特活も含めて、時間

をとれそうなところで書かせる先生が多いです。

松下：次は谷さんに。生活綴方とPWの共通性・相違点をどう感じましたか？

谷：「大学版生活綴方」という言葉には、躊躇があります。学術的に定義づける使い方ではなく、PWをイメージしやすくなるようにと使ってきました。生活綴方とはやはり共通点と相違点があります。

　大学の授業として、成績はつけざるをえないのですが、それ以上に重視しているのはコメント・作品批評（指導者から、学生同士で）です。この5年ぐらいは、科目の成績はつけますが、作品に対してA、Bなどの評価をつけていないんです。どんなふうに上手くなり、成長し、またスランプになっているか等、意識的に文章でコメントしています。学生によっては、A、Bの方がわかりやすいかも、と思いますが、学生間の差や作品の性質の違いがあると、同じBでも違うので。

松下：学生に対しては言葉で返して、成績評価はどうしているんですか？

谷：成績評価は、出席、態度、作品がちゃんと出せた等のベースのところと、どれくらいその子が成長したかでつけています。

松下：個人内評価みたいな感じですか。

谷：はい、そうです。

松下：その場合、最初から書ける学生が不利になったりはしませんか。

谷：初めから書ける人は成績がいいです。文章とスポーツは似ていると思います。初めてバスケットをしてシュートが打てる子もいれば、すごく努力しても難しい人もいます。成長度合いも見ますと話します。生活綴方は人間形成に重みがありますが、大学生はある程度人間ができているので、推敲を重視します。つまり、自分の書きたいことをどれだけ考えたか、それをどう表現できているかを重視します。また、PWは「私」を中心に、生活綴方は「生活」を中心にする、という論点がありますが、それは少し違うと思います。生活綴方で好きなもの・ことを書くときも、結局「私」が好きなことですよね。これは「私」を書くことになると思います。

松下：谷さんの場合、大きなテーマを設けています。「私がいた場所」等、一応テーマを立てて、それに自分で具体的なタイトルをつけて書いていきますよね。生活綴方でも大きなテーマを立てることはあるんですか？

第Ⅲ部　パーソナル・ライティング

川地：そうすることもありますが、それが生活綴方の典型的な取り組みではありません。自分で題を決めるのが一番難しいところでもあり、大事なところでもあります。ただ、生活綴方を重視する先生が、自由な作文しか指導しないかといったらそうではなく、様々なタイプの書くことの指導をします。

谷：私も自由課題を設定したりもしますが一番難しいですね。初めは大枠のテーマで、いろんな問題意識や書き方のコツ等をある程度身に付けてから自由なテーマに進む方がやりやすいと感じています。

　あと、合評についてです。学生が多い時は、全員の発表は時間的に無理ですが、今は人数が多くないので、全員発表してもらってます。そのほうがクラスも良くなるし、学生の感想もいいものが出てくるような気がします。

■ フィクションを書いてもよいか

松下：谷さんは学生の作品をエッセイと呼びますよね。少しフィクションが入ってもいいんですか。事実通りに書きにくいことってあると思うんですが。

谷：はい、フィクションというと、空想、SF を想起するので、私は使わないんですけど。大学生になって、幼いころの印象的な体験を書く人は多いです。ですが、おぼろげで、記憶とはそういうものだと思います。それでも、場面、状況、心境を読者にわからせるために、おそらく……と考察して書くように指導します。そうでないと、どれだけしんどかったか嬉しかったかが伝わらないですし。

松下：記憶って何が正しいとか言えないところがあると思うんです。その出来事って自分しか体験していないし、特に読み手にとってはそれが事実かどうかはわからないから。自分はこう記憶しているけど、そのまま書くと差し障りがあるので、自分の「リアリテ」は尊重しながらも、事実とは違うことを混ぜて書くとか、そういうことは？

谷：それは OK です。そうじゃないと書けないと思うので。

松下：生活綴方ではどうですか、川地さん。

川地：書きにくいことをあえて加工して書くことが、小学生にはとても難しいことだなと感じました。見つめて書けるだけの自分なりの整理や、周りの人への信頼が必要です。一方で、そうした困難を乗り越えて、しんどかった時のこ

とを子どもたちが書いてくることはあり、その時に、こんなことまで書かせて
いいのかと教師が批判されることは、歴史の中で何度か繰り返されてきました。
私の実感になりますが、綴方の先生はありのまま書くことを重視して指導して
きたと思います。国分一太郎の系統案もそうなっていますね。

松下：その時に、例えば、貧困の問題とか家庭内暴力の問題とか、プライベー
トなところで子どもが苦しんでいることが出てきた時に、先生だけに見せるの
ではなく合評会をやると、他の子たちにも知られてしまうでしょう？

川地：そうしたものを本人の了承なく、いきなり読み合ったりはしないです。
誰のどの作品をいつ取り上げるか、先生方は深く考えます。文集としてまとめ
る時もそうです。特に現代であれば、デリケートな内容のものは本人と保護者
の了解を得ます。そこで、「今回は別の作品（以前書いたものなど）がよい」
というような希望があれば、もちろん尊重されます。つまり、公開する前提で
書いたものであっても、書いた後にやっぱり公開しないという判断したら、そ
れを尊重するということです。これは大人でもあることですよね。

谷：それは私も一緒です。まず、そもそも書きたくないことは書かなくていい
と言っていますし。学生も自分が発表したいものを選びます。中には、すごく
書きたかったことで、みんなの前では読まないけど先生には読んでほしいとい
う学生もたまにいますね。そうしたことも、もちろん尊重します。

松下：谷さんは、今の大学ではこれをどの時間にやっているんですか？

谷：特別講義になっています。初めは1年生だけにやっていたんですけど、今
は学年に関係なく受講できるようになっています。必修の授業ではないです。

■ AW/PW という区別と writing 自体について

松下：谷さんの博論の中で、P・エルボウがアカデミックとパーソナルという
区別以前に、ライティングを教えていると言っていたと書いてましたよね。こ
の本では分けて議論し、その上で架橋という問題を設定していますが、お二人
はそもそも人間にとって書くとはどういうことかに迫っている気がします。

川地：生活綴方に関しては、「生活を書く」ですよね。例えば村山俊太郎のト
マト日記だと、厳密に調査・計測する方向に進んだら、AW に近づいていき
ます。村山はその方向ではなく、家族を見つめて書くことも調べる綴り方に位

第Ⅲ部　パーソナル・ライティング

置づけて報告するようになっていて、これは PW に近いですね。書く対象が生活なので、どちらにも行きうる、その原点のところの指導を、私は書いています。

谷：PW も、インタビュー調査で、両方につながることがわかっています。ライフ・ライティング（人生につながる）と AW につながる要素がある。ただし、ちょっとした仕掛けがないと AW とは直に結びつきにくいかもしれません。

■ AW と PW の架橋

松下：今の問いとも関わってくるんですが、AW と PW の架橋についてお尋ねします。川地さんの論考ではアカデミックとパーソナルの架橋ということで生活の論理と教科の論理について書いてあったのですが、もっとライティングにひきつけて言うとどうなんでしょうか？

川地：生活綴方も PW も、書いたものを集団で読むことに大きな価値を置いて、教育・プログラムの中に位置づけています。「自分の作品がどう読まれるか」を経験することを重視していると思うんです。書くことだけでなく、他者との話し言葉でのやりとりも重視していて、読む他者が書く人の中に息づき、書くことが豊かになってきます。それと比べると、AW では、その人が書いたレポート・論文をみんなで読んで、他者にどう読まれるのか、他者にとってはどういう意味があったのかを感じる場面は少ないように思います。

松下：大学のレポートライティングで、ピア・レスポンスのように、書いたものを学生同士で読み合ってレビューしあうことも行われています。だから AW でもあるんじゃないかと思うんですが。

川地：そうですね。ただ、AW では読みあいが不可欠なのでしょうか。

谷：そう言われてみれば PW はすごく他者性を帯びています。ネタ探しのところから学生間同士で語りあって、最後は作品を共有してコメントします。ゼミではそういうこともありえますが、全ての AW がそうではないので、その辺は違うのかな。

松下：谷さんは別の論文で、初年次での PW の経験と卒論という AW との関係について、卒業生へのインタビューを通じて考察していましたよね。そこをちょっと話してくれませんか？　少し補うと、干ばつについていろいろ調べて

座談会2　書くことを通じた人間形成とは

書いた高校生が、自分の意見を問われると「意味がわからない」と答えたという例、つまり対象世界に入り込むことなく情報だけを操作してライティングというプロダクトを作るという例を、イリイチが批判していますよね。多くの生徒・学生にとって、書くことがそうなることって多いと思うんです。でも、谷さんは、1年生の時のPWで、自分や世界との向き合い方を作っていくこととライティングを同時的にやっていると思います。それによって、単なる情報操作ではない、対象との関わり方を見つけていく。

　AWだって本来はそうなんです。ちゃんとしたAWは、単なる情報の操作ではなくて、対象世界について見出したことをプロダクトにしているので、必ずその対象世界との関わりが入ってくるはずなんですよね。

　私は、PWというプロセスが挿入されて、対象世界と自分との関わりを取り戻すことができたことが、その後のAWにも影響しているんじゃないかと思って読んだんですが、こんな感じで架橋を考えることができるでしょうか？
谷：まさにそうだと思います。自分が生きてきて何かをじっくり考察することをしてきていない学生が多いので、まずはその訓練ですね。その時に、いきなり専門課程のテーマではなくて、身近な印象に残ることから始めることで、腑に落ちたり関心度合いが強くなったりする可能性がすごく高いんです。そこがスタート地点で、対象世界との関わりを初めて持つ経験をするんですね。

　そこから、自分の学問分野で何をしたいのかというのを、単に先生の話や本に書いてあることだけを情報操作するのではなくて、自分だったらこう思う、こうしたい、と考えることができます。そう繋がっていくきっかけを作りうると思います。それは4年間の卒業論文までの調査で見えてきたことです。

　今は「日本語表現」で、PWからレポート（AW）へとつながるように、ある程度意図的なテーマでPWをさせているんですね。これまでの学校とか教育という枠組みで印象的だった経験をいっぱい書き出して、その中から一つPWにする。それを共有したり話したりして、そこから学校、教育、学びについてのレポートを書くんです。プレゼンテーションでは、何も見ずにそれらの内容を発表してもらうんです。どういうふうに自分の中で問題意識が醸成され、そして結論はどうなったのか、メモも何も見ないで発表してねと言っています。学生はそれができるんですよね。なぜできるかというと、やっぱりPWの土

253

第Ⅲ部　パーソナル・ライティング

台が我が事なので語れるんですよ。

川地：我が事だから語れるっていうのはすごく大きいと思いました。聞いている人たちも、語り手の論理をかなり尊重してくれているんですね。

谷：そうですね。例えば、高校に入っていきなりその高校が潰れた経験をした学生がいたんです。初めのPWでは、「めっちゃありえへん！」と怒っていたのですが、レポートでは、日本で高校がどのくらい廃止されているか調べたんです。そこで自分の高校以外にもこんなに件数がある、とわかって、論理的に説明できるようになっていくんですね。拙くてもデータを入れて言えるんです。そこで、自分の経験、問題意識だけでなく、データを調べて入れると説得力が出てくるんだな、とビシバシわかるんですよ。この中で、「レポートって、そういうふうに調べて論理的にデータを入れて論証していくんだな」ということがわかり、「先生が大事だって言ってたのがわかるわ」と最後はなってくれるんです。その中で、松下先生の対話型論証のワークシートも使っています。

松下：そうなんですね。いきなり対話型論証のモデルを出すと、イリイチが言っていた情報操作みたいになるんです。だけど、今伺ったみたいに、ごちゃごちゃとなっていたものが、土地を耕した上で、対話型論証を使って整備されるという感じでやると、意味がわかるというのが面白いです。

谷：ストーリーが必要なんですよね。例えば対話型論証の中に反駁があるじゃないですか。「反駁とか苦手・怖い」と思う学生もいます。でも、「こんな校則は嫌」、「校則なんかなくすべき」って多くの人が言う中で、グループワークで「私は制服好きだった」とか「私立で制服乱れてたら学校のイメージ悪くなる」といろいろ意見が出て、こういう対立意見に反駁するのか、とわかる。ストーリーの中でこれが反駁だと理解できれば難しくなくなってきます。歳が近い人同士、お互いの体験を話しやすいこともあります。いじめ、校則、良かった教師や悪い教師などの話が多いです。

■ 日本のライティング教育

松下：川地さんは主に小学校の実践、谷さんは大学の実践ですが、中高はAW、PWともに弱いんですよね。読書感想文は以前ならコピペサイトからということがありましたし、小論文も「型」の指導だけやったりするので貧困

座談会2　書くことを通じた人間形成とは

で……。どう変えていくべきだと思いますか。

川地：そもそも、私も書ける、書くべきテーマが私の中にある、と思えるような経験が乏しい人が多いと思います。逆に、そういう経験がある人たちは書ける。読書感想文も、コピペサイトに行くより自分で読んで書いた方が楽しいっていう子たちは一定いるんですよね。自信を持って楽しんで書く経験を小学校でできないままで、中高だけ変えようとしても難しいと思います。ただ、谷さんのお話を伺っていると、大学からでもできるのですよね。

　もう一つ、先生が指導できる条件を整えることが重要です。今のカリキュラムに加えてライティングの指導ができるのか。生徒が、この先生やこの集団なら読んでもらっていいという信頼関係を築くことができる体制なのか、等ですね。

谷：私はPWの授業の中で、学生にこれまで書くことをやってきたか聞きます。やってきていない学生がほとんどです。ただ、川地さんがおっしゃるように、PWでも最初から書ける子はいます。国語の先生が一生懸命教えてくれたとか、日記をずっと書いているとか、そういう子はやはり書くのが上手です。

　先ほど川地さんが、大学からでもとおっしゃったのですが、大学生だからこそ書けるPWがあります。体験を客観的に見る力、思考力、考察力、語彙力などがある程度は養えています。小学校の時のことを書く人は多いんですが、その時には書けなかっただろうなというのがあります。時間が経っているだけでなく、大学生になったことで、人生の場面が切り替わっているので、例えば小中高で辛かったことも出せるのだと思います。大学でやる意味はすごくあります。

松下：神戸大学ではどうですか？　PWに限らず、AWも含めてライティング指導の機会ってありますか？

川地：学生に尋ねたことがあるんですけど、ないようです。授業の中でレポートを課されて、親切な先生からは評価の基準を教えてもらうくらいで。

松下：そうなんですよね。日本の大学では、アカデミック、パーソナルという以前に、どう書くかを指導されないうちにレポートを書けって言われるから、生成AIに頼りたくなる気持ちもわかります。世界的にみると、ライティングの指導をこんなにやってない国は少ないと思います。フランスは小学校から積

255

第Ⅲ部　パーソナル・ライティング

み上げているし、韓国でも教養教育で重要な内容と位置づけられています。アメリカの大学は科目もあるしライティングセンターも充実しています。日本だと、早稲田、立命館、東工大（現・東京科学大）などはライティング指導をしっかりしていることで有名ですけれど、少数派だと思います。

■ 生成 AI の影響

松下：最後になりましたが、生成 AI の影響について話してもらえますか？

川地：生活綴方は、目標が生き方の指導や人間形成で、書くプロセスでの経験を重視していますので、生成 AI を使って作品を書かせる方には行かないと思います。ただ、子どもが生成 AI を使って書いてくることはあると思いますので、教師には気づいて指導する力が求められますね。生成 AI 登場以前でも、丸写し・引用つぎはぎのレポートはあって、読んだときに、気づく先生と気づかない先生がいますよね。指導する側の批評眼は重要です。生活綴方も、100 年前から盗作問題に直面していましたし、だからこそ、サークルを大事にしてきました。いろんな地域で月 1 回ほどの頻度で生活綴方のサークルが開かれています。そこで実践報告を聞いたりしたりする機会があります。先生が研究し続けることが、一層求められると思います。

松下：生成 AI の書いた文章ってまとめサイトの文章に似ていて、個人性が感じられないですよね。ただ、たとえば、その人が今までに書いたものを全てデータベースに入れて、その人の文体の特徴を活かしてこのテーマで書いてねって指示したらパッと出してきそうだなとも思います。

川地：そうですね。もとがその人の文章ですから。一方、現代の生活綴方は、多くの場合成績と関係ないですし、書くことの面白さや意義を子どもと先生の間で共有していたら、そこまでするだろうかと思います。

松下：書かない自由があるから、AI まで使って書く必要もないということですね。大学の科目はそうはいかないと思います。谷さんはどうでしょうか？

谷：PW の場合は、ネタ探しから教員や受講生と共有していくので、部分的に AI を使うことはあっても、全て AI でやるのは難しいでしょうね。それから、自分から対象世界に向き合う姿勢や、自己との関係と他者との関係、みんなにわかってもらえるようなプレゼンやレポートを作る中での経験は、生成 AI を

256

座談会2　書くことを通じた人間形成とは

使ったライティングでは難しく、簡単にはできない教育だと思っています。

　どれだけ AI が進んでも、拙くても泥臭くてもいいから自ら書くという経験は重要です。もちろん読むことも。書かれたものをジャッジする・修正することは人間の力が必要で、そこは筋肉をつけておくべきだと思っています。

松下：思いもかけなかったようなことがいろいろ聞けて、とても充実した座談会でした。ありがとうございました。

第Ⅳ部　教師教育におけるライティング

　第Ⅳ部では、教師教育の文脈における書くことの可能性について探究していく。従来、教師教育とライティング教育の議論が交わることはなかった。そのため、教師教育で書くことが論じられる際に、アカデミック・ライティングとパーソナル・ライティングという術語や構図が意識的に用いられてきたわけではない。

　ここに収められている具体例では、教師や教師志望の学生が自身の実践経験を書くときに、「私」を主語として綴り、時に感情などの内面を吐露することを肯定している。つまり、パーソナル・ライティングとしての側面を多分に有している。他方で、アカデミック・ライティングのように公共的言説に加えていくという志向性も強い。これは、教師によって綴られた実践記録や事例を公刊することで実践の知を共有財産化することを目指すからである。したがって、教師教育という分野は、パーソナル・ライティングとアカデミック・ライティングの構図からはみ出し、再考を迫る。今後、両分野が相互に参照されることで、双方にとって新たな知見が提供されうるだろう。その架橋の第一歩である。

第 10 章

教師教育における書くことの指導と評価
―ケース・メソッドの理論と実践―

若松　大輔

はじめに

　本章では、教師教育という文脈において書くことの教育的意味を模索したい。ここでいう「教師教育」とは、教員養成段階の学生と現職段階の教師の双方を対象とした教育を指す用語として用いる。教師教育における書くことは、ライティング教育とは独自に議論されてきた。そもそも書くという営みは、教師教育にとって基本的には手段である（目的については後述）。そのため、本書で主として扱っているアカデミック・ライティングとパーソナル・ライティングという構図にはうまく収まらない。しかしながら、従来、教師教育における書くこととライティング教育が交わることがなかったことを鑑みると、ライティング教育という視角を加味して教師教育における書くことを考察することは、両者の架橋の第一歩になるだろう。

　日本において、教師が実践記録を書くことは、省察の方法としても機能してきた文化である。ただし、実践記録論は、自覚的に教師の省察や力量形成の方法として議論が重ねられてきたわけではない。そこで本章では、教師教育における書くことの指導と評価について検討するために、米国におけるケース・メソッド（case method）の議論に注目したい。なぜならば、後で詳しく見ていくように、ケース・メソッドの議論は、1980年代に教師教育の文脈に導入されると、他の専門職養成とは異なり、事例（case）を読み議論するだけではな

261

く「書くこと」も含む体系的な枠組みへと展開していったためである。

1. ケース・メソッドの枠組み

　ケース・メソッドとは、19世紀以降、伝統的にロー・スクールやビジネス・スクールにおいて用いられてきた教育方法の1つである。ただし、理論と実践を往還する専門職養成の方法として、米国の教師教育の研究と政策において注目されるようになったのは、1980年代以降である。教師教育におけるケース・メソッドの議論には、その目的や事例のあり方をめぐって、様々な類型や立場が存在している（佐藤, 1993; Merseth, 2001）が、本章では次の2つの理由からジュディス・ショーマン（Shulman, J.）とリー・ショーマン（Shulman, L.）らによる系譜に着目する。

　第1に、米国において「［2002年時点において］過去20年間にケース・メソッドに対する熱意が高まり、事例の使用は、教師教育の伝統となりつつある。教師教育者に事例の教育方法を開発するよう呼びかけた、ショーマン（1985年）による全米教育学会（AERA）の会長講演は、ケース・メソッドに対する新たな興奮を呼び起こす起爆剤となった」（Darling-Hammond & Hammerness, 2002, p. 125）と言われているように、リー・ショーマンは教師教育論としてのケース・メソッドの火付け役として議論をリードしてきたためである。

　第2に、一般にケース・メソッドといえば事例に書かれた内容を読み討議する教育方法（竹内, 2010）を意味しているにもかかわらず、この系譜におけるケース・メソッドは、事例を書くことも含む枠組みだからである。この点についてまず確認していこう。

(1) ケース・メソッドと「書くこと」

　教師教育の世界にケース・メソッドを招き入れたのはリー・ショーマンであるが、その声に呼応しつつ事例を書くこと（case writing）の意義を誰よりも早く主張したのはジュディス・ショーマンである。彼女は、小学校で教鞭を執った経験もある、ファー・ウエスト・ラボラトリーという教育研究所の研究者であった。ロサンゼルス統一学区との共同研究の一環として、新任教師を支援

第 10 章　教師教育における書くことの指導と評価

する役割を担うメンター教師の現職研修を改善するために、1987 年にメンター教師の事例集（casebook）を開発した（Shulman & Colbert, 1989）。続いて翌1988 年に教育実習生の事例集も開発している。これらの事例集は、実践者である教師本人が執筆していることに特徴がある。というのも、当時は事例といえば、教育の分野だけでなく法律やビジネスの分野においても、実践者ではない第三者によって執筆されたものだったからである。このプロジェクトを通して、彼女は、教師が事例を書くことの意味を探究し始める（Shulman et al., 1990）。

　彼女は、誰が事例を書くべきなのかに関して、教師教育者の中の典型的な悲観論者と楽観論者の考えを紹介している。一方で悲観論者は、教師たちが指導用の複雑で説得力があるナラティブを書くことができないため、執筆者として相応しくないと主張するという。他方で楽観論者は、教師たちがほとんど支援を受けずとも適切な事例を書くことができると信じているという。このいずれもが誤りであると述べ、次のように指摘する。すなわち「多くの教師たちは、指導用の事例として用いることができる説得力あるナラティブを書くことができるが、それを一人で書くことはできない。執筆者としての教師には、研究者や他の事例の書き手たちとの定期的な交流に基づく、継続的な支援とガイダンスを必要とする。……このような協働が行われれば、書くというプロセスは、執筆者にとって力強い学習経験になる」（Shulman, 1991, pp. 261-252）と説く。

　そして彼女は、研究者などの教師教育者の役割を意識しつつ、教師が事例を書くことの段階を次の 4 段階で定式化する（表 10-1）。第 1 段階「最初の経験」は、実践するという経験それ自体のことを指している。第 2 段階「省察的経験」は、実践経験に関する省察を通して事例を書いていく段階である。第 3 段階「相互的／熟議的経験」は、書かれた事例を相互に分析していき書き直していく段階である。主たる考察の対象が、第 2 段階では実践の経験であるが、第 3 段階では書かれた事例になる。第 4 段階「同僚的経験」は、書き上げた事例に対して複数のコメントが付与されて、より広範なコミュニティに自身の実践をある種「公的に」問う段階である。また、表 10-1 の通り、教師教育者には第 2 段階から第 4 段階の教師の経験を支援する役割がある。

　1996 年にリー・ショーマンは、このジュディスによる 4 つの段階に示唆を得つつ、「〈分析 - 構築 - コメント - コミュニティ〉サイクル（The Analysis-

第Ⅳ部　教師教育におけるライティング

表 10-1　事例の進化における段階

	1. 最初の経験	2. 省察的経験	3. 相互的／熟議的経験	4. 同僚的経験
教師	実践する	実践経験について考え話し書く	書かれた事例に焦点を合わせて対話し書き直す	事例にコメントをもらい、より広範なコミュニティにおける公的言説を形づくる
研究者	なし	教師が今後調査や分析に値するエピソードを選択するのに役立つことを提供する	この探究を調整し方向づけ、建設的な相互交流の機会を準備する	コメンテーターを選び依頼する

（Shulman, 1991, pp. 258-259 に基づき筆者作成）

Construction-Commentary-Community Cycle）」として、ケース・メソッドの枠組みの中に事例を「書くこと」を含めて定式化する（Shulman, 1996）。このサイクルにおける第1の「分析」パートは、他者の事例を読む段階である。第2の「構築」パートは、自身の実践経験を事例として書く段階である。第3の「コメント」パートは、ピアやグループにおいて相互にコメントをして事例を練り直す段階である。第4の「コミュニティ」パートは、カンファレンスで発表したり事例集として刊行したりすることを通して、授業内コミュニティを超えた外部に自身の実践経験を問う段階である。ジュディスの枠組みとリーの枠組みを比較するといくつかの相違点がある（たとえば、リーの枠組みは書くことの前段に読むことが位置づけられている）が、ここで確認しておきたいことは、このような展開を経て、ケース・メソッドの枠組みの中に事例を読み議論するだけではなく、教師が自身の経験を書くことも含むようになった点である。以下では、この系譜におけるケース・メソッドの議論を対象として、教師教育における書くことの指導と評価について具体的に検討していきたい。

(2) 事例とは何か

　ケース・メソッドの指導に関する検討に入る前に、教師が書く対象である「事例」の概念を説明しよう。リー・ショーマンによる包括的な説明は次の通

りである。それは、「私は、事例という用語で、様々なつながりがある、個々の子どものタイプや教室と学校のタイプや教えられる教材のタイプを表現しようとしている。私は、事例を、唯一性をもつ出来事としてではなく、より大きなまとまりの具体例として見ているので、意図的に『〜のタイプ』を用いている。何かを事例と呼ぶことは、『何かの事例』であると主張することを意味している。個性記述的な企てであろうと言われることでさえ、事例や構成概念は、いくらかの一般性を有しているにちがいない」（Shulman, 1984, pp. 198-199）というものである。さらに、1992 年には「ナラティブとしての性質」と「時間と場所の文脈化」という特徴も指摘している（Shulman, 1992, p. 21）。また、事例とは「自己開示」、つまり「一人称による教えることのエピソードの説明である。そのエピソードとは、物語る人が、何日間にもあるいは何週間にも及ぶかもしれない、驚きや困難や明確な失敗を何らかの形で経験したものである」（Shulman, 1996, p. 203）という説明がされることもある。これらのことを踏まえると、事例とは、ある時間のある場所における特定の出来事でありつつも、カテゴライズ不可能な出来事ではなく、何らかの典型化可能性に開かれているような、自己開示的な一人称のナラティブであると捉えることができる。自己開示的であるということは、客観的な分析だけではなく、教師の思想や感情も書き込まれる。事例に主観的な感情も含められるということは、ジュディスも述べているところである（Shulman, 1991, p. 251）。

　リー・ショーマンは、事例の構成要素についても説明している（Shulman, 1996, pp. 207-208）。事例を書くことを通して経験から学ぶためには、事例に「意図（intention）」「偶発（chance）」「判断（judgement）」「省察（reflection）」という要素が求められるという。「意図」は実践の目的や計画で、「偶発」は実践における予期せぬ出来事、「判断」は予期せぬ出来事に対する判断で、「省察」は判断や結果に関する考察である。なぜこの 4 つの要素が求められるのかといえば、教師は実践の中で意図したことと偶発的出来事のズレに直面した時に思考し判断せざるをえず、またこれら一連のことを省察することで次につながる学びになると考えられるからである。したがって、教師が経験から省察的に学ぶ方法として事例を書く場合、その事例にはこれら 4 つの構成要素を含むことが要求されることになるのである。このように事例に求められる構成要素を事前

第IV部　教師教育におけるライティング

に設定するかどうかは検討すべき論点になりうるが、さしあたりここでは彼による事例の特徴として構成要素を明示化していたことを強調しておきたい。

2. 教師教育における書くことの指導

　本節では、この系譜における事例を書くことの目的を確認したのち、事例を書くことの指導方法を検討していく。教師教育において書く主体は、日常生活において文章を書くことには課題を感じていない大人を想定している。そのため、書くことの「指導」という場合、直接的な文章指導よりも間接的な指導が前景化することをまずもって述べておきたい。

(1) ケース・メソッドにおける書くことの目的

　本章冒頭で、書くという営みは教師教育にとって基本的には手段であると述べた。では、何のために事例を書くのだろうか。大別すれば、「教師が書くことを通して学ぶため」と「教師による声を公的言説に加えるため」という2つに分けることができる。後者は、前述した表10-1のジュディスによる第4段階やリーのサイクルにおける「コミュニティ」というパートに関わることである。この後者の目的も重要であるものの（若松, 2023）、紙幅の関係上ここでは前者の目的を掘り下げていきたい。

　前者の教師が書くことを通して学ぶという目的に関して詳しく見ていくと、まず前節でも触れたように、教師が「経験から省察的に学ぶこと」という目的が取り出せる。リー・ショーマンの言葉を借りて説明すれば「事例は、生の素材や一次的経験を、物語的に、二次的経験に変化させるものである。事例は、直接経験を思い出され、語り直され、再体験され、省察されたものである。思い出すこと、語り直すこと、再体験すること、省察することのプロセスは、経験から学ぶプロセスである」(Shulman, 1996, p. 208) ということになる。

　次に、前者の目的の中に、「実践に関する理解を深めること」という目的もある。このことは、カレン・ハマーネス (Hammerness, K.) とリンダ・ダーリング - ハモンド (Darling-Hammond, D.) とリー・ショーマンによる共著の論文で語られている。スタンフォード大学の教師教育プログラムにおいて、

第 10 章　教師教育における書くことの指導と評価

「私たちは、事例を使用することで、学生が、自身の経験についての素朴な一般化から、教えることと学ぶことのニュアンスに関する洗練された理解へ移ることを願っている。とりわけ、このような事例を通した検討によって、何を教えるために選ぶべきかと、どのようにその教材を教えるのかと、自身の生徒たちが何を学ぶのかの三者の間のつながりを認識できることを願っている。……学生が理論と自身の経験を関連づけられるようにしたい」（Hammerness et al., 2002, pp. 221-223）と、目的に関して述べている。

　なお、「経験から省察的に学ぶこと」と「実践に関する理解を深めること」は、二者択一の関係ではない。「教師が書くことを通して学ぶため」という前者の目的の内実を異なる角度から述べたものであるといえよう。

(2) 書くための方法としての「読むこと」

　上記の目的に基づいて、教師教育者たちはどのように教師あるいは養成段階の学生を指導しているのだろうか。事例を書くことの指導については、書き始める前と後のフェーズに分けることができる。書き始めた後のフェーズは、表10-1 の第 2 段階から第 4 段階の「研究者」の項目に書いてあるように、情報の提供やフィードバックが間接的な指導として機能している。「指導」というよりも、ジュディスがいうように「継続的な支援とガイダンス」の方が実態に合った表現かもしれない。このフェーズの指導に関しては、次項で実際の実践プロセスを通して紹介したい。そこで本項では、書き始める前のフェーズの指導について述べていく。

　このフェーズの指導とは、「読むこと」という活動を組織することである。では、何を読むのか。他者の事例のみの場合と、理論的文献と他者の事例を組み合わせる場合がある。両者は、単に理論的文献も読むかどうかという違いに収まらない。事例が担っている意味が異なっているのである。議論を先取りして述べると、前者は他者の事例を「プロットの典型例」として扱い、後者は「理論の具体例」として扱っている。

　他者の事例のみを読む活動は、1990 年代におけるリー・ショーマンの実践に見られる。自身の実践を事例として書くためには、事例の文法を体得しなければならない。そのために他者の事例を読み議論する必要がある。どういうこ

とか。彼は、「もし教師が経験——自身の経験であれ事例を通した他者の代理的経験であれ——から学ぶ者であるというならば、経験の流れを事例の構造に従って解析（parse）しなければならないと、私は確信している。教師たちは事例の構文、すなわち事例の文法を学ばなければならない。この事例の文法とは、経験の理解を組織し分析することができる一連のタームを提供するものである。もし教師たちが読んだ事例の構造がわかれば、自分自身の生きられた経験の中に事例の構造が見えるようになる」（Shulman, 1996, p. 203）と述べる。続いて、「事例を読むことによるディスカッションがうまくいっていれば、学生たちは今や、自身の教えることの経験に関する記憶の流れの中に事例を位置づけることができるはずである。学生たちは、自身が読んできた事例のプロットの構造に沿って教科指導の事例を書くよう求められる」（Shulman, 1996, p. 204）と説明している。すなわち、経験の流れ（「なめらかな連続体」としての実践経験）を分析するためには、事例の文法、あるいは事例のプロットの構造を理解することが有効だと説いているのである。

彼は「教科指導の事例」という限定をしつつ、事例のプロットの構造を次の3幕で把握している。第1幕では背景や実践の意図に言及し、第2幕では実際に行ったことや事件を記述して、第3幕で事件の解決のための行動やそれが生じた背景の考察を加えていく。前節第2項で述べた事例の構成要素に照らし合わせると、第1幕は「意図」、第2幕は「偶発」、第3幕は「判断」と「省察」に重なる。このような事例の文法を単に形式的に知るだけでなく、事例の文法という眼差しを体得するために、他者の事例を協働的に分析したりディスカッションしたりする場を組織しているのである。

次に、理論的文献と他者の事例を組み合わせる場合を見ていこう。これは、ダーリング‐ハモンドらとの共著論文の中で見られる。すなわち、2000年前後のスタンフォード大学の教師教育プログラムで行われていた実践だといえよう。「学生たちが理論的な原理や概念を用いて実践の具体例を議論し解釈し分析できる経験を学生たちに提供しようと試みた」ので、「私たちは、学ぶことのプロセスの中心にあると思った重要概念、たとえば、認知処理や学習理論、転移、メタ認知、足場かけ、認知的徒弟制、形成的・総括的アセスメント、文化的に適切な指導に焦点を合わせた。同時に、理論的文献に、私たちが探りたいその

概念を説明している事例を組み込んだ」(Hammerness et al., 2002, p. 223) と説明されている。具体的には、「知的誠実性」の概念を説くジェローム・ブルーナー (Bruner, J.) の『教育の過程』(1960) と、ブルーナーのこの提起を引き受けつつ小学校において算数を教えることのジレンマを自身の事例を通して検討しているデボラ・ボール (Ball, D.)「数学的領野に目を向けて：小学校算数を教えることのジレンマ」(1993) の組み合わせや、「文化的に適切な教育」に関する理論的な文献であるグロリア・ラドソン - ビリングズ (Ladson-Billings, G.)『夢を見続ける人たち：アフリカ系アメリカ人の子どもたちの優秀な教師たち』(1994) と、カリフォルニア州オークランドの中学生たちに民族的アイデンティティをめぐる議論を組織して自身や他者のそれの認識を深めようとした実践事例であるデボラ・フアレス (Juarez, D.)「公正の問い：民族的アイデンティティを拡張し周縁性を理解するためにライティングと文学を用いる」(1999) の組み合わせである。ここでの事例は、理論を理解するための媒材、つまり「理論の具体例」としての役割を演じている。

　事例を「プロットの典型例」と捉えるのか「理論の具体例」と捉えるのかということは、教師教育者がどのような事例を選択し、どのようにディスカッションを促していくのかに関わる。ただし、「理論の具体例」として事例を扱った場合も、他者の事例を読み議論するということは行われている。そのため、ここではこれ以上この論点には立ち入らず、いずれの場合であっても、各人が自身の事例を書く前に、先行する他者の事例を読むことで事例のイメージを共有する機会が準備されているということを確認することに留めておきたい。つまり、事例を書くことの指導の一つとして、模倣の対象としての他者の事例の読解が位置づけられているのである。

(3) ケース・メソッドの実践

　本項では、実際にケース・メソッドの実践のプロセスを見ていこう。事例を書くためにどのような指導をしているのだろうか。ここでは、1999 年から 2000 年におけるスタンフォード大学の教師教育プログラムの実践を取り上げる (Hammerness et al., 2002)。ケース・メソッドは、本プログラムの中の基礎コースの1つである「授業のための学習原理」で行われている。本プログラムの学生は、

第Ⅳ部　教師教育におけるライティング

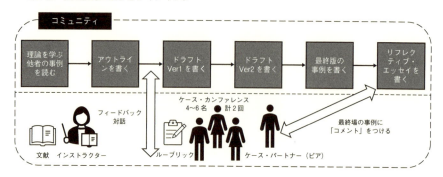

図10-1　ケース・メソッドのプロセス

(Hammerness et al., 2002に基づき筆者作成)

年間を通して午前中は学校現場で教え、午後に大学の各コースに参加する。このコースは、毎週1回開催され、各3時間である。学生は、教育実習生として、すでに数か月間学校現場で教え、様々な疑問や問題に直面しているタイミングで、自身の実践を省察して事例を書くことが要求される。

　本コースにおいて事例を書いていくプロセスを図示したものが図10-1である。まず、前項でも指摘したように他者の事例や理論的文献を読むことで、自身の実践を分析するための枠組み――理論や概念および事例の文法――を学んでいく。そして、自身の実践について省察しつつ、事例のアウトラインを描き、ドラフトを2回書き直して、最終版の事例として書き上げていく。最後に、この事例を書くというプロセス全体で生じた自身の経験をメタに振り返って意味づける「リフレクティブ・エッセイ」を書くという流れである。

　この事例を書くということは、コミュニティにおける学びという側面がある。つまり、1人で書くのではなく、他者と対話しつつ協働的に書いていく。ここでいう他者とは、インストラクター、ケース・パートナー、ケース・カンファレンスのメンバーを指している。インストラクターは、メンターとして、細やかなフィードバックや、文献やアイデアの紹介を提供する役を担っている。ケース・パートナーは、ピアとして、事例を書くプロセスの初期から支え合う存在である。そして、最後に完成した事例に対して互いにコメントをつけ合う。ケース・カンファレンスは、4名から6名のメンバーで構成されており、ドラフトを検討する場である。なお、ケース・パートナーは、このカンファレンス

のメンバーでもある。

　では、具体的にソニアという学生の場合を見ていこう。ソニアは、第9学年の英語を教えている教育実習生である。彼女は、戯曲『シラノ・ド・ベルジュラック』の単元における2つの授業を比較して事例を書こうとしていた。その授業とは、特にうまくいかなかったと感じた単元の初期の日のものと、その一週間後に行われた日のものである。1つ目の授業は、生徒たちに戯曲を声に出して演じさせ、戯曲の言語に触れさせて、その登場人物や行為について議論させることを意図していたが、導入場面で前日に観た戯曲の映画を思い出させてから音読を指導しようとすると、生徒たちの集中力が下がっており、最近観た映画の話に脱線してしまったものである。2つ目の授業は、劇中の3つの詩句をそれぞれ4名から5名の生徒で担当して、自分なりの台詞を書かせ、身体的に表現させて、劇中の登場人物や様々な視点や動機について討論させたものである。この2つ目の授業では、生徒たちは、劇中の登場人物について鋭い意見を述べたり、読んだ言葉の形式やトーンについて思慮深い洞察を示したりしていたという。

　ソニアは、アウトラインを構想した時に、1つ目の授業における失敗は単なる「計画不足」であったとし、他方2つ目の授業の成功はクラスの「よりよい組織」と「あり余ったエネルギーに適した活動」の結果だと漠然と考えていた。またそれぞれの授業の具体については詳しく述べていなかった。これでは教師の「観」を問い直す強度の省察とは言えない。このアウトラインに対して、インストラクターは、ブルーナーの知的誠実性などソニアが自身の実践を分析するのに役立ちうる諸概念に意識を向けさせた。また、授業の目標を明確にし、この授業で生徒が戯曲を通して何を理解し学ぶことが重要なのか、あるいはこの単元で生徒たちに何を学んでほしいのか、また生徒たちはこれまでどのようなことを学んできたのかということを考えるように促した。つまり、生徒たちの実態やニーズを的確に捉え、自身の実践における願いを自覚するように促したのである。

　このフィードバックの内容も参考にしつつ、彼女はドラフトの初稿を書いた。アウトラインと比較すると、生徒たちがこれまで何を学んできたのかということと、自身がこの単元を通して生徒にどうなってほしいと思っていたのかとい

第Ⅳ部　教師教育におけるライティング

うことが詳細に説明されていた。しかし、1回目の授業の失敗の原因は、依然として「計画不足」という曖昧な言葉で片づけてしまっていた。このドラフトを書いたタイミングで、1回目のケース・カンファレンスが行われている。ここでカンファレンスのメンバーから、もっと2つの授業の比較に焦点を合わせるべきだという助言をもらっている。また、メンバーとともに「転移」や「理解」のような彼女の事例に適用できそうな理論や概念の検討も行われたという。さらに、彼女は、インストラクターに会い自身の事例に関する進捗状況を報告したところ、生徒のニーズと教材の価値という両面から考察するのはどうかという提案を受けている。

　彼女は、インストラクター等の助言とルーブリックを参照して（ルーブリックの活用に関しては後述）、書き直してドラフトの第2稿を書いた。授業の様子を詳細に記述したことに加えて、初めて1回目の授業の失敗が「計画不足」ではなく、生徒の実態やニーズに対する誤った自身の認識に起因していると考えるようになった。このことは「知的誠実性」の概念を砕いて理解し直すことにも関わっている。彼女は「知的に誠実な方法で教えるということについて、私は、最も純粋な形の教材、つまりテキストをそのままに示すべきだと思っていた。戯曲は聴くものだという考えから、私は、生徒に戯曲を読ませることで彼らは自動的に戯曲にアクセスできるようになると思っていた。…私は、生徒たちの多くがテキストに飛び込み自分自身の像を創り上げる準備ができているわけではないということと、生徒たちをこのような状況に放り込むことが彼らをいら立たせたり無関心にさせたりすることを考慮していなかった」と述べている。つまり、彼女は、当初「知的誠実性」を、生徒のニーズや実態を考慮せずにテキストをそのままぶつけることだと素朴で表層的に理解していたことを自覚し、概念を捉え直している。

　そして、対話や検討やフィードバックを通してリライトしていき、最終版の事例を完成させている。この最終版では、アウトラインやドラフトの初稿で見られた「計画不足」という単純な表現では片づけられておらず、生徒のニーズと関心を引き付ける方法で概念を表現することの重要性が主張されている。リライトの過程は教師としての足場になる「観」の問い直しに迫るように展開していったといえる。そして、彼女にとって事例を書くことは、考えたことを書

くというよりも、書くことを通して考える経験であった。

　このケース・メソッドにおいて、学生たちは、最終版の事例を書き終えたのち、これらの書くことのプロセス全体を振り返り意味づけいくリフレクティブ・エッセイを書くことになっている。ソニアは次のように記している。

　　自身の事例を書くことによって、そしてどのように授業を計画するかについてより深く考えることによって、私は、知的に誠実であることと、自身の生徒たちに関係する方法でアイデアを提示しようとすることに関してより意識的になれました。よい授業とは、生徒が学びに関与できるようにすることや、生徒たちが理解できる方法で概念を提示することが、全てです。つまり、それは、生徒たちの精神的・知的な実態を理解すること（あるいはわかろうとすること）や、生徒があるべきだと考える姿や知っておいてほしいことに向かっていくのに役立つ情報を用いることです。

　上記の通り、事例を書くことのプロセスにおいて、指導する人はインストラクターに限定されていない。ケース・カンファレンスのメンバーやケース・パートナーというコミュニティにおける同僚も含まれる。したがって、たとえばソニアも、指導を受ける人であると同時に、指導をする人でもある。また、このプロセスでいう「指導」とは、書き手がリライトすることを支援することである。その具体的な支援方法とは、情報の提供と対話を通したコンサルテーションであるといえる。

3.　教師教育における書くことの評価

　前節で見てきたように、ケース・メソッドにおいて自身の実践経験を事例として書くことの目的は、「経験から省察的に学ぶこと」と「実践に関する理解を深めること」にあった。この目的に基づいて各人が事例を書くことができるようになるための指導として、書き始める前のフェーズでは他者の事例や理論的文献を読むことが位置づけられており、書き始めた後のフェーズではリライトを支援することが位置づけられていた。では、評価はどうなっているのだろ

第Ⅳ部　教師教育におけるライティング

うか。事例を書くということは、一方でライティング教育としての側面を有し、他方で教師教育としての側面がある。この点に関わって、評価の対象も、書くという行為と書かれた実践に分けることができる。それぞれ見ていきたい。

(1) 書くことの評価：ルーブリックを活用した形成的評価

前節で紹介したスタンフォード大学の教師教育プログラムでは、事例を書くことに関するルーブリックが用いられている。ルーブリックは固定されたものではなく、変更が加えられて様々なバージョンがあるという。ただし、ルーブリックそれ自体はどのバージョンも示されていないため全貌を確認することはできない。しかしながら、表 10-2 で示した 3 つの観点が最低限設定されているということは述べられている。

3 つの観点とは、事例に含めるべき要素のことである「文脈」「相互行為」「分析」である。「文脈」とは、その実践が置かれている状況の固有性をどの程度鮮明に書いているのかという観点である。「相互行為」とは、教師としての自分自身の行動や感情と生徒たちの応答をどの程度具体的に描いているのかという観点である。「分析」とは、その実践の出来事に対する理論に基づいた考察がどの程度深いのかという観点である。

このルーブリックの活用方法として、ソニアがそうしていたように、まずリライトの指標として用いることが挙げられる。つまり、自己評価の規準としての活用である。第 2 に、ケース・パートナーと相互評価する際に用いられる。ここで重要なことは、自身の事例あるいは他者の事例に、固定的なルーブリックを機械的に当てはめるというわけではないということである。ルーブリックはコミュニティの中で変更が加えられて修正されていく。つまり、「コースの半ばに、私たちは、そのルーブリックがよい事例の特徴と思われるものを捉えているかどうかを確かにするために、学生たちにルーブリックの改善を要求した。ルーブリックを見直して発展させることを学生たちに要求することは、『何がよい事例たらしめるのか』について学生たちが分析的に考えるのを助ける手段であり、自分自身の事例をより体系的に見つめる手段でもあったのである。このプロセスの中で、学生たちは、そのルーブリックにいくつかの変更を提案した」（Hammerness et al., 2002, p. 224）と説明されている。

274

第 10 章　教師教育における書くことの指導と評価

表 10-2　事例を書くことに関するルーブリックの観点例

文脈	事例は、学校、コミュニティ、特定の生徒、カリキュラムの文脈に関する情報を提供する必要があることを意味している
相互行為	事例は、教師が、どのように、何を、行い、述べ、行為し、感じたのかや、生徒がどのように応答したのかについての情報を含む必要がある
分析	事例は、何が起こったのかについて理論に基づいた思慮深い探究を含む必要がある

（Hammerness et al., 2002, p. 223 に基づき筆者作成）

　したがって、ルーブリックを参照して自己評価や相互評価をしていく局面と、具体的な暫定版の事例を踏まえてルーブリックを改善していく局面の双方が、ルーブリックの活用方法として想定されている。そのため、コミュニティの中で事例とルーブリックは往還的に変容していく。

　また、後者の意義は、ルーブリックを妥当なものに近づけていくという点に留まらない。事例の具体物とつき合わせてルーブリックを検討するというプロセスは、よい事例の具体的イメージを形成していくという学びの機能も有しているのである。ここでの評価の目的は、形成的評価として、よりよい／よりよく事例を書くことに向けられている。そのため、よい事例の具体的イメージに基づいて評価することができるようになる必要がある。ルーブリックそれ自体は、このような評価を手助けしてくれるものであるかもしれないが保障してくれるものではない。このことを踏まえると、ルーブリックの改善過程に参加することによって、よい事例の具体的イメージが洗練されることの意義は大きい。

(2) 書かれた実践の評価：コメントの評価的役割

　最終版の事例に対する「コメント（commentary；注釈／解説)」は、その事例で書かれた実践に対する評価として機能している。裏を返せば、基本的に文章としてのよさは評価の対象ではない。

　最終版の事例に対して、様々な人々がコメントをつけるという取り組みは、1988 年に刊行した教育実習生の事例集で初めて行われた。事例を書くことに関する定式化においても、たとえばジュディスによる第 4 段階「同僚的経験」のように、最後の段階で事例に対してコメントを付すということが位置づけられ

275

第Ⅳ部　教師教育におけるライティング

ている。では、まず実際の事例に対するコメントを見ていこう。

　ここで紹介したいのは、教育実習生であるレイラ・ブラント（Brandt, L.）の「24 時間：不屈の努力の調査研究」と題された事例とそのコメントである（Shulman & Colbert, 1988, pp. 53-58）。事例の概要は次の通りである。

　ブラントは、経済的に貧しい地域に位置し、主としてマイノリティの生徒たちが通う学校で、第9学年と第10学年の生徒たちに英語を教えることになった。彼女は、社会人経験や子育ての経験を経て、教職に転じることになったので、この時 32 歳であった。彼女が最も苦労したと述べるのは、所属する部署の責任者でありメンターということになっていた教師との関係である。初任である彼女をバックアップする体制が学校にないまま、授業で使用する本や紙やペンが準備されていない状況で、初日を迎えることになった。そして、彼女は、生徒たちの規律の問題で奮闘することになる。最初の数週間のショックは言葉では言い表せられないと述べている。35 人のクラスで、2 人から 4 人は優秀で気配りができる生徒で、6 人から 8 人の生徒が軽い私語をしてワークをしない傾向があり、8 人から 10 人の生徒は積極的に私語をして教室を荒らし、どのようなワークもしないと決めてかかっていた。残りの生徒たちは欠席であった。このような状況を何とかしようと奮闘していたが、抑うつ状態になってしまった。それでも、外部の人たちの助けもあり、何とか辞めずに続けることができた。この規律の問題をなかなか解決する方法が見つからないなか、ある日、外部の高校部のアドバイザーから報酬システムを提案してもらった。彼女は、この方法を子どもじみていると思ったものの、とりあえず試してみることにした。これは、時間を守り、授業中静かにして、教材も持ってきて、授業の課題をして、座っていられたら、シールがもらえるというものである。そして「パーフェクト・ウィーク」の生徒を、金曜日に表彰することにした。この方法で、一気に生徒たちの様子は好転した。彼女は、この方法がうまくいった理由として、今までこの生徒たちが成功経験を味わえず報われてこなかったにあると分析している。

　概要を示すだけでは十分に伝わらないが、ブラントは、その時の自分の感情も含めて思ったことを率直に、ある意味で生々しく描いている。この事例に対して、立場の異なる 4 人がコメントを寄せている。ベテラン教師のドン・ケンパー（Kemper, D.）と同じくベテラン教師のスーザン・タイラ（Taira, S.）、リー・ショーマンの弟子である教育学者のパメラ・グロスマン（Grossman, P.）、教師と生徒の関係に関する研究で有名な教育心理学者のジェア・ブロフ

276

第10章　教師教育における書くことの指導と評価

ィ（Brophy, J.）である。

　ケンパーは、この事例に対して「私たちはこの教師から教訓を学ぶことができる」と肯定的に評価している。具体的には、ブラントが自分の教室で起きていることを分析し変化を起こし続けていること、彼女がわずかな助言を手がかりに生産的な方法で利用していること、正の強化という考えは他者から得たものであるが彼女が細部を工夫して成功させていることを挙げている。また、「一学期の間に、彼女は、多かれ少なかれ自分自身で、本当の成功は1人の子どもからやってくることや、教師がそれぞれの子どもの固有性を考慮しながら教えなければならないことを発見した」と評価している。

　他方で、ケンパーと同じくベテラン教師であるタイラは、手厳しい評価をしている。たとえば、「新任教師の状況は理解できるが、私は返答に苦慮した。というのも、生徒と保護者の最初のコンタクトに関する書き手の偏狭な見解［たとえば保護者はドラッグやアルコールのせいで呂律が回っていなかったなどの表現］に異論があるためである。書き手が意図するところでなかったとしても、この見解についての彼女の発言は隔離と差別を助長するものだというのが私の意見である。……私の懸念は、この教師が応答責任を引き受けるのではなく、すべての問題を外部に見出していることにも関係している」と批判している。

　教育学者のグロスマンは、「賞賛されるべきことは、この教師の不屈の努力と、当初はネガティブだった印象を払拭して、自分の生徒たちと真にケア的関係性を築くことに明らかに成功したことである」と評価している。また、タイラのコメントを踏まえた評価的な意見も述べている。「タイラ氏は教師による生徒と保護者の最初の印象に異論を唱えているが、この教師が描いたことは、カルチャー・ショックの証左かもしれない。この教師は明らかに自分が育った環境とは大きく異なる世界と文化に足を踏み入れたのである」と述べ、タイラの見解を否定はせずとも、ブラントに向けられた厳しい評価に対する視点をずらしている。

　最後に教育心理学者のブロフィは、「この学校は、学校効果性における2つの重要な要因である管理職のリーダーシップと職員の士気に深刻な問題があったようである（学校効果研究のレビューは Good & Brophy, 1986 を参照）」の

277

第Ⅳ部　教師教育におけるライティング

ように、積極的に様々な研究と紐づけながらこの事例に対する評価をしている。また、研究成果だけではなく、同じ事例集に収録されている他の事例を比較・参照したコメントをしていることも特徴的である。

　このようにコメントは事例に対する評価として機能している。その評価の対象は、事例の文章ではなく、事例に書かれた教師の実践である。実践に対して、肯定的な評価もあれば、否定的な評価もある。評価の視角も様々である。ここでの評価者は、この実践にも、この事例を書くことにも、直接的には関わっていない。そのため、目標を共有しない者たちによるゴール・フリー評価である。

　リー・ショーマンは、コメントの役割として「コメントは、事例の出来事を見通す付加的なパースペクティブやレンズを提供することによって、事例を『重層化する』」(Shulman, 1992, p. 12.) と説いている。さらに、「ユダヤ教の伝統における注釈（commentary；コメント）は、何世紀にもわたって、規範的テキストに対して付加的なそして典型的には論争的なパースペクティブを立ち上げてきた。……注釈の相互交流は、オリジナル・テキストに支えられながらも、その示唆を豊饒化し拡張させるような、ダイアローグとディベートの対話精神を創出している。私が、教えることの事例の文献におけるコメントの役割に抱くヴィジョンは、そのようなものである」(Shulman, 1992, pp. 12-13) と述べている。コメントは、事例に表象された実践を意味づける、あるいは価値づける。事例に複数のコメントが付されるということは、様々な価値的な声が響き、事例を重層化する空間が広がるということである。

おわりに―ケース・メソッドのゆくえ―

　本章では、米国のケース・メソッドの議論を対象として、教師教育における書くことの指導と評価について検討してきた。教師教育に閉じているケース・メソッドの議論が、ライティング教育という文脈を加味することで、教師が事例を書くことに関して、何をどのように指導するのか、また何をどのように評価するのかという問いが前景化することになった。「教師が書くことを通して学ぶため」という目的に基づき、指導としては、読む活動の組織化と、情報の提供と対話を通したコンサルテーションが導き出された。評価としては、ライ

ティング教育との異同を反映して、事例を書くことの評価と事例に書かれた実践の評価という区分が浮き彫りになった。

　本章では、2002年までの文献に基づいてケース・メソッドの議論を検討してきた。では、その後はどのように展開してきたのだろうか。近年は、映像としての事例（video case）や、実践の映像や子どもたちの作品などを組み合わせた「マルチメディア・ケース」が一般的になりつつある。その背景には、映像が書かれた事例にはない「非言語的シグナル」と「直接性」を提供するという利点を有していることがある。しかしながら、逆に映像には「文脈の情報や背景情報」と「省察的コメント」が含まれていないという欠点がある（van den Berg et al., 2008）。また、このようなマルチメディア・ケースは、物語的な構成ではなく、特定の単元やプロジェクトに焦点を合わせて収集されている（Sato & Rogers, 2010）。このような近年の流れは、「読むこと（見ること）」という側面に限定して議論を進めてきてしまったのではないだろうか。つまり、本章で明らかにしてきた「書くこと」の教育的意義が見過ごされてきたのである。

　最後に、なぜ教師は事例を書くのかという問いに対して、本章で通奏低音となっていた力量形成という目的とは別様の応答の可能性も示唆したい。ジュディスの取り組みに関わった、事例を書く経験をしたある教師は「事例を書くことはとてもセラピー的（therapeutic）でした」（Shulman, 1991, p. 256）と語っている。また、ジュディスは「事例を書くことには想起以上のものがある。教師とその協働者は、自身の経験と理解を構築・再構築している。そこで生じるのは、元の経験をした当時には書き手になかった理解である」（Shulman, 1991, p. 260）と言っている。事例を書くことは、自己変容・自己理解の方法で、それはセラピー的なのかもしれない。

参考文献

Darling-Hammond, L. & Hammerness, K. (2002), "Toward a Pedagogy of Cases in Teacher Education," *Teaching Education*, Vol. 13, No. 2, pp. 125-135.

Hammerness, K., Darling-Hammond, L. & Shulman, L. (2002), "Toward Expert Thinking: How Curriculum Case Writing Prompts the Development of Theory-Based Professional Knowledge in Student Teachers," *Teaching Education*, Vol. 13, No. 2, pp. 219-243.

Merseth, K. (2001), "The Early History of Case-Based Instruction: Insights for Teacher Education Today," *Journal of Teacher Education*, Vol. 42, No. 4, pp. 243-249.

佐藤学 (1993)「教師教育におけるケース・メソッドの起源：デューイの『知性的方法』」杉浦美朗『教育方法の諸相：杉浦美朗教授還暦記念論文集』日本教育研究センター, pp. 103-128.

Sato, M. & Rogers, C. (2010), "Case Methods in Teacher Education," In Peterson, P., Baker, E. & McGaw, B. (eds.), *International Encyclopedia of Education (3rd Edition)*, Elsevier Ltd, pp. 592-597.

Shulman, J. & Colbert, J. (eds.). (1988), *The Intern Teacher Casebook*, Far West Laboratory for Educational Research and Development, ERIC Clearinghouse on Educational Management & ERIC Clearinghouse on Teacher Education.

Shulman, J. & Colbert, J. (1989), "Cases as Catalysts for Cases: Inducing Reflection in Teacher Education," *Action in Teacher Education*, Vol. 11, No. 1, pp. 44-52.

Shulman, J., Colbert, J., Kemper, D. & Dmytriw, L. (1990), "Case Writing as a Site for Collaboration," *Teacher Education Quarterly*, Vol. 17, No. 1, pp. 63-78.

Shulman, J. (1991), "Revealing the Mysteries of Teacher-Written Cases: Opening the Black Box," *Journal of Teacher Education*, Vol. 42, No. 4, pp. 250-262.

Shulman, L. (1984), "The Practical and the Eclectic: A Deliberation on Teaching and Educational Research," *Curriculum Inquiry*, Vol. 14, No. 2, pp. 183-200.

Shulman, L. (1992), "Toward a Pedagogy of Cases," In Shulman, J. (ed.), *Case Methods in Teacher Education*, Teachers College Press, pp. 1-30.

Shulman, L. (1996), "Just in Case: Reflections on Learning from Experience," In Colbert, J., Trimble, K. & Desberg, P. (eds.), *The Case for Education: Contemporary Approaches for Using Case Methods*, Allyn and Bacon, pp. 197-217.

竹内伸一 (2010)『ケースメソッド教授法入門：理論・技法・演習・ココロ』慶應義塾大学出版.

van den Berg, E., Wallace, J. & Pedretti, E. (2008), "Multimedia Cases, Teacher Education and Teacher Learning," In Voogt, J. & Knezek, G. (eds.), *International Handbook of Information Technology in Primary and Secondary Education*, Springer, pp. 475-487.

若松大輔 (2023)「知識と実践を名づけることのポリティクス：教師の専門性向上と専門職性確立のための方途を探る」『弘前大学大学院教育学研究科教職実践専攻（教職大学院）年報』第 5 号, pp. 49-65.

第 11 章

書くことで教師を育てる
―福井大学の教員養成カリキュラムを事例に―

遠藤　貴広

はじめに

　本章では、書くことを中軸に据えた教師教育実践の事例として、福井大学の教員養成カリキュラムに注目し、教師教育における書くことの指導と評価の構造を明らかにしたい。それは、前章で検討したケース・メソッドをめぐる論点に応えるものでありながら、パーソナル・ライティングとアカデミック・ライティングを架橋する大学教育実践の実例となるものである。

1. 福井大学の教員養成カリキュラム

(1) 実践コア科目

　福井大学では教職大学院（大学院連合教職開発研究科）とともに教育学部の教員養成カリキュラムについても独自の改革が行われている。それは次のような特徴を有するものである。

① 全学年が協働して地域の実践コミュニティに参画しながら省察的に学ぶ。

② 教育実習前に多様な実践・臨床経験を保障することにより、1年次から実践を想定した教職の学習を行う。

③ 実践してきたことの意味を繰り返し問い直す省察的探究のスパイラルをコア・カリキュラムに位置づける。

281

第Ⅳ部　教師教育におけるライティング

④　全学年をまたいだ世代継承サイクルをカリキュラムに埋め込む。

　例えば 2008 ～ 2022 年度の 15 年間を振り返ると[1]、3 つの実践コア科目が教員養成カリキュラムの中軸を担っていた。

　一つ目は、教職入門、介護等体験事前・事後学習、教育実習事前・事後学習、教職実践演習を含み込んだ科目群で、教員養成課程所属の全学生が同じ時間帯に集まって異コース（教科）異学年でチームを組み、教職や教育実践に関する協働探究を重ねる授業である。

　二つ目は、「探求ネットワーク」と呼ばれる事業を中軸にした科目で、総合的な学習の時間と特別活動の指導法、学習過程研究、組織学習研究の実習として位置づいている。土曜日に地域の児童・生徒が福井大学に集まり、学生の企画・運営で長期にわたる総合的な協働探究プロジェクトが行われている。それが大学の授業としても構造化され、様々なカリキュラムの事例研究が行われている。

　三つ目は、「ライフパートナー」と呼ばれる事業を中軸にした科目で、生徒指導・教育相談の実習として位置づいている。それは、福井県内の不登校・発達障害児を教育委員会と連携して大学生が支援するもので、大学の授業では個別支援の実習としてケース・カンファレンスが行われている。

　いずれも骨が折れる体験・実践・探究を伴うものであるが、やりっ放しにはしない。長期にわたって協働で取り組んできたことを長いスパンで振り返り、そこでつかんだものを実践記録に綴る。それを多様なメンバーで検討し、取り組んできたことの意味を協働で問い直す。そこでの対話を手がかりに、実践記録を書き直し、報告書に残して蓄積する。この報告書を通じて、経験が後輩に継承され、世代を越えた協働探究を実現するためのカリキュラム構造が追求されている。

(2) 書くことを軸にした実践の展開

　上記の実践的取り組みについて、学生は活動の節目ごとに実践記録を執筆し、

---

1)　2022 年に文部科学省から教員養成フラッグシップ大学の指定を受けたのを契機に、2023 年度から科目の構成が変わっている。この点については、木村（2024）を参照のこと。

それを多様な視点で検討した上で、改訂された実践記録の電子ファイルを電子ポートフォリオに蓄積することを繰り返している。4年次の「教職実践演習」では、電子ポートフォリオに蓄積されているレポートや実践記録や報告書を読み直し、教職課程で学んだことの意味を自分のライフストーリーに位置づけ直した学習自叙伝（learning autobiography）の作成とその検討が中心的な課題となっている。この学習自叙伝は、同学部で「学習個人誌」と呼ばれ、教科教育と教科専門それぞれの学習個人誌を作成・検討・提出した上で、最後に教職学習個人誌を作成し、異コース（教科）・異学年のチームで検討した上で報告・提出することが、「教職実践演習」単位取得のための必須条件になっている。そして、提出された教職学習個人誌は、教職実践演習実施報告書『学びの専門職をめざして―教職課程の意味を問い直す学生たち―』等に掲載され、それが公刊されることで、すべての人に公開されることになっている。

　この構造により、教職課程で学んできたことの意味が、それまでの人生のストーリーに位置づけられ、そして、その後40年近く続く教職キャリアの展望につなげられる。ここで学生は、高校までに形成されてきた学習観を改めて問い直した上で、大学卒業後の学習の在り方に問いを向けることになる。さらに、ここで紡がれたストーリーは報告書を通じて後輩に読まれることで、経験が後代に継承されるとともに、学外の人々にも読まれることで、同学部で取り組まれていることの中身が様々な分野の人々と共有される。こうして、ポートフォリオを越える形で、同学部独自の教員養成の充実が図られている。

　なお、上記の教職学習個人誌の報告会については、2013年度から「教育実践研究　公開クロスセッション」と銘打って、福井県内外の高校生、現職教員、他大学の教員・研究者等、すべての人に開かれたものになっている。この状況により、全学生が、学外からの参加者たちにも自分の経験を伝えられるよう、使う言葉を吟味し直すことになる。これを通して、自分が取り組んできた実践に対する認識の枠組みを吟味し直し、それまでの授業では得られなかった新しい視点で自分が取り組んできたことの意味を問い直し、卒業後も自分の実践について省察的に探究を続ける契機とすることが目指されている。

第Ⅳ部　教師教育におけるライティング

(3) 省察の構造

　上記の取り組みを進める中で目指されていたのは、自分自身が実際に実践を進める中で、あるいは、先人の長期にわたる実践のプロセスを実践記録等の検討を通して跡付ける中で、その実践に内在している理論を協働的かつ省察的に探究していくことである。

　ここで「省察（reflection）」ということが強調されるわけだが、それは単なる振り返りとは異なる営みである。実践の中でそのように判断し行動したのはなぜか、そこにどのような認識の枠組みがあったのかを確認し、その枠組みがどのようにして形成されたのかを問おうとする営みである。そこで、自身が関わっている実践については、実践で起こった出来事の事実のみならず、そのように思考し判断し行動したのはなぜかについても実践記録に描き出すことが目指されている。

　ただし、これは容易に書けるものではない。「書けない」という経験をすることで、検討する先人の実践記録については、この点が書き込まれたものが求められ、それが先人の実践的認識の枠組みを探ることにつながる。

　しかしながら、それが実践者の経験を越えず、同質集団内で再生産され因習化していくだけのサイクルに陥ることはありうる。そこで、前述の「教育実践研究　公開クロスセッション」や教職大学院主催で毎年2回開催される「実践研究福井ラウンドテーブル」を軸に、異教科・異校種・異業種のメンバーがテーブルを囲み、できる限り異質性の高いチームで協働探究を重ねる中で、それぞれの実践に暗黙裡に埋め込まれている認識枠組みを問うと共に、異分野の実践にも共通する枠組みを探ることも繰り返されている。これは元々、社会教育における実践者の力量形成を支えるために始められたものであるが、それが教師を始めとする他の専門職の学習にも利用されるようになり、福井大学における教員養成・教師教育の中核基盤に位置づいている。福井県の教員研修でも同様の取り組みがなされ、教職大学院を媒介に、教員の養成と研修の連動が図られている。

(4) 文体：パーソナル・ライティングもアカデミック・ライティングも

　次の文は、学部4年生が執筆した教職学習個人誌からの抜粋である。

第11章　書くことで教師を育てる

　　私はこの4年間、学習塾で塾講師としてアルバイトをしていた。その中
　で毎年のように生徒に聞かれることは、「なぜ勉強をしなきゃいけない
　の？」という素朴な疑問である。この疑問は学校現場でもよく耳にするも
　のであり、教師が答えづらい問いの一つでもある。私が教育学部に入る前
　までは、テストの点数を取るほど自分の将来の選択肢が広がるから（学歴
　的な意味で）、そのテストの点を取るために勉強をするという感覚であっ
　た。実際、私は高校時代の勉強について「点取りゲーム」という認識が強
　く、間にある探究的な活動はある種の息抜きのように捉えていたように思
　う。しかし、この4年間を通して「なぜ勉強をしなきゃいけないの？」と
　いう問いに対して、私なりの答えが見出せつつある。この答えについては
　最後の章において自身の学習活動を振り返りつつ、述べようと思う。（大
　畑 2022: 12）

　このように、上記の取り組みの中で綴られる実践記録や学習個人誌の文体に
目を向けると、明らかにパーソナル・ライティングに位置づくものである。自
身の実践経験を自分の言葉で語り、それを自身のライフストーリーの中に位置
づけようとすると、自ずとパーソナル・ライティングの形となる。

　しかしながら、福井大学教育学部の教員養成カリキュラム全体がパーソナ
ル・ライティングを志向したものになっているかと問われれば、答えは否であ
る。例えば4年次後期に作成する教職学習個人誌は 15,000 ～ 20,000 字程度の
パーソナル・ライティングであるが、福井大学教育学部ではこの教職学習個人
誌とは別に卒業研究論文（卒論）の提出もあり、卒論の文体は明らかにアカデ
ミック・ライティングである。こうして学部卒業までにアカデミック・ライテ
ィングとパーソナル・ライティング双方の文体を持てるようになることも目指
されている。

第Ⅳ部　教師教育におけるライティング

2. 書くことを支えるコミュニティ・文化の醸成

(1) 個別指導の限界

　上で取り上げた科目群は、教育学部生全員必修の教職科目で、受講者 100 名以上（4 学年が合わさる場合は 400 名以上）の大人数授業ばかりである。そのため、授業担当教員が学期中に学生のレポートを 1 本 1 本個別に指導することはできない。

　この科目群で学生が執筆したレポートや実践記録は、LMS（学習管理システム）上で受講者全員が閲覧できるようになっている。この状況により、学生も他の受講者のレポートを評価しながら、自身のレポートや評価規準を自律的に吟味できる形になっている。また、学生がグループ・モデレーションによって評価規準を吟味する時間も授業中に確保されている。

(2) ファジーな基準が生み出すしなやかさ

　教職学習個人誌の評価は『福井大学教育学部教員養成スタンダード』掲載の「学習成果物の評価規準」に基づいて行われている。それは次のような観点・規準である。

1. 学びの継続性：学びの専門職となるための目標を具体的かつ体系的に理解し、目標達成のために計画的・継続的に取り組む事ができている（ことが読み取れる）。
2. 学びの協働性：学習コミュニティにおける協働的実践に積極的に参加できている（ことが読み取れる）。
3. テーマの追究：重要なテーマを追究し、深い分析を行い、学術的根拠に基づいた説得的な議論を展開できている。
4. 視野の広がり：広い視野のもとに自身の追究のテーマを位置づけている。
5. 学びの重層性：1 年生から積み重ねてきた報告群が含まれ、それらに言及しながら、自身の学習のプロセスを論理的に描いている。
6. 学びの専門職としてのビジョン：学びの専門職としてのビジョンを意識

第 11 章　書くことで教師を育てる

した内容になっている。

　このように、教職学習個人誌の評価に用いる規準・基準は、方向性だけを共有する大雑把なもので、厳格な指標は示されていない。このため、採点者間信頼性の確保の難しさはある。しかしながら、本科目群では担当教員間で全ての評価事例が共有できるシステムができていて、判例主義的にモデレーションができる状態になっているため、採点の信頼性に関する異議申し立ては受講者から出ていない。一方で、評価規準・基準に緩さがあることで、受講者は授業中、内容の豊かさに対話の焦点を向けることがしやすくなる。こうして、所定の評価規準にさほどとらわれずに、その作品ならではの価値を確かめ合いながら、互いの価値判断の規準・基準を問い直し更新していくことが目指されている。

(3) 現職研修との連動

　このようなスタンスは、教職大学院や福井県教育委員会主催の教員研修にも貫かれており、福井県の教師教育全体が「書くこと」をベースにした取り組みになっている。採用前の教員養成のみならず、現職の教員研修においても「書くこと」にこだわるのには理由がある（以下は、福井県の教員研修で最も受講者の多い「中堅教諭等資質向上研修」で筆者が行っている説明から）。

　2000 年代以降、日本の学校教育においてもアカウンタビリティが求められるようになる中で、数値目標による管理の傾向が強くなっている。ただ、数値による評価に付きまとう問題として、見た目に分かりやすい数値で表現すればするほど、取り組み状況の実態は分かりにくくなるというジレンマがある。そこで、本当に測りたいものを測れるよう、測定方法を工夫することで、評価の妥当性を高める努力がなされている。しかしながら、多忙を極める教育現場にあっては、測定方法の工夫には限界があるため、結果として、数値で示しやすいものだけで評価し、数値で評価されるものにしか取り組まなくなってしまうという状況も生まれている。

　そんな中、教師は公教育を担う専門職として、自分が実践していることをパブリックなものにしていく責任がある。このとき、実践者として取り組んできた過程を実践者の言葉で鮮明に伝える実践記録は、実践の教育的価値を確かめ

287

合うための重要資料となる。これがないと、妥当性の低い数値による評価の論理に絡み取られ、自分が大切にしていることがますます実践できなくなってしまう。

　現実の実践で見られるものはその時間その場限りのものである。しかしながら、書き言葉で表現されたものは歴史的資料（史料）として後代に継承され、時間と空間をまたいだ対話を可能にする。また、書き言葉による記録は、後で（事実を歪曲しない範囲で）書き直すことができ、書き直す際に言葉や文脈を吟味することで、実践に対する認識を新たにすることができる（思考と言語の関係）。このとき、別の分野で取り組んでいる異質な他者に伝える言葉を持つことで、自分たちの取り組みがより広く知られるようになり、それが社会における信頼の形成につながる。

　このことは、叙情的ではあるが、次のような言い方でも受講者に伝えられている。

　　　事実は変えられないが、その意味づけ方は変えられる。意味づけ方が変わると、その人にとっての物語が変わる。短期的には失望・絶望と思っていたものが、長期的に見ると新たな希望となることもある。新しい意味を探るために、他者の視点が必要となる。他者と対話するために言葉が必要となる。その言葉をより深く吟味するために書き言葉が必要となる。

　多忙を極める教育現場にあって、教師が実践を書くことは本当に大変なことではあるが、実践したことを書き、書いたものを共有しながら語り聴き合うことで初めて見いだせる展望がある。

(4) 読むこと、語り・聴き合うこと

　このように、福井県では福井大学と福井県教育委員会が一体となって、教師が自身の実践を書くことを教師教育実践の中軸に位置づけ、教師全員に書くことを求めているわけだが、書くことに抵抗がある教師がいることも確かである。

　福井大学での教員養成においても、福井県教育委員会での教員研修においても、実践記録を「書くこと」が強調されるが、実は実践記録を書く前に、他者

第11章　書くことで教師を育てる

の実践記録を「読むこと」も重要な柱になっている。しかも、そこで読む実践記録としては、名著となっている高名な実践者の実践記録よりもむしろ、前年度までの受講者等、受講者と同じような立場で取り組んだ「身近な」実践者が書いた実践の記録が用いられる。もちろん教職大学院の合同カンファレンスや集中講座では、著名な実践者・学校の実践記録本や、実践を架橋する理論を検討するための分厚い理論書の検討も行われるが、特に行政による悉皆研修のような短時間の教員研修では、割と「身近な」実践記録が読まれる傾向にある。

　ただし、ここで受講者が検討する実践記録は何でもよいかと言うと、そうではない。検討する実践記録の選択肢は、授業担当者ないしは研修担当者が設定している。例えば前述の「教職実践演習」で学部4年生は前年度までの実施報告書掲載の教職学習個人誌を検討しているが、その報告書に掲載される事例は授業担当者が選定したものである。こうして、受講者に一定程度の選択肢は持たせつつ、授業担当者が選択肢を調整することによって、省察の方向づけがなされている。

　このとき、受講者は他者の実践記録をただ読むだけでなく、その記録をどのように読んで、そこから何を学び、自分の実践をどのように見直すようになったのかを、他校種・他世代のグループメンバーに語り、互いの読みを確かめ合うことも行われる。この状況により、受講者は自分の実践記録が後輩たちにどのように読まれるかもイメージできるようになる。

　ここでの語り・聴き合いを手がかりに、実践記録を書くことが行われるのだが、決して書きっぱなしにはしない。書いたことについて、他校種・他世代のグループメンバーにじっくり語り、そこでの対話を手がかりに書き直した実践記録が蓄積される形になっている。このように、他者の実践記録を読んだ上で、自身の実践について書き・語り・書き直す中で、実践に対する認識を新たにしていくことが、福井における教師教育の中核に位置づいている。

おわりに

「最近の若い教師は実践記録が書けない」といった語りもよく聞かれるが、書く時間が保障され、書いた内容についてじっくり語り聴き合う場が保障され

289

第Ⅳ部　教師教育におけるライティング

ていれば、ほぼすべての教師が書くことができることを実感している。実際、上記の教職科目や教員研修で、実践記録の執筆・提出ができない受講者はほとんどいない。

　もちろん、必修科目ないしは悉皆研修で、受講者としては執筆・提出せざるを得ないという面は大きい。自発的に参加する民間研究サークルとは違って、書かない自由が保障されているわけでないので、「やらされ」感満載であることも否定できない。

　ただ、民間レベルで実践記録づくりを推奨したところで、なかなか取り組めない過酷な現場の状況がある。そこで、一旦、必修科目や悉皆研修として全員に実践記録を書くことを求め、書いてみて初めて見いだされるようになった展望を共有することで、書いたこと・書くことの意味を確かめ合うことに重点を置き、それを異なる世代間で何度も繰り返し、書く文化を醸成することが続けられている。講義等の時間を減らすことになるため、実施主催者側には勇気のいるものとなるが、書くことの価値を大学と教育委員会の間で共有し、実践記録を書く時間と語り聴き合う場を確実に保障することで、書くことに価値を置いていることが表明されている。

参考文献

遠藤貴広（2018a）「『実践の中の理論』の探究を支える教員養成カリキュラムの構造—福井大学教育地域科学部の取り組みを事例に—」全国大学国語教育学会編『国語科教育における理論と実践の統合』東洋館出版社, 33-40.

遠藤貴広（2018b）「教育評価のエビデンスとしての実践記録—近代自然科学的証拠と体験反省的明証性の間で—」日本教育方法学会編『教育実践の継承と教育方法学の課題（教育方法 47）』図書文化, 96-109.

遠藤貴広（2019）「学校拠点の長期協働実践研究を軸にした教師教育カリキュラムとその背後にある実践科学の認識論」『教育学研究』第 86 巻第 1 号, 70-71.

遠藤貴広（2022）「反照的均衡としてのモデレーション—総合的な探究の時間における学習評価の方法論的展望—」福井大学大学院連合教職開発研究科『教師教育研究』第 15 巻, 419-427.

遠藤貴広（2024a）「実践報告と研究論文の間で—専門職養成における研究をめぐるジレンマ—」『教育目標・評価学会紀要』第 34 号, 19-26.

遠藤貴広（2024b）「公共的理由としての評価規準—福井県内の高校におけるグループ・モデレーションの展開に注目して—」福井大学大学院連合教職開発研究科

『教師教育研究』第 17 巻，381-392.

大畑颯人（2022）「『なぜ？』『どうして？』で拓く未来―疑問から自己を高める『探究』へ―」福井大学教育学部 教職実践演習 2021 年度実施報告書『学びの専門職をめざして―教職の意味を問い直す学生たち― 2021』，12-24.

木村優（2024）「『協創する専門職』としての教師の成長を支える省察的実践の長期漸成サイクルとコミュニティ―教員養成フラッグシップ大学構想を通じた教師教育の変革―」『教育心理学年報』第 63 巻，161-176.

柳沢昌一（2021）「教育改革と省察的実践のコミュニティへの企図」『教育学研究』第 88 巻第 1 号，65-75.

第Ⅳ部　教師教育におけるライティング

コラム5

スペイン・カタルーニャ地方における書くことの教育と教師教育

Meritxell Simon-Martin

川地　亜弥子

　スペインのカタルーニャ地方、ときいて、何を思い浮かべるだろうか。州都のバルセロナ、生き物のような曲線を持つサグラダ・ファミリア、バルサの愛称で知られるＦ・Ｃバルセロナ……。そして、日本ではあまり知られていないが、ライティング教育の観点からも、注目すべき土地である。カタルーニャの歴史について簡単に述べた後、この地におけるライティング教育について、教師教育との関係を中心に紹介しよう。

1.　カタルーニャの歴史・言語・文化

　スペインには、多様な言語と文化圏が存在するが、カタルーニャも独自の言語（カタルーニャ語、現地ではカタラと言う）と文化を有している。カタルーニャは、折々にスペインからの独立を求めてきた。

　1936 〜 39 年のスペイン内戦後、フランコ独裁政権はカタルーニャに厳しい弾圧を加えた。カタルーニャ語の使用を禁止しただけでなく、個人の名前も変えさせ、音楽・祭礼等の民族アイデンティティを象徴するものを禁じた。フランコが 1975 年に死去し、1978 年に地域主義を容認するスペイン憲法が制定され、1979 年にカタルーニャ自治憲章が制定され、ようやく再びカタルーニャに言語的・文化的春が訪れた。

　しかし、2006 年に制定されたカタルーニャ自治憲章がスペイン憲法違反であると提訴され、2010 年 6 月末に同自治憲章の民族性や独立性の部分が違憲と判断された。このように、自治・独立へのうねりと、それに対する抑圧は、その強弱はありながらも連綿と続いている。川地が初めてカタルーニャを訪

292

問したのは 2017 年 12 月だった。例年なら 12 月の夜はイルミネーションが美しい通りだが、この年は暗かった。同年 10 月の独立住民投票に関連して政治活動家たちが牢獄に入れられていることへの抵抗の意思表明なのだ。

2. カタルーニャとフレネ教育

　書くことの教育へと話を進めよう。実は、この地はフランスで自由作文を提唱・実践した教育者、セレスタン・フレネ（Célestin Freinet 1896-1966）と縁が深い。フレネは、個性化・協同化という原則のもとに、子どもが自由作文を書き、印刷機で印刷して読む教育を実践し、日本でもよく知られている。

　フレネの教育が世界に知られることとなったのは、1930 年代である。1932 年 8 月、フランスのニースで新教育国際連盟第 6 回大会が開かれた際に、フレネは大会と並行して、自身の学校があるフランスのサン・ポールで教育会議を開催した。ロシア人を含む 100 人近くが特別バスで訪問し、大盛況だったと言われる。ところが、これがフランスの政治的左右対立を背景に、フレネ教育への批判激化を招いた。これをサン・ポール事件とも言う。文部省の要請で、学校印刷機を使用している学校が調査され、数人の教師が退職・転勤に追い込まれた。その一方で、調査のほとんどで教育的有効性を認める報告がなされた。これがフレネの教育が世界的に知られる契機となったのである。

　スペインでは、マドリッドの小学校教師であったマヌエル・フアン・クルエ・サンティベリ（Manuel Juan Cluet Santiberi）とバルセロナの学校視察官エルミニオ・アルメンドロス（Herminio Almendros）が中心となって、学校印刷機を導入した。特にアルメンドロスは、解説書『学校印刷機』（1932）を出版して教育方法を普及し、サン・ポール事件直後の 1933 年夏にフレネをバルセロナに招いて研修会を開催した。その中で、フレネ教育はカタルーニャ全土に広がり、スペイン全土に広がったと言われる。サン・ポールとバルセロナは、共に地中海に近く、それぞれの国の首都であるパリやマドリッドよりも、物理的にも精神的にも交流しやすい関係だったのかもしれない。

第Ⅳ部　教師教育におけるライティング

　フレネとカタルーニャの縁はその後も続いた。フレネは、フランス国内での批判に屈することなく、1935年9月にサン・ポールで新しい学校を設立し、1936年11月から、スペイン内戦の孤児を10人ほど受け入れた。

　一方、バルセロナにもフレネ学校が開校し、フランスの教師たちと共同プログラム実践が始まった。フランコがバルセロナを陥落し、この学校は閉鎖となった。しかし、フランスへ脱出した教員との連絡で、サン・ポールのフレネの学校でカタルーニャの孤児を受け入れた。子どもたちには、言語の問題だけでなく、戦争のトラウマもあり、スペインの教師が協力して二か国語教育の形になったこともあるという。

3.　スペイン第二共和政下におけるカタルーニャの教師教育

　カタルーニャとフレネがこうした交流をしていたのは、スペイン内戦前の第二共和制下（1931～36年）である。スペイン第二共和制では、教育改革を通じた社会変革と社会正義の推進を目指し、農村部（当時のスペインの大半）を含むすべての人に、無料かつ無宗教で、男女の区別をしない、教育学的に活気のある初等教育を提供しようとした。そのため、従来の伝統的な公的試験は、師範学校での講義と、初めての試みとしての大学での講義、そして小学校での子どもたちとの実習授業を含む、3か月の教師教育プログラムに変更された。

　カタルーニャのリェイダ大学（カタルーニャ語ではLleidaリェイダ。スペイン語ではこの地域はLéridaレリダと呼ばれる）には、この教師教育の資料が保存されている。事務的な文書（議事録、学生の入学書類、書簡）などに加え、研修生が書いた自分に関する記録が残されている。研修生たちは、1か月間、理論的授業と実践的授業に出席し、毎日の終わりに記録を書いた。1日に5つ程度の授業を受け、各研修生が1～4ページ書いたのである。研修の記録とフレネの関係は定かではないが、特に小学校における見学や実習に関しては「先生が長く話しすぎだ」というような率直な意見も書かれている。リェイダ大学では、これら学生の日々の記録を、ライフ・ライティング（日本語では、生活綴方／生活作文／生活記録／自伝と訳すことができる）、

294

エッセイ、ダイアリーと呼んでいる。

4. リェイダ大学におけるライフ・ライティングの教育

　リェイダ大学では、この貴重な資料を活用して、現代の教師教育に挑戦している。教育・心理学・社会福祉学部では、2010 年より、「教育の過程とコンテクスト」（批判的教育学）というコースの枠組みの中で、教員養成のためにライフ・ライティングが導入されている。これは、コースの評価対象の一つであり、受講生がコース終了時に書くパーソナルな物語という形式で実施される。同様に、2018 年からは、教職を目指す学部生が州立小学校の児童と手紙のやりとりをしている。このアプローチを強化するために、2023 年以降、指導チームはライフ・ライティングの評価活動として、スペイン第二共和制時代の教師教育プログラムの参加者が実践していた学習ダイアリーを同じようにつけるという活動を追加した。そのために、学生たちは手書きの記録が保管されているリェイダ大学の記録管理サービスに連れて行かれる。そこで、1930 年代の自伝的学習ダイアリーの例を閲覧し、読む機会が与えられる。

　ライフ・ライティングは、系統的な教科内容や教授法の指導と比べると、どんな新しい学びがあるのか、やってみるまでは分かりにくい。自分がよく知っていることを書くだけで、何も新しい経験をしないように思われるからである。しかし、こうした学習を通じて、自分たちの言葉・文化に出会いなおし、カタルーニャ語で自分のことを書くことの意義、よく知っているつもりだった自分のこと・自分の生活・家庭や地域の生活を書く意義について、自分が変わるような発見を伴いながら学んでいく。こうして学んだ人が、教師となって、小学生にライフ・ライティングを指導している。

5. ライフ・ライティングを経験して指導する

　自分の言葉で、自分の経験や思いを書くことは、経験しないまま指導することは難しい。もちろん、他の内容でもそうなのだが、特に自分に関わるこ

第Ⅳ部　教師教育におけるライティング

とについては、自己開示へのためらいを乗り越えて書くことが要求されることもあり、経験なしにその意義をふまえて指導することは難しい。カタルーニャにおけるライフ・ライティングの教師教育と小学校教育の入れ子構造——書くことから学ぶ‐書かれたものから学ぶ／教えることを書く‐書くことを教える——は、ある意味で必然とも思われる。

　なお、リェイダ大学は研究的な関心からも上記プログラムに取り組んでおり、過去の記録（特に手書きのもの）やそのアーカイブが、21世紀の教師教育の方法論にもたらす可能性を探究中である。長期の言語的・文化的弾圧を受けた地域において重要な研究であると同時に、教育史・教師教育・アーカイブの3領域を架橋する大きな研究プロジェクトとして動き出している。

参考文献

宮ヶ谷徳三（1986）「フレネの教育思想の形成と展開」フレネ、C.・宮ヶ谷徳三『仕事の教育』明治図書。

SIMON-MARTIN, M. and JOVÉ, G. (2024) 'Los «cursillos de selección profesional» en la Escuela Normal de Lleida (1932): una revisión historiográfica', *Historia y Memoria de la Educación, 19*, pp. 49-78.

あとがき

　本書は、ライティング（書くこと）の教育の広がり、深み、可能性について、さまざまな立場・領域からアプローチする本である。日本ではライティング教育が決して盛んとはいえない。それは本書で取り上げた米国やフランスの例と比べても実感されるだろう。

　日本の子どもや若者にとって、教育場面でのライティングといえば、小・中学校時代の行事の後の作文や夏休みの宿題の読書感想文、高校時代の大学入試対策の小論文、大学に入ってから急に多くの授業で書かされるようになるレポート、といったところだろうか。とくに大学に入ってからのライティング教育は、あったとしてもほとんどがアカデミック・ライティングに関するものだったはずだ。実際、そのための指導書や独習書も膨大に刊行されている。

　それに対して、本書では、アカデミック・ライティングと並んでパーソナル・ライティングを取り上げ、この両者を架橋することによって、ライティング（書くこと）ということの、そしてそれを教え・学ぶということの人間にとっての意味を深めようとした。同時に、日本におけるライティング教育を相対化し、より自由にライティング教育の可能性を構想するために、米国とフランスを中心に、中国、スペインにも視野を広げながら検討を進めた。

　こんなふうにライティング教育を幅広く深く論じるのは、一人の手ではとてもなしえない業である。それを可能にしたのが本書の執筆者たちである。執筆者たちの現在の所属はさまざまだが、川地さんの共同研究者であるスペイン・リエイダ大学のシモン－マーティン・メリチェルさんを除けば、全員京都大学にゆかりがある。編者の松下は、京都大学教育学研究科の教育課程講座（現・教育方法学コース）の出身であり、20年ほど京都大学高等教育研究開発推進センターで仕事をした。川地、森本、石田、鄭、若松、遠藤の6名は、教育課程講座（あるいは教育方法学コース）の出身である。一方、谷、田川の2名は、

297

あとがき

高等教育研究開発推進センター（あるいは高等教育学コース）で学び、働いた
経験をもつ。森本さんと谷さんはコースは異なれど、ともにパーソナル・ライ
ティング、なかでもピーター・エルボウの実践・理論に刺激を受けて研究を進
めてきた。この2つの組織をつなぐことで本書は成立している。それは往々に
して分断されがちな初等・中等教育と高等教育でのライティング教育を結びつ
けることでもあった。

　そして寒竹さん。京大の医学研究科で博士号を取得しながら、現在は小説家
として活躍する彼女こそは、アカデミック・ライティングとパーソナル・ライ
ティングの架橋を一人の人間のキャリアの中で実現した人だ。

　本書の執筆陣が初めて開催した共同の研究イベントは、2022年7月の日本
カリキュラム学会名古屋大学大会の自主企画セッション「ライティング（書く
こと）の評価はどうあるべきか―重要性と困難性のジレンマ―」だった。そこ
から、川地さんが中心になって、神戸大学の学術ウィークで3回のシンポジウ
ムを開催した。「ライティング（書くこと）の評価はどうあるべきか」（2022年
11月）、「ライティング指導の挑戦―アカデミック・ライティングを超えて―」
（2023年11月）、「教師教育における書くことの展開と可能性―書くことを教
える、教えることを書く―」（2024年3月）である。これらの成果は、神戸大
学学術成果リポジトリ Kernel で公開されている。そして、2024年7月の日本
カリキュラム学会筑波大学大会の自主企画セション「ライティング教育の可能
性―アカデミックとパーソナルを架橋する―」へと展開していった。

　本書はそれぞれの機会を通じて行ってきた執筆者間の、そして執筆者と参加
者との対話の成果でもある。本書が日本におけるライティング教育の新たな幕
開けになることを心から願っている。

　最後に、なかなか締切を守れない私たちを辛抱強く待ってくださった勁草書
房編集部の藤尾やしおさんにも、お礼を申し上げたい。

2025年3月
　著者を代表して

松下　佳代

人名索引

【ア行】

アリストテレス　*4, 11*

イソクラテス　*5, 6, 11, 12, 20*

イリイチ，イヴァン（Ivan Illich）　*200, 253, 254*

ウェバー，マックス（Max Webber）　*41*

エイブラムス，M. H.（Meyer Howard Abrams）　*25, 152*

エルボウ，ピーター（Peter Elbow）　*18, 19, 134, 155, 156, 159-161*

小熊英二　*127*

【カ行】

カクポ，セヴリーヌ（Séverine Kakpo）　*178-182*

勝村謙司　*241-243*

カプラン，ロバート（Robert Kaplan）　*38-41, 43, 85*

キケロ　*4, 6, 19, 29*

キャンベル，ジョージ（George Campbell）　*47*

クインティリアヌス　*4, 6-8*

クレミン，ローレンス（Lawrence A. Cremin）　*153*

クロウリー，シャロン（Sharon Crowley）　*47, 49, 151*

クロン，アラン（Alain Coulon）　*177-179*

コナーズ，ロバート（Robert J. Connors）　*49, 150*

【サ行】

小砂丘忠義　*228-231, 235, 242, 247*

佐々木昂　*231, 238*

サドラー，ロイス（D. Royce Sadler）　*79, 80, 92, 93, 100, 101, 103, 106, 108, 109, 113, 124*

スペンサー，ハーバート（Herbert Spencer）　*52-54*

セネカ　*6*

【タ行】

東井義雄　*226, 227*

【ナ行】

野名龍二　*240*

【ハ行】

ハーシュ，E. D.（Eric Donald Hirsch Jr.）　*52-54*

バーリン，ジェームズ（James Berlin）　*49, 153-155*

バーンスティン，バジル（Basil Bernstein）　*69*

パスカル，ブレーズ（Blaise Pascal）　*24, 30*

フォークナー，ウィリアム（William Faulkner）　*53*

フォガティ，ダニエル（Daniel Fogarty）　*47, 48*

プラトン　*4, 6, 19, 28*

ブルーナー，ジェローム（Jerome Bruner）　*156, 269, 271*

ブルデュー，ピエール（Bourdieu, Pierre）　*179, 180*

フレネ，セレスタン（Célestin Freinet）　*293, 294*

フロイト，ジークムント（Sigmund Freud）　*152, 153, 155*

ホワイト，エドワード（Edward White）　*55, 56*

【マ行】

マクロリー，ケン（Ken Macrorie）　*156, 158-163*

人名索引

マゴルダ，バクスター（Marcia B. Baxter Magolda）　*199, 213, 216*
マレー，ドナルド（Donald Murray）　*156-158, 161*
ミルトン，ジョン（John Milton）　*53*
村山俊太郎　*231-236, 238-240, 251*
モンテーニュ，ミシェル（Michel de Montaigne）　*23-27, 30*

【ヤ行】

ヤング，リチャード（Richard Young）　*48-50*

【ラ行】

ラバリー，デヴィッド（David Labaree）

45, 57
ルソー，ジャン＝ジャック（Jean-Jacques Rousseau）　*25-27*
ルメットル，クレール（Claire Lemêtre）　*178-182, 184, 185*
ロック，ジョン（John Locke）　*47*

【ワ行】

ワーズワース，ジョナサン（Jonathon Wordsworth）　*159, 160*
ワーズワース，ウィリアム（William Wordsworth）　*159*
渡邉雅子　*38, 40-43, 62, 63, 65, 85*

事項索引

アルファベット

Academic Writing　　*18, 195, 197, 198*
Current Traditional Rhetoric　　*46, 150, 197*
DALF　　*63*
GPA　　*117, 118*
HCs　　*121-123, 131*
IUT（技術短期大学部）　　*67*
Kholles（コル）　　*67*
LMS（学習管理システム）　　*286*
OECD-AHELO　　*124, 125*
Personal Writing　　*18, 195, 197, 198*
　　Personal Writing vs. Academic Writing　*198*
TA　　*119, 120, 134,*
ZINE（同人誌）　　*209, 213, 214*

【ア行】

アカウンタビリティ　　*287*
『赤い鳥』　　*235*
アカデミック・ライティング　　*i-iv, 1, 3, 4, 14, 16-18, 20, 21, 29-31, 35, 38, 39, 42, 45, 46, 58, 81, 84-88, 92, 96, 99, 103-105, 108-110, 127, 131, 134, 138, 139, 142, 162, 170, 171, 196-199, 217, 231, 244, 259, 261, 281, 284, 285, 297*
浅い学習　　*120, 134*
新しい能力　　*70*
ありのまま　　*23, 152, 227, 240, 251*
アンカー作品　　*94*
アンチテーゼ　　*62*
暗黙知　　*49, 86, 144, 145*
生き方　　*225-228, 234, 235, 239, 241, 244, 256*
意識の変化　　*188*
一般的記述　　*99-103, 106*
逸話　　*9-11, 14, 16, 21*

意欲　　*iv, 177, 189, 226-235, 243*
イングフィッシュ　　*159*
印刷機　　*293*
エコノミー（の）原理　　*52, 53*
『エセー』　　*23-25, 30*
エッセイ　　*16, 23, 24, 38, 39, 42, 43, 45-47, 49, 54-56, 58, 62, 81, 93, 142, 151, 152, 157, 159, 160, 219, 250, 294, 295*
リフレクティブ・エッセイ　　*270, 273*
エピストログラフィ（エピストログラポス）　*19, 20, 30*
大きな推敲　　*206, 207*

【カ行】

概略法　　*73*
学習個人誌　　*283-287, 289*
学習自叙伝　　*283*
学習としての評価　　*88*
学習のための評価　　*88*
学習評価論　　*79, 89, 103*
学術的言説共同体　　*165, 167, 169*
学生支援　　*177, 178*
学生の個人的な体験　　*196, 197*
学生の「主体の未形成」　　*201*
学生の発達論におけるパラダイムシフト（学習者中心主義への転換）　　*196*
学生の発達　　*198*
学生のメチエ　　*178*
学問分野内ライティング（WID）　　*45, 46*
学力　　*82, 94, 126, 164, 181, 201, 226*
型　　*11, 12, 15-17, 31, 40, 45, 46, 50, 54, 57, 58, 61-63, 65, 66, 68, 70, 85, 137-139, 143, 145, 162, 175, 254*
学校型教育　　*187, 188*
カリキュラム横断型ライティング（WAC）　*45, 46*
カレッジ作文コミュニケーション学会　*155*

事項索引

涵泳　　74, 78
鑑識眼　　86-89, 91, 96, 98, 99, 103-106,
　　110, 115, 120, 124, 131-133
間主観性　　86, 91, 104, 119
感想文　　37, 43, 141, 171, 192
記述語　　89, 93, 95-97, 100, 101, 114, 115,
　　119, 122, 123-126
規準　　114, 118, 121, 123, 127, 274, 286,
　　287
客観性　　85, 90, 115, 117-119, 121, 133
キャリブレーション　　86, 87, 90, 98, 99,
　　101, 103, 104, 110, 119
教育学部　　177-179, 184, 281, 285, 286
教育社会学（者）　　40, 179, 182, 184
教育修辞学　　48, 49, 58
教育評価（論）　　92, 230
教育方法　　67, 69, 72, 77, 195, 197, 262
教員研修　　iv, 284, 287-290
教員養成スタンダード　　286
教師教育　　259, 261-264, 266-269, 273,
　　274, 278, 281, 284, 287-289, 292 294-
　　296
教師のいないライティング　　160, 161
教職実践演習　　282, 283, 289
教職大学院　　281, 284, 287, 289
教養　　12, 16, 21, 46, 154, 239
記録　　iv, 72-74, 76, 77, 289, 294-296
寓話　　9, 10
グランゼコール　　62, 66-68
グランゼコール準備級（プレパ）　　66, 67,
　　181
クリエイティブ・ライティング　　152
グループ・モデレーション　　286
クロスセッション　　283, 284
形式主義　　14, 15, 47, 57, 58, 120, 121, 123
形式的完成　　37, 54, 57, 150, 170
形成（formation）　　188
形成的アセスメント　　79
形成的評価　　88, 90, 91, 96, 98, 123, 135,
　　274, 275
ケース・メソッド　　261, 262, 264, 266, 269,

　　270, 273, 278, 279, 281
厳格さ（rigor）　　123, 133
厳格性　　115, 117, 118, 121, 133
研究ノート　　72
研究メモ　　72
言語資本　　62, 175
現職研修　　263, 287
現代伝統修辞学　　37, 46-51, 54, 57, 58,
　　150, 151, 156
現代伝統パラダイム　　48-50
行為主体（エージェント）　　104, 179, 215
口頭表現　　66-69
ゴール・フリー評価　　278
国語科指導法　　72
告白　　22-24, 29, 30, 214, 215
『告白』（アウグスティヌス）　　20, 22, 25
『告白』（ルソー）　　25, 26
心得法　　73
個性　　214, 215, 228, 229, 232, 247, 265,
　　293
5段落エッセイ　　16, 42, 45-47, 50, 54, 55,
　　58, 157, 162
5段落フェチ　　57
古典修辞学　　5, 14, 46, 154
古典主義　　15
個のリアリテ　　228, 231
個別的記述　　99-104, 106
コミュニケーション能力　　6, 70
コモンプレイス・ブック　　29
コレージュ　　63
コンピテンシー　　93
コンピテンス　　82, 88, 93, 112, 123
コンピューター・リテラシー　　200

【サ行】

作品事例　　92, 94, 99-104, 106, 113
作品と批評　　207
作品発表と批評　　208
作文教育　　iv, 37, 40, 41, 72, 227, 239, 240
『作文と教育』　　244
札記　　72

事項索引

三多の法　*154*
サンテーズ　*62, 63, 65*
参入　*178*
ジェンダー　*28, 69*
自己　*iii, 16, 21, 23-26, 29, 30, 53, 109, 142,*
　143, 162, 164, 175, 178-180, 184, 185, 188,
　192, 199-201, 208, 212, 215, 240, 243,
　244, 256
自己・社会認識　*201, 208*
思考力　*72, 76, 77, 158, 255*
自己管理力　*72*
自己形成　*188, 198, 212-214, 216, 217*
　——・自己教育（auto-formation）　*187*
自己省察のための文章表現（＝エッセー）
　195
自己認識や社会認識の未確立　*201*
自己の軌跡　*215*
自己の社会学的分析　*178*
自己の物語　*213*
自己評価　*91, 128, 129, 274, 275*
自己表現　*17, 21, 23, 150, 151, 154, 165,*
　214, 215
　——と創造性　*197*
自己分析　*180, 191*
資質・能力　*116, 226*
質疑法　*73*
実行可能性　*93, 119, 134, 154*
実践記録　*165, 261, 282-290*
実践研究　*74, 165, 187, 198, 284*
実践コミュニティ　*281*
実践的研究者　*157*
質的転換答申　*112, 116*
質的判断　*86, 87, 89-92, 95, 98, 99, 101,*
　102, 104
質保証　*93, 94*
指導系統案　*236-239*
自分の居場所　*214, 215*
自分のモチーフ　*215, 216*
自分のもの（我が事）　*200*
市民性教育　*65, 70*
ジャーナル　*29, 30, 45*

社会化　*81, 104, 109, 178-180, 184*
社会教育　*284*
社会構築主義　*40, 165, 169*
社会効率主義　*46, 52*
社会的決定論　*179*
社会的選抜　*175*
社会認識論修辞学　*165*
尺度　*114-118, 236*
自由作文　*293*
修辞学　*4-7, 14, 16, 23, 30, 46-54, 57, 58,*
　150, 151, 153, 154, 156, 165, 197
修辞の状況　*20, 168*
主題　*11, 21, 24, 39, 62-65, 81, 127, 200,*
　215, 216
主体的　*130, 195, 231, 240*
省察的探究　*281*
省察　*169, 199, 213, 261, 263, 265, 268,*
　271, 284, 289
情報記号　*200*
情報操作　*200, 202, 253, 254*
小論文　*38, 62, 81, 83, 137-139, 143, 152,*
　157, 161, 195, 219, 254
初年次教育　*i, iii, 38, 45, 137, 154, 157,*
　175-177, 179, 184, 195, 197, 199, 201
書評　*72*
調べる綴方　*231, 232*
自律的　*177, 178, 184, 190, 286*
事例主義的アプローチ　*101-103*
人生科　*225*
真正性　*25, 157*
人生の意味　*199, 214, 216*
人生のモチーフ　*216, 217*
人生の物語　*199*
進歩主義教育　*152*
信頼性　*90-93, 119, 287*
進路変更　*66, 175, 177*
数値目標　*287*
スコットランド常識学派　*47*
スタンダード準拠評価　*79, 92*
スティグマ　*178, 180*
スプートニク・ショック　*155*

303

事項索引

性格表現（エトポイア）　9, 20-22, 30
生活指導　234-236
生活体験　203
生活綴方　iv, 225-228, 235, 236, 238-245,
　　247-251, 256, 294
成人教育論　187
精神の態度　200-202
成績評価　88, 90, 111, 115-120, 133, 135,
　　249
制定法主義　101, 102, 113
精読　74
世代継承サイクル　282
説明責任　90, 91, 117, 121, 133
セルフ・オーサーシップ　iii, 198, 212, 213,
　　216
1962年活動方針　239
全体的ルーブリック　115
全体討論　74
全米英語教師学会　155
専門家共同体　81, 86-88, 98, 103-105, 109
総括的評価　88, 90, 91, 135
相互評価　91, 274, 275
創成クライテリア　95, 131, 132
相対的可読性　53
ソーシャルプラットフォーム　74

【タ行】

ダイアリー　29, 295
大学設置基準　115, 134
耐教師性　51
第二共和制（スペイン）　294, 295
対話型論証　iii, 114, 126-128, 130, 133,
　　134, 254
対話的　126, 204, 205
他者教育　187-190
他者の応答　214, 215
脱運命化　179
妥当性　11, 40, 82, 90-93, 117, 126, 287,
　　288
探究的な活動　76, 285
小さな推敲　206

直接討論　74
『綴方生活』　225, 239
定期文法討論　76
ディクテーション　68
ディスコース　49, 81, 100, 103-105
ディセルタシオン　43, 61-70, 81, 175
　　——の展開部　64
テーズ　62
テストに向けた指導　120
展開　39, 62, 64-66
電子ポートフォリオ　283
動機づけ　153, 201, 202
統合的な学習成果　199
導入　62, 64, 184, 271
透明性　117, 118, 121, 133
読書感想文　72, 83, 192, 254, 255
読書ノート　77
読書筆記　72-77
読解力　72
ドメイン準拠評価　92
とらえ返す　203, 207

【ナ行】

内発的な学びや動機のきっかけ　200
納得の構造　15, 16, 40-42, 57, 58
日常的な出来事　203
日誌　175, 177, 178
日中比較研究　77
日本作文の会　227, 239, 240
人間形成　i, v, 187, 197-199, 208, 216, 217,
　　225, 226, 245, 247, 249, 256
認識の起点としての〈私〉　199
認知主義　158, 197
野名-田宮論争　240

【ハ行】

パーソナル・ライティング　ii-iv, 3, 17-
　　20, 22, 26-30, 81, 87, 108, 110, 137, 140-
　　143, 149, 153, 154, 169, 171, 187, 195-
　　199, 202-205, 207, 212-217, 259, 261,
　　281, 284, 285

事項索引

バカロレア　　16, 62, 63, 65, 66, 176, 177,
　　180-183, 189
　技術バカロレア　　176, 182
　職業バカロレア　　176, 177, 180, 183
　普通バカロレア　　176, 181
発散的課題　83, 85, 92, 93, 95
抜粋法　　73
ハビトゥス　　179
パフォーマンス　　80, 82, 83, 88, 90, 95, 97,
　　101, 111, 112, 114-116, 120, 121, 123-125,
　　128, 130, 133
パルクールシュプ（Parcoursup）　　176
『パンセ』　　24
判断力　72, 76
汎用的な力　　72
判例法主義　　101, 102, 113
批判的思考力　　72, 116, 124
批評　　73, 105, 204, 207-209, 212, 229-231,
　　234-236, 238, 244, 245, 247, 249
批評法　　73
評価規準　　77, 81, 90-92, 286, 287
評価規準（クライテリア）　　80, 81, 89
評価基準（スタンダード）　　69, 80, 81, 89,
　　91, 96, 99, 111, 112, 115, 119, 123-125,
　　127, 131, 132, 207, 208
評価熟達知　　86, 89, 96, 98, 115, 124
表現主義　　17, 18, 149, 153-159, 161, 164,
　　165, 167, 169, 170, 197
　——修辞学　　153
　——者　　17, 18, 170
　美的——　　152, 153, 155
表現力　　68, 72, 76, 116, 124
ファシリテーター　　161
フィードバック　　79, 90, 92, 96, 111, 117,
　　119, 120, 123, 131-134, 161, 267, 270,
　　271
フィードフォワード　　90, 92, 96
福井大学　　281-290
不定期作文　　76
プライバシー　　27, 205
フランス　　10, 19, 27, 39-41, 43, 61-70

（第3章）, 81, 175-185（第7章）, 187,
　　255, 293, 294
フリーライティング　　159-164, 166
ブルベ　　62-65
プレ・ルーブリック　　91, 99
フレネ学校　　294
プロギュムナスマタ　　8, 9, 12, 14, 16,
　　20-23, 30
プロセス　　iii, 17, 19, 87, 131, 134, 138, 140,
　　143, 150, 151, 156, 157, 161, 170, 171, 189-
　　191, 203, 205, 206, 215, 220-223, 253,
　　256, 263, 266-270, 273-275, 284, 286
プロセス・ライティング　　154, 156, 157
プロダクト　　iii, 7, 17, 156, 162, 170, 253
文集　　208, 209, 227, 228, 245, 247, 251
文章表現者　　208
文章力　　72, 77, 199
文例　　75
弁証法　　4, 5
弁論術　　ii, 4, 5, 7-9, 11, 12, 15, 16, 19, 30,
　　70
『北方教育』　　225, 231
北方教育社　　231
ほどよい評価　　134, 135
掘り下げ　　203, 206-208, 216

【マ行】

学びの主体　　199, 202
学びのモチーフ　　216, 217
自らで変わる　　188
ミネルバ大学　　121
民主主義文化のためのコンピテンスの参照
　　枠組み　　123
モチーフ（主題と動機）　　200, 212, 215,
　　216, 217
モデレーション　　87, 119, 123, 131, 286,
　　287
模倣法　　73
問題意識　　76, 141, 166, 229, 250, 253, 254
問題解決　　40, 77, 122, 125-129, 158

事項索引

【ヤ行】

ヨーロッパ言語共通参照枠（CECRL）　*63*
善さ　*86, 87, 95, 103-106*
読み書き能力　*72*
読み手　*29, 54, 57, 85, 129, 200, 204-207,*
　　250

【ラ行】

ライターズ・ブロック　*163*
ライティング・ルーブリック　*128-130*
ライティング教師　*51, 54, 57, 155-157,*
　　160, 162
ライフストーリー　*187-191, 193, 285*
ライフストーリー・インタビュー　*199,*
　　213
ライフストーリー教育　*187*
ライフ・ライティング　*247, 252, 294-296*
リェイダ大学　*294-296*
略読　*74*
理由　*76, 77*
リライト法　*73*
ルーブリック　*iii, 79-107, 111-136, 270,*
　　272, 274, 275

——・アプローチ　*101-103*
——・ハック　*97*
一般的——　*90*
全体的——　*115*
特定課題——　*90*
——の破れ　*118, 132, 133*
——評価　*89, 111, 112, 121*
——論争　*79, 82, 83, 93, 98, 99, 105*
分析的——　*89, 115*
ポスト・——　*99, 113*
例証　*76, 77*
レスポンス　*161, 252*
レポート　*16, 17, 81, 83, 85, 88, 92, 97, 112,*
　　115-123, 127-131, 133-135, 137, 141, 142,
　　158, 161, 171, 195, 196, 199, 200, 213, 219,
　　222, 252-256, 283, 286
レリバンス（切実性）　*iii, 162, 170*
ロマン主義　*15, 153, 159*
論証としての評価　*114, 126, 131-133*
論理的思考　*37, 116, 126-129*

【ワ行】

〈私〉との関係　*204*
〈私〉の発見　*204*

執筆者紹介

松下 佳代（まつした かよ）

担当：第5章、座談会2、あとがき

京都大学大学院教育学研究科教授、博士（教育学, 京都大学）。1960年生まれ。京都大学大学院教育学研究科博士後期課程学修認定退学。専門は、教育方法学、大学教育学。とくに、能力、学習、評価をテーマに研究と実践支援を行っている。主な著作に、『パフォーマンス評価』（日本標準, 2007）、『〈新しい能力〉は教育を変えるか―学力・リテラシー・コンピテンシー―』（ミネルヴァ書房, 2010）［編著］、『ディープ・アクティブラーニング―大学授業を深化させるために―』（勁草書房, 2015）［編著］、*Deep active learning: Toward greater depth in university education*（Springer, 2017）［編著］、『対話型論証による学びのデザイン―学校で身につけてほしいたった一つのこと―』（勁草書房, 2021）、『ミネルバ大学を解剖する』（東信堂, 2024）［編著］、『測りすぎの時代の学習評価論』（勁草書房, 2025）など。

川地 亜弥子（かわじ あやこ）

担当：まえがき、第9章、座談会2、コラム5（1・2・5）

神戸大学大学院人間発達環境学研究科教授、博士（教育学, 京都大学）。1974年生まれ。京都大学大学院教育学研究科博士後期課程修了。専門は、教育方法学。とくに、日本の生活綴方・作文教育を中心に、研究・実践支援を行っている。主な著作に、『子どもとつくるわくわく実践―ねがいひろがる教育・保育・療育―』（全障研出版部, 2022）、『時代を拓いた教師たちⅢ―実践記録で紡ぐ戦前教育実践への扉―』（日本標準, 2023）［共編著］、『戦後日本教育方法論史　上―カリキュラムと授業をめぐる理論的系譜―』（ミネルヴァ書房, 2017）［共著］、「戦前生活綴方における教育評価論の構造―1930年代の『集団的合評作業』の分析を中心に―」『教育方法学研究』（30巻, 2005, 1-12）［日本教育方法学会研究奨励賞受賞論文］など。

森本 和寿（もりもと かずひさ）

担当：第1章、第2章、第6章、座談会1

大阪教育大学教育総合系准教授、博士（教育学, 京都大学）。1987年生まれ。京都大学大学院教育学研究科博士後期課程修了。専門は、教育方法学。とくに、米国のライティング教育、日本の作文・綴方教育について、書くことを通じた人間形成という観点から研究を行っている。主な著作に、「米国大学初年次における表現主義に基づくライティング教育―ピーター・エルボウの理論と教科書の分析―」『教育方法学研究』（45巻, 2020, 37-47）［日本教育方法学会研究奨励賞受賞論文］、「友納友次郎の

執筆者紹介

綴方教授論における『描写』と『自己信頼』—随意選題論争を手がかりとして—」『関西教育学会研究紀要』（17 巻, 2017, 1-16）［関西教育学会学会賞受賞論文］など。

石田 智敬（いしだ ともひろ）
担当：第 4 章、座談会 1、コラム 2
愛知県立芸術大学音楽学部准教授、博士（教育学, 京都大学）。1993 年生まれ。京都大学大学院教育学研究科博士後期課程修了。専門は、教育方法学。とくに、教育評価、学習評価をテーマに理論的・実践的研究を進めている。主な著作に、「スタンダード準拠評価論の成立と新たな展開—ロイス・サドラーの所論に焦点を合わせて—」『カリキュラム研究』（30 巻, 2021, 11-28）［日本カリキュラム学会研究奨励賞受賞論文］、「ロイス・サドラーによる形成的アセスメント論の検討—学習者の鑑識眼を錬磨する—」『教育方法学研究』（46 巻, 2021, 1-12）［日本教育方法学会研究奨励賞受賞論文］など。

田川 千尋（たがわ ちひろ）
担当：第 3 章、第 7 章
滋賀大学教育学部特任准教授、DEA（教育学, パリ第 8 大学）、パリ第 10 大学ナンテール教育学研究科博士後期課程研究認定退学。1974 年生まれ。専門は、比較教育学、教育社会学。フランスをフィールドに、高大接続における社会的格差とその解消、大学における社会化について生徒・学生観に注目して理論的・実践的研究を行っている。主な著作に、『フランスの高等教育改革と進路選択』（明石書店, 2021）［共著, 大学教育学会 JACUE 選書］、『論述型大学入試に向けて思考力・表現力をどう育むか』（ミネルヴァ書房, 2020）［共著, 同選書］、『フランスの社会階層と進路選択』（勁草書房, 2018）［共著］、訳書に『学校の社会学—フランスの教育制度と社会的不平等—』（明石書店, 2020）、『教師の社会学—フランスにみる教職の現在とジェンダー—』（勁草書房, 2022）［監訳］など。

谷 美奈（たに みな）
担当：第 8 章、座談会 2、コラム 3
帝塚山大学全学教育開発センター教授、博士（教育学, 京都大学）。1968 年生まれ。京都大学大学院教育学研究科博士後期課程修了。専門は、教育方法学、大学教育学。とくに、パーソナル・ライティングの教育実践とその理論化、およびアカデミック・ライティングとパーソナル・ライティングの繋がりに関わる実践研究を行っている。主な著作に、「自己形成史におけるパーソナル・ライティングの意味—パーソナル・ライティングを経験した元学生（当事者）への聞き取り調査から—」『大学教育学会誌』（39 巻 1 号, 125-134, 2017）［単著, 大学教育学会奨励賞受賞論文］、「パーソナル・ライティングからアカデミック・ライティングへのジャンル横断的思考変容のプロ

セスモデル— Personal Writing vs. Academic Writing 論争からの新たな展望に向けて—」『大学教育学会誌』（43 巻 1 号, 159-168, 2021）、『「書く」ことによる学生の自己形成—文章表現「パーソナル・ライティング」を通して—』（東信堂, 2021）[JACUE セレクション 2022 認定図書] など。

寒竹 泉美（かんちく いずみ）

担当：コラム 4、座談会 1

小説家、ライター、博士（医学, 京都大学）。1979 年生まれ。京都大学大学院医学研究科博士後期課程修了。大学院では神経生理学の研究を行い、博士後期課程修了後に講談社から小説家デビュー。研究者を取材するライターとしても活動している。また予備校講師、大学の非常勤講師、社会人講座などで文章を書くことを教えている。主な著作に、『月野さんのギター』（講談社, 2009）、『16%の人しか知らない 幸せになる健康資産 人生 100 年時代を生き抜くためのヒント』（ダイヤモンド社, 2022）など。

鄭 谷心（てい こくしん）

担当：コラム 1

明星大学教育学部准教授、博士（教育学, 京都大学）。1984 年生まれ。京都大学大学院教育学研究科博士後期課程修了。専門は、教育方法学。とくに、探究的・総合的な学習や日中の作文教育の指導と評価の方法論について研究を進めている。主な著作に、『近代中国における国語教育改：激動の時代に形成された資質・能力とは』（日本標準, 2017）、『学校教育ではぐくむ資質・能力を評価する：道徳・総合・特活・ICT の活用から始める評価の手引き』（図書文化, 2019）[共著]、『子どもの幸せを実現する学力と学校—オーストラリア・ニュージランド・カナダ・韓国・中国の「新たな学力」への対応から考える—』（学事出版, 2019）[共著]、『カリキュラム研究事典』（ミネルヴァ書房, 2021）[共訳] など。

若松 大輔（わかまつ だいすけ）

担当：第 10 章

弘前大学大学院教育学研究科助教、修士（教育学, 京都大学）。1993 年生まれ。京都大学大学院教育学研究科博士後期課程研究指導認定退学。専門は、教育方法学、教師教育学。とくに、教師の知識という概念から拓かれる教師教育の世界を探究している。主な著作に、「リー・ショーマンによる教師の力量形成論の意義と課題—ケース・メソッドに焦点を合わせて—」『教育方法学研究』（45 巻, 1-11, 2020）、「コミュニティにおける教師の学びに関する考察—リー・ショーマンの理論的構想に着目して—」『日本教師教育学会年報』（30 号, 124-134, 2021）など。

執筆者紹介

遠藤 貴広（えんどう たかひろ）
担当：第 11 章
福井大学教育・人文社会系部門准教授、修士（教育学, 京都大学）。1977 年生まれ。
京都大学大学院教育学研究科博士後期課程研究指導認定退学。専門は、教育方法学、
カリキュラム論。とくに、評価を切り口に教育実践研究や教員養成の方法について
研究を行っている。主な著作に、『戦後日本教育方法論史　上―カリキュラムと授業
をめぐる理論的系譜―』（ミネルヴァ書房, 2017）［共著］、『教育実践の継承と教育方
法学の課題（教育方法 47）』（図書文化, 2018）［共著］、『新しい教育評価入門―人を
育てる評価のために―［増補版］』（有斐閣, 2022）［共著］など。

Simon-Martin, Meritxell（シモン – マーティン・メリチェル）
担当：コラム 5 （3・4）
リエイダ大学ラモン・イ・カハール・フェロー（スペイン）、ウィンチェスター大学
修了、博士（教育史, ウィンチェスター大学・英国）。1981 年生まれ。専門は女性教
育史。ジェンダーと女性史、教育史の領域で、ナラティブ分析、書簡研究を精力的
に行っている。主な著作に、*Unfolding Feminism. Barbara Bodichon's Epistolary
Education*（Palgrave Macmillan, 2020）、Special Issue "Gender, History and Educa-
tion: Leading Perspectives in Current Turns", *Foro de Educación, 22*(1), pp. 1-189
(2024)［編著］、'Los «cursillos de selección profesional» en la Escuela Normal de
Lleida (1932): una revisión historiográfica', *Historia y Memoria de la Educación, Vol-
ume 19*, pp. 49-78 (2024)［共著］など。

ライティング教育の可能性
アカデミックとパーソナルを架橋する

2025 年 4 月 20 日　第 1 版第 1 刷発行

編著者　松下佳代・川地亜弥子

森本和寿・石田智敬

発行者　井　村　寿　人

発行所　株式会社　勁草書房

112-0005 東京都文京区水道2-1-1　振替　00150-2-175253
（編集）電話 03-3815-5277／FAX 03-3814-6968
（営業）電話 03-3814-6861／FAX 03-3814-6854
本文組版 プログレス・堀内印刷・中永製本

©MATSUSHITA Kayo, KAWAJI Ayako,
MORIMOTO Kazuhisa, ISHIDA Tomohiro　2025

ISBN978-4-326-25183-4　　Printed in Japan

JCOPY ＜出版者著作権管理機構 委託出版物＞

本書の無断複製は著作権法上での例外を除き禁じられています。
複製される場合は、そのつど事前に、出版者著作権管理機構
（電話 03-5244-5088、FAX 03-5244-5089、e-mail: info@jcopy.or.jp）
の許諾を得てください。

＊落丁本・乱丁本はお取替いたします。
　ご感想・お問い合わせは小社ホームページから
　お願いいたします。

https://www.keisoshobo.co.jp

松下佳代	測りすぎの時代の学習評価論	A5 判	3850 円
松下佳代	対話型論証による学びのデザイン 学校で身につけてほしいたった一つのこと	A5 判	2420 円
松下佳代・前田秀樹・ 田中孝平	対話型論証ですすめる探究ワーク	B5 判	1980 円
松下佳代・ 京都大学高等教育研究 開発推進センター編著	ディープ・アクティブラーニング 大学授業を深化させるために	A5 判	3300 円
グループ・ ディダクティカ編	深い学びを紡ぎだす 教科と子どもの視点から	A5 判	2750 円
グループ・ ディダクティカ編	教師になること、教師であり続けること 困難の中の希望	四六判	2860 円
グループ・ ディダクティカ編	学びのための教師論	四六判	2860 円
グループ・ ディダクティカ編	学びのための授業論	四六判	2860 円
グループ・ ディダクティカ編	学びのためのカリキュラム論	オンデマンド版	3740 円
耳塚寛明・浜野隆・ 冨士原紀絵 編著	学力格差への処方箋 ［分析］全国学力・学習状況調査	A5 判	3190 円
M. ワイマー／ 関田一彦・ 山﨑めぐみ 監訳	学習者中心の教育 アクティブラーニングを活かす大学授業	A5 判	4400 円
佐藤隆之・ 上坂保仁 編著	市民を育てる道徳教育	A5 判	2530 円
M. グリーン／ 上野正道 監訳	想像力をときはなつ アートと教育が社会を変える	四六判	5500 円
教育思想史学会編	教育思想事典 増補改訂版	A5 判	8580 円

＊表示価格は 2025 年 4 月現在。消費税 10% が含まれております。